U0115910

Annual Report on the
Internationalization of Renminbi, 2017

人民幣國際化報告2017

強化人民幣金融交易功能

中國人民大學國際貨幣研究所◎著

〈上冊〉

導論

人民幣國際化是指人民幣在對外經濟往來中發揮國際貨幣職能，若干年後發展成為國際貿易和國際投融資的主要計價結算貨幣以及重要的國際儲備貨幣。靜態看，它是人民幣作為國際貨幣使用的一種狀態和結果；動態看，它涉及的是人民幣發展成為主要國際貨幣的整個過程。

在當前「一超多元」的國際貨幣格局下，人民幣國際化註定要經歷一個漫長而曲折的過程；其最終目標是要成長為主要國際貨幣之一，實現與中國經濟和貿易地位相匹配的貨幣地位。

中國人民大學國際貨幣研究所自2012年起每年定期發佈《人民幣國際化報告》，忠實記錄人民幣國際化歷程，深度研究各個階段的重大理論問題和政策熱點。本研究團隊率先編制了人民幣國際化指數（RII），用以客觀描述人民幣在國際經濟活動中的實際使用程度。通過這個綜合量化指標，可以了解人民幣在貿易結算、金融交易和官方儲備等方面執行國際貨幣功能的發展動態，也可以與其他主要國際貨幣做出橫向比較，為國內外研究和分析人民幣國際化問題奠定了技術基礎。

2010年年初，RII只有0.02%，人民幣在國際市場上的使用幾乎完全空白。截至2016年年底，RII達到2.31%，短短幾年時間已在全球範圍內嶄露頭角。目前，全球國際貿易的人民幣結算份額為2.26%；包括直接投資、國際信貸、國際債券與票據等在內的國際金融人民幣計價交易綜合占比為3.59%；國際貨幣基金組織（IMF）於2016年10月宣佈特別提款權（SDR）的新貨幣籃子正式生效，人民幣在其中的權重為10.92%。雖然RII自2015年年中開始回檔，但是在國際政治、經濟、金融格局動盪不安，國內經濟轉型和金融改革繼續攻堅推進的大背景下，仍然保持了2014年以來的整體水準。與早期單純依靠跨境貿易推動人民幣國際化的情形不同，現階段人民幣國際化由貿易、金融雙輪驅動的特徵更為明顯，而且人民幣將在國際金融市場和全球官方外匯儲備扮演更加重要角色的前景值得期待——可見，人民幣國際化的驅動力構成正在朝著合理化方向發展，並與我們所希望的人民幣在國際範圍內全面發揮國際貨幣職能的理想目標相符合。

2013年報告主題是「世界貿易格局變遷與人民幣國際化」。通過對世界貿易格局調整、貨幣替代以及國際貨幣體系演變的歷史經驗分析，總結貨幣國際化與實體經濟國際化之間的理論聯繫與一般規律，我們發現，歷史上的貨幣強國都以貿易強國為前提；人民幣國際化肩負重大歷史使命，或可破解「一超多元」國際貨幣體系滯後於多元競爭世界貿易格局而導致的「新特里芬難題」。報告認為，應當抓住世界貿易格局調整的有利時機，以東盟10＋3、上海合作組織、金磚國家、拉美、非盟等多個新興經濟體為突破口，充分利用區域貿易、雙邊貿易等各種便利條件，強化人民幣貿易計價功能，通過人民幣直接投資、人民幣對外信貸等資本流出方式帶動RII的繼續提高。

2014年報告主題是「人民幣離岸市場建設與發展」。根據對歷史經驗和相關文獻的梳理，深入探討了離岸金融市場促進貨幣國際化的內在邏輯，重點分析了全球人民幣離岸市場突飛猛進的發展對當前人民幣國際化的意義和影響。報告指出，短期內離岸市場的快速發展為人民幣國際化排除了技術障礙，也為資本帳戶改革贏得了必要時間，創造了有利條件；從長遠來看，倫敦、法蘭克福等主要國際金融中心的人民幣離岸金融業務規模與交易比重，將是檢驗人民幣是否已經成為主要國際貨幣之一的重要標誌。報告中既探討了香港、倫敦等地人民幣離岸市場的發展現狀，也通過實證研究對人民幣離岸金融市場全球佈局問題進行了初步討論，還分別從「如何建設好人民幣離岸市場」以及「如何處理好離岸市場消極影響」兩個角度詳細闡述了所要面對的挑戰和對策。

2015年報告主題是「『一帶一路』建設中的貨幣戰略」。報告指出，「一帶一路」和人民幣國際化是中國在新世紀提出的兩項重大國家發展戰略，符合中國國家利益，可為新興大國提供必不可少的支撐力量；同時也符合全球利益，是對現行世界經濟秩序和國際貨幣體系的進一步完善，體現出中國提供全球公共物品的大國責任與歷史擔當。報告從理論探討、歷史經驗和實證檢驗等多個角度系統梳理了「一帶一路」與人民幣國際化兩大戰略相互促進的邏輯，強調二者應當協同發展。我們認為，大宗商品計價結算、基礎設施融資、產業園區建設、跨境電子商務等應當成為借助「一帶一路」建設進一步提高人民幣國際化水準的有效突破口；且「一帶一路」建設中的人民幣國際化必須繼續堅持「改革開放」──國內經濟成功轉型、技術進步和制度創新是「一帶一路」建設和人民幣國際化的根本保障，以更高標準對外開放，堅持包容的發展理念，動員全球資源，造福沿線各國，才能為「一帶一路」和人民幣國際化兩大戰略的最終成功創造有利條件。

2016年報告主題是「貨幣國際化與宏觀金融風險管理」。我們認為，隨著人民幣加入SDR貨幣籃子，人民幣國際化即將開始新的發展階段。這標誌著在宏觀管理方面我們已經進入政策調整的敏感期，而宏觀管理能力不應成為制約人民幣國際化繼續推進的一個短板因素，需要特別重視這方面的學習與提高，以此贏得國際社會對人民幣的長久信心。報告強調，在政策調整過程中必須要處理好匯率波動對國內經濟金融運行的衝擊，還要儘快適應跨境資本流動影響國內金融市場、金融機構以及實體經濟的全新作用機制，尤其要重視防範和管理系統性金融風險。在歷史經驗研究、文獻研究、理論研究、實證研究和政策研究等基礎上，報告提出：應當基於國家戰略視角構建宏觀審慎政策框架，以其作為制度保障，將匯率管理作為宏觀金融風險管理的主要抓手，將資本流動管理作為宏觀金融風險管理的關鍵切入點，全力防範和化解極具破壞性的系統性金融危機，確保人民幣國際化戰略最終目標的順利實現。

《人民幣國際化報告2017》的主題為「強化人民幣金融交易功能」。一方面，從近幾年來RII驅動力結構的動態演變不難發現，包括直接投資、國際信貸、國際債券與票據等在內的國際金融人民幣計價交易綜合占比的上升勢頭非常明顯，繼跨境貿易人民幣結算之後已經成為又一個支撐人民幣國際化的重要貢獻因數。另一方面，歷史經驗分析和深入的理論研究提示我們：任何一個成功的國際貨幣都離不開在國際投融資領域的廣泛使用，強化人民幣在國際市場的金融交易功能是人民幣國際化進入發展新階段必須解決好的重大現實問題。在人民幣正式納入SDR貨幣籃子以後，國際金融市場上或將開啟一個以跨國銀行、跨國公司甚至貨幣當局為主體積極配置人民幣資產的有利視窗期。在歷史經驗借鑒、理論分析和實證研究基礎上，本報告致力於針對「為什麼要強化人民幣金融交易功能」以及「如何強化人民幣金融交易功能」等問題做出回答。報告不僅充分論證了強化人民幣在國際市場上金融交易功能的必要性，為之提供了理論、實證以及歷史經驗等多方面的證據，還具體探討了強化人民幣金融交易功能的主要實現路徑，並就其中存在的問題與解決方案進行了分析，為掃清制度和技術層面的障礙與制約因素提供決策參考。

具體地，我們得出以下幾個核心結論和建議。

第一，強化人民幣金融交易功能具有現實緊迫性。實證研究發現，對一國貨幣的國際化來說，國際信貸市場發展具有基礎性支撐作用，國際債券市場發展具有積極的正向影響。歷史經驗表明，對外貿易和資本輸出是貨幣國際化的重要推手，沒有完善金融市場的貨幣國際化或將難逃金融危機的災難性後果。我們要抓住國際金融市場調整的機遇期，充分利用人民幣加入SDR的制度紅利，深化國內金融改革，努力提高人民幣國際金融計價交易功能。對外貿易和資本輸出對貨幣國際化的推動作用，需要有金融市場的後勤保障。人民幣國際化需要建設成熟、深度的國際金融中心作為支撐，可以按照短期貨幣市場、中期債券市場、長期多層次股權市場的順序，形成完整的人民幣計價、交易的國際金融市場。在貨幣國際化的過程中，政府推動是必須的，但也要給市場留出自由發展的空間。金融市場的發展要穩中求勝，重視各金融市場之間的聯繫，打通「政府—市場—企業」的傳導機制，共同推動人民幣國際化。

第二，直接投資對中國經濟發展和貿易成長做出了積極貢獻，其中對外直接投資（ODI）對經濟增長的推動作用遠大於外商直接投資（FDI），直接投資能夠多渠道擴大人民幣使用範圍，發揮高效的槓桿作用，可以成為人民幣國際化重要的助推器。在跨國公司主導國際貿易的新形勢下，擴大直接投資可鞏固中國貿易地位，並為中資金融機構走出去、發展離岸人民幣業務提供市場和動力。

要通過頂層設計和相關法律、政策的國際協調，為充分發揮直接投資對貿易、離岸市場等的槓桿撬動效應創造良好的條件。建立健全國家風險管理機制，提高金融、製造業的對外投資比例，提升中國跨國公司的貿易主導權和定價權，掃清貿易人民幣計價結算的障礙。推動各經濟主體和各部門相互協調，建立直接投資帶動人民幣貿易結算、金融服務互相支援的機制。大力發展金融科技和互聯網金融，通過技術手段改變人們的貨幣使用習慣，利用中國在電子支付、移動支付方面的優勢，構建人民幣支付新平臺，超越傳統國際貨幣形成機制與路徑，快速獲得人民幣國際化所需的網路效應。

第三，積極推動人民幣國際債券市場的發展，是構建順暢的人民幣環流機制，從而進一步深化人民幣國際化進程的重要途徑。債券市場是國際資本流動的主要渠道，作為「安全資產」的國家主權債券、高等級金融債券是非居民投資者的首選。因此，要大力建設和發展人民幣債券市場，以提高國際債券市場中人民幣占比作為綜合評價人民幣國際化程度的重要指標和階段性任務之一。將人民幣債券市場作為中國提供全球「安全資產」的主管道。

要繼續完善國內人民幣債券市場，建立人民幣國債市場做市商制度，增加短期限國債發行量，完善利率結構曲線，增進債券市場流動性，以此吸引非居民更多參與國內債券市場。還需改變多頭監管現狀，建立統一的債券市場監管框架，逐漸解決國內企業和機構到國際市場發行和交易人民幣債券的政策障礙。產品創新是做大做強人民幣國際債券市場的關鍵，未來應該重點發展資產支持債券、熊貓債、木蘭債等產品。

第四，信貸市場是強化人民幣金融交易功能的三大支柱之一。全球經濟對中國貿易依賴程度提高，發展中國家貨幣錯配問題集聚，使得人民幣國際信貸市場發展成為一種必然趨勢，而美元強勢升值提供了機會視窗。歷史經驗表明，主要國際貨幣通過國際金融中心、貿易兩條途徑推動國際信貸市場發展。

從國情出發，現階段宜考慮以貿易途徑推動人民幣國際信貸市場發展。

要充分發揮我國金融體系由銀行主導的獨特優勢，防止資金「脫實向虛」，將貿易路徑作為人民幣信貸拓展的主要策略選擇。鼓勵企業和金融機構更多走向「一帶一路」沿線國家和新興經濟體，加強相互間在海外併購、市場拓展、技術升級、能源收購等重點專案方面的合作。高度重視海外資金池建設，完善人民幣離岸市場定價機制，增加人民幣信貸對全球投資者吸引力。

第五，人民幣金融交易功能的實現最終取決於是否有一個功能強大的外匯市場。關鍵是要構建多層次的人民幣外匯市場，能夠為人民幣發揮貿易結算功能提供基礎條件、為人民幣發揮大宗商品計價貨幣職能提供支撐、為人民幣發揮國際儲備貨幣職能提供重要管道。

要深化外匯市場交易層次，適時放鬆前置交易管理要求，為人民幣外匯電子化交易創造更大的發展空間。應促進新產品研發，健全人民幣外匯交易體系。鼓勵各家金融機構開發適合自身實際情況的特色櫃檯外匯交易系統，促進交易方式從交易所轉向櫃檯，廣泛融合各類交易主體的需求，形成功能強大，安全高效的交易網路。

第六，人民幣國際化進入發展新階段後，迫切要求我們加強金融基礎設施建設，以促進人民幣交易功能，提高人民幣使用程度，增強人民幣資產安全性。建立高效安全的人民幣跨境支付清算體系，完善金融相關的法律制度建設，發展科學公正的徵信和信用評級體系，是當前完善金融基礎設施的三個重要方面。

需要進一步健全和完善人民幣跨境支付清算體系，做到系統執行時間覆蓋全球；系統服務涵蓋外匯、證券交易等金融交易。適應直接投資、人民幣債券市場、人民幣國際信貸市場的發展需要，加快彌補法律短板，逐漸完善與人民幣國際化相適應的清算體系法律制度。鼓勵公共徵信與市場徵信共同發展，依據中國市場特徵制定評級標準，尊重國際慣例，努力打造國際公信力，為擴大人民幣金融交易增添新動力。

全球性金融危機爆發至今差不多已有十年，主要國家的宏觀經濟運行、金融市場調整以及貨幣政策走勢出現明顯分化。在此情形下，人民幣國際化的驅動力結構更加合理，在鞏固貿易結算的同時，不斷加強金融交易功能，為國際社會提供新的「安全資產」並補充流動性。借著共建「一帶一路」的歷史機遇，中國可以更加積極地參與並引領國際經濟金融治理，力爭獲得與中國經濟和貿易地位相匹配的國際儲備貨幣地位，從而為國際貨幣體系的穩健運行注入新生力量。

目　錄

〈上冊〉

〈下冊〉

第一章

人民幣國際化指數

2016年，人民幣國際化由高速增長階段邁入市場調整期。全球經濟、政治領域的不確定因素增多，美聯儲加息攪動國際市場，資本大量回流美國，人民幣國際化的外部環境更加嚴峻。國內經濟增速放緩，結構性轉型任務突出，特別是「8・11」匯改後人民幣匯率承壓，在一定程度上影響了人民幣的國際使用意願。然而，人民幣國際化出現短期波動，是「波浪式前進」「螺旋式上升」的正常現象，我們不應悲觀失望、盲目退縮。2016年，儘管貿易項下人民幣國際化驅動力放緩，但人民幣國際金融計價交易職能進一步增強，在對外直接投資、熊貓債、離岸貸款、外匯交易等領域頻現亮點，基礎設施與市場體系建設日趨完善。隨著人民幣正式加入SDR貨幣籃子，人民幣開始邁向國際貨幣行列，長期發展前景依然向好。

1.1　人民幣國際化指數及變動原因

1.1.1　人民幣國際化指數現狀

2016年，國際經濟形勢依然低迷，貿易與投資陷入萎縮階段，地緣政治風險積聚，「黑天鵝」事件頻發，逆全球化、民粹主義抬頭，全球格局正處於重大變遷過程中。中國供給側改革持續推進，但經濟下行風險依然存在，匯率貶值與資本外流雙重施壓，致使人民幣國際化在短期內受到一定衝擊。然而，人民幣國際化有進有退，貿易結算、離岸資金池、點心債等領域人民幣使用有所弱化，但在直接投資、熊貓債、國際信貸、外匯交易、儲備職能等環節則頻現亮點。10月，人民幣正式加入SDR貨幣籃子，人民幣相關基礎設施、市場機制與規則標準逐步與國際接軌，成為人民幣國際化的重大里程碑。總體來看，2016年，人民幣國際化從高歌猛進階段邁入調整鞏固期，政策與市場各領域有進有退，基礎建設日趨成熟完善。如圖1—1所示，截至2016年第四季度，人民幣國際化指數（RII）為2.26，同比下降29.8%，出現短期波動，但總體處於穩定區間內。

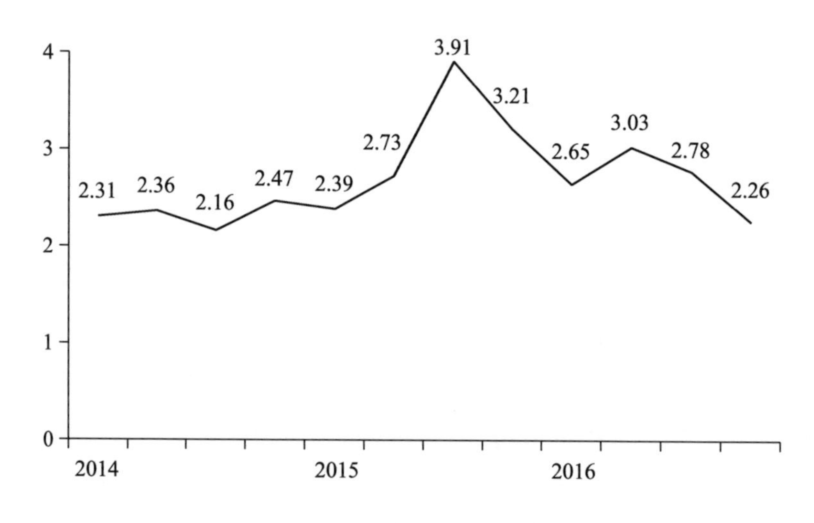

圖1—1　人民幣國際化指數

注：隨著市場發展與統計完善，RII指標做出以下調整：一是RII國際貿易指標不僅包含原有的貨物貿易資料，也將服務貿易資料納入統計；二是RII國際信貸指標部分不僅包含原有的內地與香港資料，也將澳門、臺灣、新加坡、韓國、英國等市場存貸規模納入統計；三是由於國際清算銀行統計調整，RII國際債券指標由原有的發行額與餘額合成指標，調整為單一的餘額占比資料；四是人民幣國際儲備指標採納IMF統計標準。

2016年四個季度，RII分別為2.65、3.03、2.78和2.26。人民幣國際化進入調整鞏固期：2010—2013年，RII迅猛攀升；2014—2015年，RII增速回歸理性平穩水準；2016年，在國內外雙重壓力下，RII首次出現負增長，但總體勢頭平穩。圖1—2表示了RII季度同比變動情況。

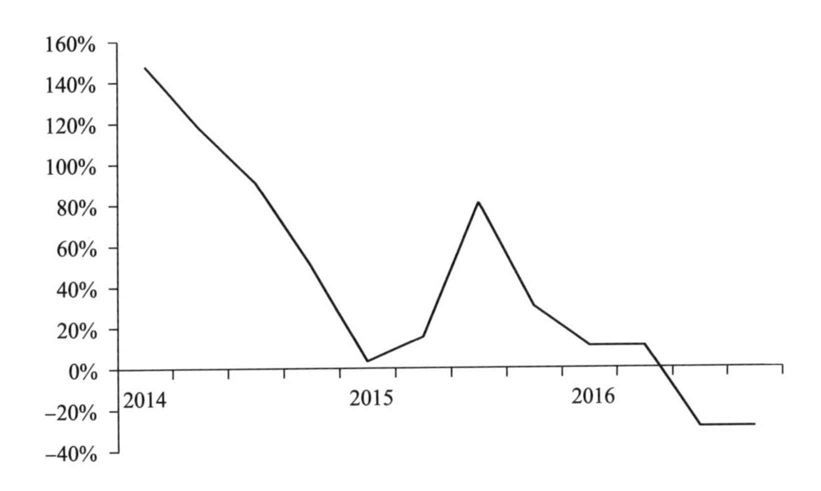

圖1—2　RII季度同比變動情況

1.1.2　人民幣國際化的主要動力

2016年，在多重壓力下，人民幣國際化依然取得了諸多突破性進展。跨境人民幣使用政策框架進一步完善，國際貨幣職能從初始的貿易計價結算向貿易、金融交易及儲備領域全面拓展，國際貨幣合作穩步開展，清算體系基本覆蓋全球，人民幣國際化長期趨勢總體向好，前景廣闊。

第一，國際金融合作與架構改革取得進展，人民幣正式加入SDR貨幣籃子。2016年，全球市場波動加劇，金融脆弱性普遍上升。在G20框架下，中國主動作為，重啟國際金融架構工作組，推動國際貨幣體系改革，不僅提升了自身的金融話語權，也為維護全球經濟金融穩定發揮了積極作用，以大國責任與擔當為人民幣國際化注入正能量。10月，人民幣正式加入SDR貨幣籃子，標誌著人民幣邁入國際貨幣行列。IMF對人民幣的國際背書，極大地提振了市場信心，人民幣成為全球央行外匯儲備貨幣的重要選項之一，有助於帶動海外投資者配置人民幣資產，夯實人民幣國際金融交易與儲備職能。同時，中國積極推進人民幣貨幣互換體系擴容至36個國家和地區，加強與IMF、世界銀行、亞洲開發銀行、歐洲復興開發銀行等國際多邊組織的合作，並在金磚國家新開發銀行、亞洲基礎設施投資銀行等平臺上取得實質性進展，為人民幣國際化營造了良好的國際環境。

第二，中國經濟總體穩中向好，改革開放進程不斷深化。一國經濟實力對該國貨幣國際化具有基礎性作用。2016年，中國經濟運行穩中向好，依然位居世界前列，對全球經濟增長貢獻超過30%。供給側改革持續推進，「三去一降一補」初見成效；全面深化改革，注重簡政放權、優化服務，強化創新引領，全面實施《中國製造2025》，培育發展新動能；促進區域城鄉協調發展，宣導綠色環保，致力於改善民生，保障社會和諧穩定。在全球政治和經濟風險上升、國內結構性問題突出的特殊時期，中國經濟依然表現出自身的韌性與潛力，發展品質與效益均有所提高，對人民幣國際化形成堅實支撐。

第三，「一帶一路」與各類試驗區構築開放平臺，中資企業加快海外佈局。新時期，中國不斷提高對外開放水準，構築對外開放新格局，為人民幣國際使用提供堅實載體。一方面，「一帶一路」倡議有序推進，中國加強雙邊、多邊務實合作，大批重點建設專案落地，區域經貿交流加深，為人民幣區域使用增添有利條件。超過一半的人民幣結算發生在「一帶一路」沿線區域。另一方面，中國進一步完善外貿及投資環境，以試點促創新、促推廣。2016年，自貿區建設進入3.0時代，上海等自貿區在金融開放、跨境人民幣使用方面的成果進一步推廣，並新設七個自貿區試驗區，十二個跨境電子商務綜合試驗區，在人民幣國際化領域積極探索。雲南瑞麗中緬貨幣兌換中心、廣西區域性跨境人民幣業務平臺、霍爾果斯離岸人民幣金融業務試點地區等，則進一步為人民幣區域使用打開了邊境視窗。新時期，中資企業加快「走出去」，掀起海外佈局與併購浪潮，積極參與全球價值鏈整合，推動人民幣對外直接投資高速增長。

第四，跨境使用管道有序開通，人民幣清算體系基本覆蓋全球。2016年，跨境人民幣使用政策兼顧功能拓展與風險防控，遵循「成熟一項、推出一項」、風險可控、服務實體經濟需求等基本原則，支持人民幣國際化發展。一方面，重點放寬資本流入方向匯兌交易，取消境外機構投資者投資銀行間債券市場的額度限制，銀行間同業存單市場進一步向境外機構開放，國際貨幣基金組織、亞洲開發銀行等境外央行類機構相繼獲准成為銀行間外匯市場會員。儘管人民幣境外債券發行遇冷，但熊貓債市場發展迅速，人民幣計價央票、人民幣綠色債券、SDR計價債券等也取得了突破性進展；人民幣外匯直接交易業務快速推進，2016年新增11種貨幣對，基本涵蓋國際主流貨幣以及主要的新興市場經濟體貨幣，人民幣成為交易量最大的新興市場貨幣。人民幣股市互聯互通機制進一步完善，滬港通運行良好，深港通也於年末如期啟動。另一方面，更加重視法規制度、監管框架、配套設施等基礎性建設，推動會計準則、監管規則、法律規章與國際金融市場接軌。2016年，中國完善外債和資本跨境流動管理的宏觀審慎政策框架，秉承本外幣一體化管理思路，在深化開放的同時防範套利投機行為，加速外匯交易系統等硬體設施建設。在清算安排方面，人民幣清算行體系基本覆蓋全球，特別是2016年將美國、俄羅斯納入離岸人民幣清算體系中，具有標誌性意義；人民幣跨境支付系統（CIPS）運行良好，直接參與者由投產時的19家擴展至27家，480家間接參與者覆蓋6大洲78個國家和地區，為人民幣國際化進程積蓄長久能量。

1.1.3　人民幣國際化面臨的主要障礙

2016年，人民幣國際化取得諸多突破性成果，但也面臨短期波折，總體進程有所放緩，跨境人民幣結算量、離岸人民幣存款、點心債發行規模等均出現不同程度下降。短期內，人民幣國際化承受較大壓力，主要面臨四大挑戰：

第一，全球格局處於動盪之中，貨幣競爭日趨激烈。金融危機以來，國際經濟復甦乏力，經濟金融格局處於再平衡過程中，近期政治風險陡然上升，不確定性進一步增大。一方面，國際貿易增長的黃金期終結，全球化面臨困局，保護主義空前高漲，對中國貿易形勢、「一帶一路」倡議推進及跨境人民幣結算使用產生了一定的負面影響，不利於人民幣突破固有貨幣慣性。另一方面，全球主要貨幣相對地位此起彼伏，替代競爭日趨激烈。在國際貨幣體系改革呼聲高企的背景下，美元地位非但沒有削弱反而更加強化。美聯儲加息進程牽引匯率變化與資本流動，2016年新興市場資本淨流出規模達6 160億美元。英國公投脫歐、歐洲政治局勢緊張、巴西等新興市場表現失色，也在一定程度上倒推美元地位上升，成為人民幣國際化後續發展的重大阻力。

第二，國內經濟下行風險增大，影響人民幣國際化信心。中國經濟能否成功平穩轉型，成為支撐人民幣國際化發展的關鍵。當前，中國經濟進入新常態，傳統發展動力有所衰減，新動能短期內難以形成較大拉動作用，結構性矛盾依然存在。2016年，GDP增長率為6.7%，仍處於合理區間，但增速連年放緩，致使國際看空力量上升，出現懷疑中國經濟增長前景的雜音。同時，國內金融市場廣度與深度有限，金融風險不斷積聚，銀行不良「雙升」，股市表現不佳，債券市場違約事件增多，新型金融業態興起致使風險跨市場、跨境傳播更加迅速，市場波動加劇，為經濟前景蒙上悲觀情緒，影響人民幣國際信心，制約人民幣貿易結算與金融計價交易職能。據環球銀行金融電信協會（SWIFT）統計，2016年全球人民幣支付交易規模較上一年下降29.5%，總體位居第五大支付貨幣地位。

第三，匯率貶值預期上升，非居民減持人民幣資產。前期人民幣處於單邊升值階段且匯率波動較低，非居民持有人民幣金融資產意願強烈。「8・11」匯改後，隨著美聯儲開啟加息進程，人民幣匯率明顯承壓，全年對美元貶值6.22%，非居民開始減持人民幣金融資產。2016年年末，境外機構和個人持有境內人民幣金融資產規模為3.03萬億元，較2015年5月高位下降了34.08%；香港人民幣存款規模為5 467.07億元，較2015年7月相對高位降低了45.01%。隨著離岸人民幣資金池顯著萎縮，海外人民幣融資成本攀升，進一步抑制了人民幣境外使用。中美經濟金融走勢短期分化，致使人民幣匯率存在階段性貶值預期，匯率管理難度加大，影響人民幣國際化信心。

第四，資本項下政策趨緊，金融管控難度加大。2016年，主要經濟體貨幣政策分化，人民幣匯率貶值預期上升，中國資本外流壓力增大，非儲備性質的資本和金融帳戶呈現逆差，淨誤差與遺漏項、銀行結售匯以及銀行代客涉外收付款差額持續為負。據國際金融學會（IIF）統計，2016年中國私人資本淨流出規模達2 751億美元。特別地，人民幣成為中國跨境資本淨流出的主要幣種，全年涉外人民幣收支逆差達3 094.46億美元。在此背景下，中國資本帳戶開放進程有所放緩，甚至個別領域嚴格管控，傾向於「寬進嚴出」，對非理性對外投資、非居民人民幣帳戶（NRA）等可能存在的風險隱患進行規範，強化真實性審核，抑制投機因素。這對於中國宏觀經濟金融穩定具有重要意義，但也在短期內對人民幣國際使用產生了一定的衝擊。

1.2 人民幣國際化指數變動的結構分析

根據人民幣國際化指數的計算方法，人民幣在貿易結算、金融交易和國際外匯儲備中所占比例變化均會對RII指標產生影響。新時期，人民幣國際化呈現諸多新變化，也面臨一些新問題，進入調整期。2016年，貿易項下人民幣國際化驅動力有所減弱，但在對外直接投資、熊貓債、離岸貸款等方面人民幣國際金融計價交易職能進一步提升。隨著人民幣正式加入SDR貨幣籃子，人民幣開始邁向國際貨幣行列，儲備職能顯著增強。

1.2.1 貿易項下人民幣國際化驅動力放緩

跨境貿易人民幣結算是人民幣國際化發展的起點與基礎。自2009年試點以來，跨境貿易人民幣結算業務金額累計突破29萬億元。然而，受國際環境、外貿萎縮、匯率波動等因素影響，2016年貿易項下人民幣國際化驅動力略有減弱，總體呈現以下特點：一是跨境人民幣收付金額下降，收付比反轉。全年跨境人民幣收付金額合計9.85萬億元，同比下降18.6%。其中，實收3.79萬億元，實付6.06萬億元，收付比從上年末的1：0.96轉為1：1.60。二是貨物貿易人民幣結算規模萎縮，服務貿易及其他經常項下人民幣結算量增加。2016年，經常項下跨境人民幣結算金額為5.23萬億元，同比下降27.66%。其中，貨物貿易結算規模4.12萬億元，同比下降35.52%；服務貿易及其他經常項下結算規模1.11萬億元，同比增加31.64%。服務貿易在經常專案中占比從2010年的8.66%上升至2016年第三季度的18.61%。三是人民幣國際貿易結算全球占比顯著回落。2016年第四季度，跨境貿易人民幣結算規模全球占比由4.07%的歷史高點跌至2.11%（見圖1—3），降幅達48.27%。

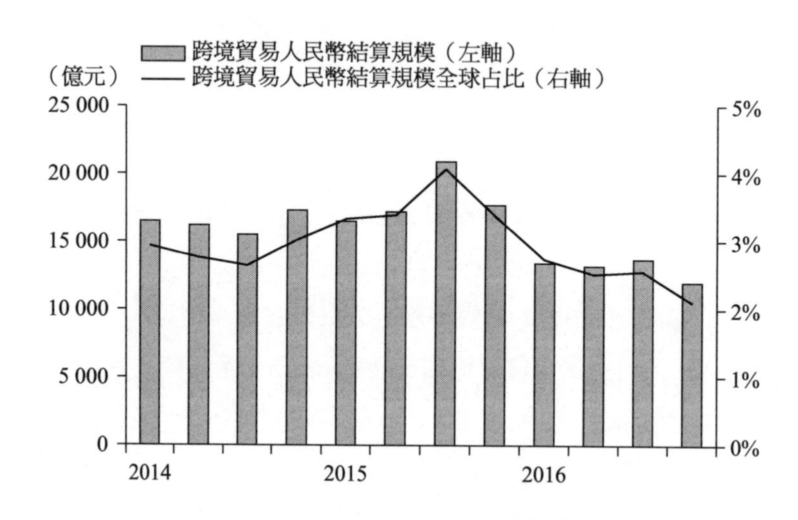

圖1—3　國際貿易人民幣計價結算功能

綜合看來，2016年跨境貿易人民幣結算規模萎縮，主要原因如下：

一是全球貿易形勢複雜嚴峻，中國進出口出現下滑。2016年，全球貿易增長不到2%，增速創2010年以來最低，並持續低於GDP增速。保護主義勢頭空前高漲，反全球化情緒上升，相關摩擦增多。川普當選，全球政局動盪，進一步加大國際格局的不確定性，貿易增長的黃金期暫告終結。在此背景下，2016年中國進出口總值為3.69萬億美元，同比收窄6.77%；貿易順差為0.51萬億美元，同比下降14.00%。進出口拐點到來，對外貿易低迷形勢短期內難以大幅改善，對於跨境貿易人民幣結算規模增長的貢獻空間有限。

二是人民幣匯率貶值壓力與波動性增大，中資企業議價能力較低。2016

年，美國經濟持續回暖，美聯儲加息預期上升，全球政治和經濟意外事件加劇市場不確定性，中國經濟依然面臨下行風險。在此宏觀背景下，人民幣兌美元匯率嚴重承壓，全年貶值超過6%，即期匯率平均波幅較上一年上升40%。人民幣貶值預期，一方面擠出原有貿易部門套利交易成分，另一方面致使中國貿易對手方接納人民幣意願下降。同時，中資企業處於國際分工中低端位置，相對缺乏核心技術與品牌效應，產品差異性較低，議價能力有限，不利於人民幣突破固有貿易計價貨幣慣性。

1.2.2 資本金融項下人民幣國際使用頻現亮點

2016年，人民幣國際金融計價交易功能進一步拓展，特別是在對外直接投資、熊貓債、海外信貸領域人民幣使用規模顯著增長，成為彌補貿易項下萎縮、支撐RII總體穩定的重要支柱。人民幣國際化已由貿易支撐邁進貿易、金融雙輪驅動新階段。2016年第四季度，人民幣國際金融計價交易綜合指標為3.59%，總體趨勢向好（見圖1—4）。

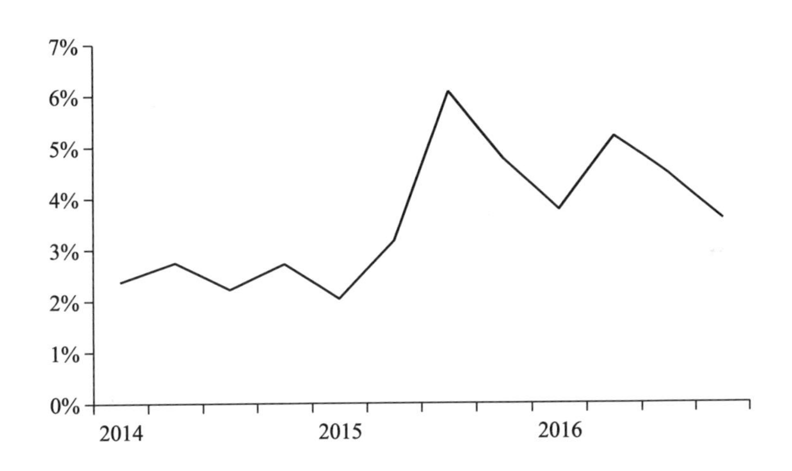

圖1—4　人民幣國際金融計價交易綜合指標

1.人民幣直接投資快步躍進

人民幣直接投資由人民幣對外直接投資（人民幣ODI）和人民幣外商直接投資（人民幣FDI）兩部分構成。在全球投資疲軟的背景下，隨著「走出去」「一帶一路」等的推進，人民幣直接投資逆勢上升。2016年，人民幣直接投資規模累計達2.46萬億元，同比增長5.91%，第四季度人民幣直接投資全球占比為9.66%（見圖1—5）。

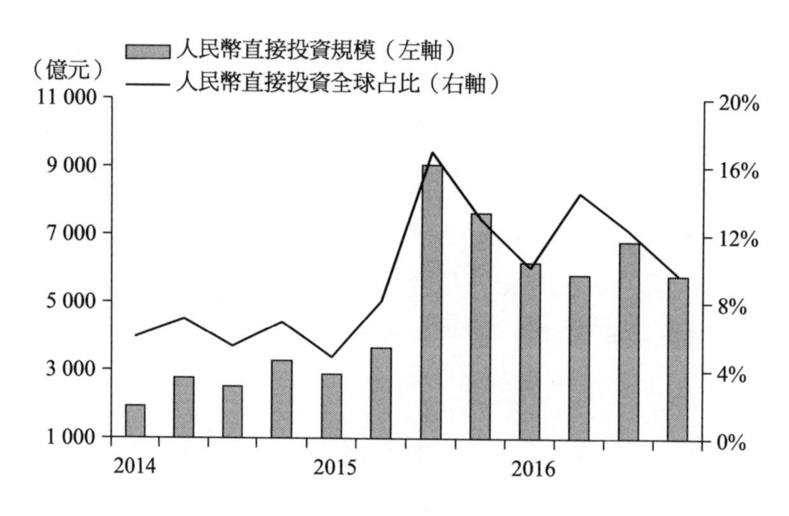

圖1—5　人民幣直接投資全球占比

2016年，中國直接投資項下差額為－3 806.60億元，歷年來首次「由正轉負」，人民幣直接投資同樣表現為ODI大幅攀升、FDI小幅下降。一方面，全球外商直接投資進入萎縮期，中國外商直接投資流入放緩，不利於人民幣FDI增長。當前，全球經濟復甦乏力，不確定因素增多，外商直接投資降至1.52萬億美元，較上一年減少13%。其中，發展中經濟體直接投資表現更為糟糕，流入量總體下降20%。在全球直接投資低迷、資本流向逆轉、國內下行風險增大的背景下，中國加強政策支持，實施便利化措施，營造良好環境，實際使用外資金額僅出現0.21%的微小降幅，與上一年基本持平。然而，中國外商直接投資增速放緩，在一定程度上對人民幣FDI增長產生抑制作用。2016年，人民幣FDI金額為1.40萬億元，同比下降11.86%。另一方面，「一帶一路」倡議加快推進，國際合作不斷深化，中資企業加快海外佈局，推進人民幣ODI快速攀升。2016年，在「企業主體、市場運作、國際慣例、政府引導」的原則下，中國對外投資合作取得豐碩成果，非金融類對外直接投資同比增長44.10%。「一帶一路」建設加快部署實施，在基礎設施、境外經貿產業園區、境外產能合作區等重點領域獲得突飛猛進的發展，全年中國對「一帶一路」沿線直接投資金額達145.3億美元，建立初具規模的合作區56家。中資企業加快海外佈局，提升在全球產業鏈與價值鏈中的地位，2016年跨國併購交易額增長了1.02倍。此外，在人民幣貶值預期下，人民幣ODI大幅增長中也存在一定成分源自中國企業借助人民幣管道出海、押注貶值轉移資產。總體而言，對外直接投資成為人民幣國際化的重要驅動力之一，2016年人民幣ODI金額達1.06萬億元，同比增加44.24%。

2.人民幣國際信貸「有進有退」

2016年，人民幣國際存貸款規模約為1.52萬億元，出現一定程度上的萎縮。人民幣國際信貸全球占比為0.59%，同比下降了20.78%（見圖1—6）。總體來看，在國際信貸領域人民幣份額下降存在以下三方面原因：一是在美聯儲加息預期下，人民幣匯率面臨貶值壓力，非居民減持人民幣資產，致使離岸資金池顯著縮水；二是國內經濟存在下行風險，影響海外主體人民幣使用信心；三是離岸人民幣利率走高，金融產品體系尚不成熟完善，缺乏充足的保值增值與流通管道，降低人民幣持有意願。

從結構上來看，人民幣國際存貸款表現出「有進有退」的基本特徵。在業務端，離岸人民幣存款規模萎縮，離岸人民幣貸款規模則呈上升態勢。2016年年末，香港人民幣存款同比下降35.77%，人民幣貸款總值同比增長1.85%；臺灣人民幣存款規模同比下降2.20%，人民幣貸款總值同比增長12.18%。在區域方面，離岸人民幣資金池「西漲東跌」。2016年年末，香港、澳門、臺灣、新加坡、韓國離岸中心人民幣存款合計規模同比萎縮了29.45%，而英國人民幣資金池則顯著擴容。2016年第三季度末，英國人民幣存款規模為85.57億英鎊，同比增長了45.50%，成為離岸人民幣市場發展的新亮點。

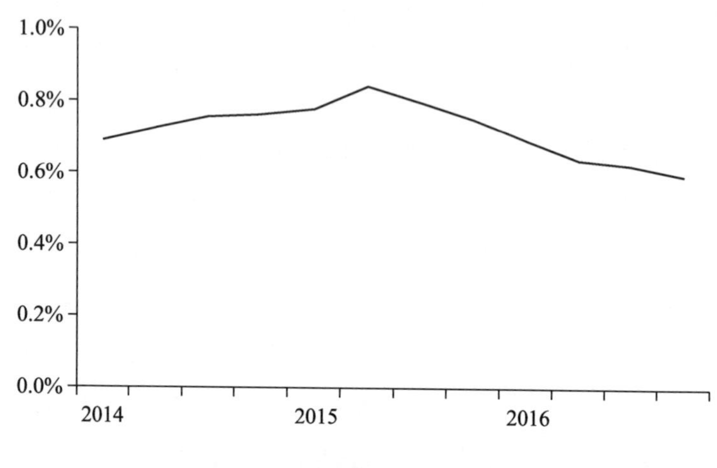

圖1—6　人民幣國際信貸全球占比

3.人民幣國際債券發行「外冷內熱」

債券市場是國際金融市場的重要組成部分，國際債券市場的比重份額是衡量一國貨幣國際使用程度的重要指標之一。截至2016年年末，人民幣國際債券與票據餘額預計為1 187.8億美元，同比減少4.81%；人民幣國際債券與票據餘額全球占比由2015年年末的0.59%降至0.52%左右（見圖1—7）。儘管人民幣在全球債券市場中份額仍然較低，影響力有限，但2016年在熊貓債、綠色債券、SDR債券、人民幣國債等領域則取得了重大進展。

人民幣國際債券市場呈現「外冷內熱」態勢，發展中頻現亮點。受離岸人民幣利率走高、匯率波動增大影響，2016年境外人民幣債券發行規模為1 002.1億元，同比萎縮33.9%；而在岸熊貓債發行量則大幅增加近9倍至1 290.4億元，境外投資者持有境內人民幣債券占國內債券市場的比例達到1.34%，中國債券市場對外資的吸引力顯著上升。人民幣國際債券發行主體與品種日趨多元化：熊貓債主體涵蓋國際組織、外國政府、中外企業，品種囊括金融債、中期票據、短期融資券、主權債、交易所公募與私募債券；世界銀行和渣打銀行先後

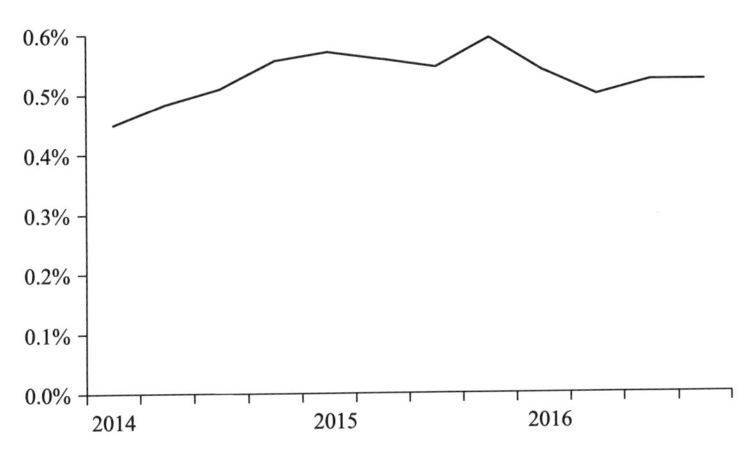

圖1—7　人民幣國際債券與票據餘額全球占比

在銀行間債券市場發行6億SDR債券，對於擴大SDR使用、促進人民幣國際化具有重要意義；中國財政部首次在中國以外地區發行人民幣國債，並在倫敦上市交易；中國成為全球最大的綠色債券市場，2016年多邊開發機構在銀行間債券市場首次發行綠色熊貓債，在美中資機構首次公開發行人民幣綠色債券，綠色理念為人民幣國際化注入價值與實踐能量。同時，境內債市開放度不斷提高，基礎設施日益完善。2016年，中國將境外投資主體範圍進一步擴大至境外依法註冊成立的各類金融機構及其發行的投資產品，以及養老基金等中長期機構投資者。目前，已有407家境外機構進入銀行間債券市場，較上年末增加105家。積極支援市場基礎設施開展跨境合作，豐富外匯風險對沖工具，提高發行與投資便利性，完善中國人民幣國際債券市場環境。

1.2.3　人民幣國際儲備功能顯著增強

隨著中國經濟實力與市場開放度提高，人民幣的國際儲備貨幣職能顯著增強。特別是2016年人民幣正式加入SDR，不僅開啟了人民幣作為全球儲備貨幣的新征程，也有助於增強SDR的代表性、穩定性和吸引力，推進國際貨幣體系改革。2016年，中國人民銀行先後同摩洛哥、塞爾維亞、埃及三國貨幣當局首次簽訂本幣互換協議，與新加坡、匈牙利、歐盟、冰島續簽貨幣互換協議，並將與歐央行的貨幣互換協議展期至2019年。目前，中國人民銀行已經與36個國家和地區的貨幣當局簽署了本幣互換協議3.05萬億元，新加坡、菲律賓等央行也宣佈在其官方國際儲備籃子中加入人民幣。IMF資料顯示，2016年第四季度，在各國持有外匯儲備中，人民幣儲備規模為845億美元，在可識別幣種儲備中占比達1.1%。儘管人民幣國際儲備功能實現階段性跨越，但距離成為主要儲備貨幣，人民幣國際化之路依然任重道遠。

專欄1—1

人民幣正式加入SDR，國際金融架構變革取得重要進展

2016年，全球經濟呈現「低增長、低利率、大分化」特徵，金融市場高頻波動成為新常態，國際金融架構有待完善。隨著人民幣正式加入SDR貨幣籃子，中國不斷深化金融改革與開放，在擴大SDR使用等方面努力探索，主動作為重啟國際金融架構工作組，為促進全球經濟增長、維護全球金融穩定和完善全球經濟治理做出積極貢獻。

全球金融市場波動進入新常態，國際金融框架有待重構。2016年，全球頻繁、短促、傳播極快的大幅金融市場波動令人印象深刻，預計這一趨勢還會持續，高頻波動或將成為全球金融市場新常態。當前全球經濟復甦疲弱，經濟增長水準跟不上利率上升步伐，貿易、債務、大宗商品價格等均進入週期調整階段，致使估值修正，引發金融市場震盪。同時，全球高聯結性增強溢出效應與溢回效應、主要國家貨幣政策分化加劇資本短期異動、地緣政治因素、英國公投脫歐等意外事件進一步加劇

市場脆弱性。在此背景下，國際金融架構亟待完善，以應對全球經濟新挑戰。

2016年10月1日，IMF宣佈納入人民幣的特別提款權（SDR）新貨幣籃子正式生效。IMF總裁拉加德發表聲明稱，這反映了人民幣在國際貨幣體系中不斷上升的地位，有利於建立一個更強勁的國際貨幣金融體系。新的SDR貨幣籃子包含美元、歐元、人民幣、日圓和英鎊五種貨幣，人民幣權重為10.92%，對應的貨幣數量為1.017 4。IMF每週計算SDR利率，並於10月7日公佈首次使用人民幣代表性利率，即3個月國債收益率計算的新SDR利率。

人民幣正式加入SDR，有利於全球宏觀經濟金融穩定。國際金融架構的首要缺陷是主要儲備貨幣的供需不平衡。美元是第一大儲備貨幣，美國經濟僅占全球GDP的24%，但42%的主權債務、52%的銀行貸款和64%的國際儲備以美元計價結算。2008年金融危機及當前的經濟金融動盪就源於過度依賴美元的貨幣格局，美國貨幣政策的溢出性與不確定性成為全球金融市場的主要擾動因素。人民幣加入SDR為國際金融架構調整與貨幣體系改革提供了中國方案，一方面有助於增強SDR代表性和吸引力，提升新興市場話語權，擴大SDR使用以緩解依賴單一主權貨幣的內在風險。2016年8月，國際復興開發銀行在中國銀行間市場發行首期SDR計價債券木蘭債，就是推動SDR金融工具市場化、擴大SDR使用的一次有益嘗試。另一方面，人民幣入籃將進一步提振市場信心，夯實人民幣金融交易與國際儲備職能，鼓勵中國深化金融改革，擴大金融開放，為全球經濟增長與金融穩定貢獻力量。

在G20框架下，中國積極推動重啟國際金融架構工作組，體現大國責任與擔當。隨著人民幣加入SDR貨幣籃子的進程，中國與主要大國、IMF等進行了深入溝通，對國際金融體系架構問題展開廣泛討論，涉及全球資本流動管理、全球金融安全網路建設等，極為符合當前全球宏觀金融波動加大的現實，獲得G20多數國家的支持。由此，中國主動作為，在G20框架下重啟國際金融架構工作組，參與相關規則的討論與制定，這是第二大經濟體義不容辭的責任和擔當，為捍衛新興市場與發展中國家利益、維護全球經濟金融穩定發揮了積極作用。未來，中國還將在擴大SDR使用、加強全球金融安全網、IMF份額改革、主權債重組機制、資本流動監測等方面與各方攜手，開展務實合作，進一步增強國際金融架構的韌性與穩定性。

1.3 主要貨幣的國際化指數比較

國際貨幣多元化是一個動態發展過程，國際貿易格局、國際金融市場的變化都會導致國際貨幣格局發生相應的調整，表現為一些貨幣的國際使用程度上升，另一些貨幣的國際使用程度下降。為了客觀評估國際貨幣格局的發展變化，動態反映人民幣與主要貨幣國際化水準之間的差距，本報告還用與編制RII同樣的方法，編制了美元、歐元、英鎊、日圓的國際化指數（見表1—1）。全球政治和經濟格局動盪，復甦態勢出現分化，「黑天鵝」事件頻現，主要貨幣地位此起彼伏。美國經濟呈復甦態勢，通脹與就業表現持續改善，美聯儲加息與川普效應推升美元走強，牽引全球金融走勢與資本流動，美元在全球動盪中貨幣霸主地位進一步鞏固。歐洲經濟與政治風險顯著上升，歐元區內部結構性問題突出，英國脫歐進程仍具有諸多不確定性，民粹主義、恐怖威脅、難民危機、政局動盪為歐洲復甦與一體化進程投下陰影，歐元與英鎊國際地位年內出現較大波動。日本經濟復甦步伐緩慢，但在全球金融市場動盪的背景下避險貨幣特徵愈加凸顯，日圓國際貨幣地位大幅走高。

表1—1　主要貨幣國際化指數

	2015年第一季度	2015年第二季度	2015年第三季度	2015年第四季度	2016年第一季度	2016年第二季度	2016年第三季度	2016年第四季度
美元	55.33	54.47	53.46	53.55	53.94	56.38	55.34	54.02
歐元	22.13	21.50	24.38	23.70	23.93	20.53	22.78	24.57
英鎊	2.76	3.96	4.10	4.57	4.55	4.04	4.10	5.50
日圓	4.05	4.04	3.94	4.04	4.02	4.14	4.64	4.26
總計	84.27	83.97	85.88	85.86	86.44	85.09	86.86	88.35

1.3.1　美元國際化指數變動分析

2016年，美國經濟「先抑後揚」，基本面復甦向好。自第三季度以來，美國就業市場表現良好，個人可支配收入上升，消費、政府支出、投資均出現反彈，淨出口實現溫和增長，全年GDP增速達1.6%。隨著通脹水準回升、失業率下降，12月美聯儲再度加息，提高聯邦基金目標利率25個基點，美元大幅走強，並在川普效應聯動下，牽引全球金融市場與資本流動。同時，全球政治和經濟格局動盪，歐洲面臨一系列不確定性，則在一定程度上促使資金回流美國，進一步倒推美元走強。

2016年，美國國內需求保持強勢，出口明顯回升，連續位居全球第一大外商直接投資目的國，在貿易與直接投資領域強化美元地位。隨著全球流動性轉向、美元需求上升，國際信貸部門美元全球占比實現1.4%的增長。在歐元具有傳統優勢的國際債券與票據市場上，美元實現趕超，全球存量占比達46.64%。2016年第四季度，美元國際指數達54.02，同比上升0.89%，美元頭號貨幣地位進一步夯實。

1.3.2　歐元國際化指數變動分析

歐元區經濟總體趨穩，但政治和經濟風險顯著上升。2016年，歐元區GDP增速達1.7%，就業與通脹水準有所改善；貨幣政策維持寬鬆基調，對於改善融資條件、支持經濟增長具有一定的支撐作用。然而，歐元區面臨重重壓力：一是結構性改革尚未取得實質性進展，寬鬆貨幣政策空間有限，經濟復甦勢頭能否延續存在不確定性；二是英國脫歐的負面效應可能拖累整體經濟，加劇金融市場動盪；三是主要國家大選帶來政治風險，右翼勢力上升，民粹主義傾向嚴重，難民危機與恐怖主義陰霾依然籠罩；四是金融環境更具挑戰性，金融業獲利疲弱、過度負債、影子銀行不斷壯大，特別是負利率進一步影響銀行業經營，可能加劇金融風險。

2016年，歐元區進出口出現萎縮，經濟困境、貨幣寬鬆與政局不確定性，致使歐元總體走弱，國際信心受到顯著影響。在國際信貸市場，歐元全球份額同比下降3.66%；第四季度，歐元國際債券與票據餘額全球占比下降1.03%，傳統優勢地位受到撼動；在國際外匯儲備中，歐元份額處於歷史低位，全球市場對歐元持謹慎態度。然而，自2016年第四季度以來，歐元區經濟出現積極復甦跡象，外商直接投資同比增長46.86%。歐元國際化指數為24.57，在經歷了三季度的大跌之後，國際地位同比小幅上升3.68%。

1.3.3 英鎊國際化指數變動分析

2016年，英國公投脫歐，為其前景蒙上陰影，經濟與政治不確定性增大。然而，英國脫歐的即時性影響並不明顯，服務業表現強勢，消費顯著增長，12月服務業綜合採購經理指數（PMI）為56.2，處於17個月以來的高點，穩住了英國脫歐公投後的整體經濟形勢。全年英國實際GDP增速達2%，復甦步伐在發達經濟體中位於前列。

然而，英國脫歐前景具有不確定性，拖累英鎊國際表現。面對市場與政局動盪的負面效應，英鎊國際信貸存量占比下跌16.05%，國際債券與票據餘額全球占比較年初下跌1.08%，英鎊儲備全球份額大幅回落至4.42%。公投脫歐後，英國積極穩住並吸引外資流入。在大型跨境併購交易支撐下，英國外商直接投資流入量飆升近4倍，達到1 472億美元，成為全球第二大外商直接投資目的國。資金大量湧入在一定程度上抵消上述負面衝擊，助推2016年第四季度英鎊國際化指數升至5.50。

1.3.4　日圓國際化指數變動分析

2016年，日本經濟緩慢增長，在出口恢復、就業改善支撐下，實際GDP增長1.7%。為應對疲弱經濟，日本央行進行大膽實驗，對貨幣政策框架加以改革，在亞洲率先實施負利率，實行「附加收益率曲線控制的量化質化寬鬆」的「反扭曲」操作。然而，在全球避險情緒和日圓套利交易的驅動下，日圓大幅走強，一度創2013年11月以來新高。

在國際信貸市場中，日圓具有避險貨幣傳統優勢，第四季度全球份額大幅攀升8.14%。在極寬鬆貨幣政策提振下，日圓國際債券與票據餘額全球占比較年初增長8.11%。全球市場動盪，進一步強化日圓避險特徵，2016年日圓全球外匯儲備占比連續三個季度上升，達4.21%。截至2016年第四季度，日圓國際化指數為4.26，同比上升5.45%，日圓國際化地位大幅上升。

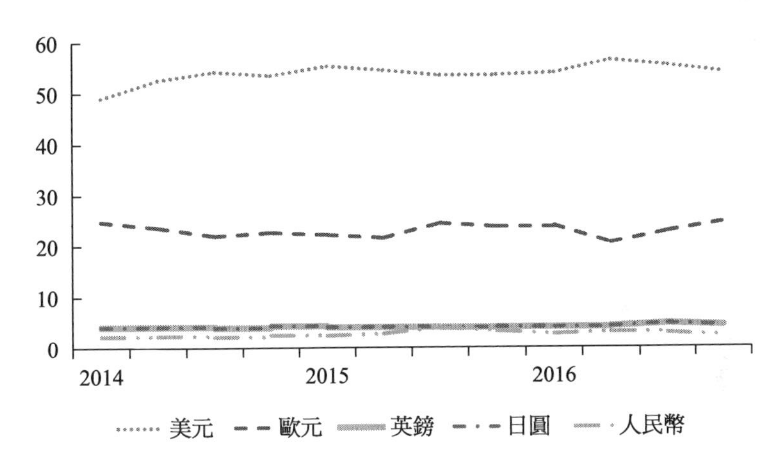

圖1—8　世界主要貨幣國際化指數變化趨勢

專欄1—2

英國「脫歐」如何影響人民幣國際化？

近年來，中英金融合作不斷深化，倫敦離岸人民幣市場快速發展，成為人民幣走進歐洲、邁向全球的重要平臺。2016年6月英國公投脫歐，短期內對歐洲人民幣業務產生一定的負面影響，人民幣匯率再度承壓；但是從長期來看，人民幣國際化大趨勢難以撼動，英國脫歐的衝擊總體可控，並在對華合作、「一帶一路」建設、國際貨幣格局重塑等方面帶來了一些新機遇。

英國脫歐對實體經濟、金融市場產生負面溢出效應，短期內對歐洲人民幣業務產生負面影響，進一步強化美元國際地位，致使人民幣匯率再度承壓。

第一，英國脫歐嚴重衝擊英國、歐盟實體經濟，短期內不利於中英、中歐經貿往來，或將削弱人民幣使用的實體基礎。據IMF測算，英國脫歐將導致英國未來六年在不同對歐經貿安排下實際GDP平均減少2.65%，歐盟其他經濟體產出萎縮0.2～0.5個百分點，同時也對包括中國在內的全球其他經濟體產出造成低於0.2%的負面衝擊。英國財政部預計，2030年英國貿易規模將減少約15.3%，外商直接投資降低10%～26%。短期內，歐洲經濟金融震盪加劇，中英、中歐之間的貿易、投資可能受到影響萎縮，將在短期內對人民幣國際使用產生一定的衝擊。

第二，倫敦國際金融中心地位受到削弱，短期內不利於歐洲離岸人民幣業務開展。在英國脫歐後，諸多對歐安排有待重整，加劇市場不確定性，倫敦國際金融競爭力下降。如前所述，倫敦是西方最大的離岸人民幣中心，也是人民幣邁進歐洲的重要跳板。倫敦市場動盪加劇，將在短期內影響英國人民幣相關業務的開展，增大歐洲人民幣推廣成本。

第三，英國脫歐危害全球金融市場穩定，加劇外匯市場震盪，美元階段性走強，致使人民幣面臨新一輪貶值壓力。2016年6月24日英國公投脫歐後，英鎊兌美元匯率盤中跌幅超過10%，歐元兌美元匯率當日跌幅達2.68%，美元指數重回96高位，致使人民幣兌美元再度承壓，即期匯率一度創五年來新低。

英國脫歐不改變人民幣國際化長期趨勢，並帶來一些新機遇。從長期來看，人民幣國際化大趨勢難以撼動，英國脫歐負面衝擊總體可控。人民幣國際化既是中國金融改革開放的關鍵一環，也是國際貨幣體系改革的重要組成部分。儘管2016年人民幣國際化面臨諸多壓力，但是其長期趨勢並未改變。據SWIFT統計，過去兩年人民幣國際採納率上升18%，超過100個國家的1 100多家銀行使用人民幣開展與中國內地及香港的支付。除了倫敦之外，香港、新加坡、盧森堡、法蘭克福等離岸人民幣市場迅猛發展，英國脫歐僅是一項波動因素，並不能改變人民幣國際化的基本趨勢。同時，英國脫歐將在以下方面為人民幣國際化帶來新機遇。

第一，英國脫歐後更加重視中英金融合作，倫敦將緊抓人民幣國際化機遇。英國是歐盟中最積極主張自由貿易、發展對華關係的國家之一，倫敦市場始終對人民幣持積極開放態度。在脫歐後，英國與歐盟關係或將惡化，倫敦作為最大的離岸歐元交易中心，約有三分之一外國銀行為歐洲銀行，也會面臨資產撤離、競爭力下降等風險。因此，在這種情況下，英國將更加重視對華合作，緊抓人民幣國際化機遇，在產品建設、基礎設施等方面豐富市場內涵，以此來抵消退歐的負面效應。

第二，英國脫歐或將改變國際貨幣格局，對人民幣兼有利弊，需謹慎把握。英國脫歐致使主要貨幣力量對比重塑，或將改變國際貨幣格局。一方面，英國脫歐損害英國與歐盟的實體經濟，極易引發脫歐連鎖反應，加深市場對歐元存續性的質疑，對英鎊、歐元國際地位造成實質性損害，在一定程度上為人民幣國際份額上升提供空間。然而，另一方面，英鎊、歐元國際競爭力被相對削弱，將在中短期內進一步強化美元一枝獨秀的局面，對貨幣多元化、全球金融穩定造成負面影響。在美元、歐元、人民幣三元平衡戰略中，歐元地位相對下降，面對更加強勢的美元，人民幣國際化或將面臨更多的挑戰。

第三，全球經濟格局重塑，中國「一帶一路」建設正值戰略視窗期，將為人民幣國際化注入不竭動力。英國脫歐後，歐洲貿易、投資等受到削弱，跨大西洋貿易與投資夥伴協議（TTIP）等談判進程也將延緩。「一帶一路」聯通中國與歐洲，沿線覆蓋諸多新興市場與發展中國家，建設投資需求旺盛，為歐洲乃至全球資本提供了新的增長點與風險分散管道。在此趨勢下，部分歐洲資金將向東轉移，歐洲投資者也將增加人民幣資產佈局，對人民幣國際化產生積極作用。

第二章

人民幣國際化現狀

受美元進入加息週期、人民幣匯率貶值預期、貨物貿易規模下降及境外人民幣貿易信貸融資成本上升等諸多因素交互影響，2016年人民幣國際化步伐放緩。跨境貿易與直接投資人民幣結算規模同比下降19.5%，回檔到2014年水準；全球最大離岸人民幣中心香港的人民幣存款較2014年1萬億元的峰值下降45%。人民幣的全球支付金額同比下降29.5%，在國際支付排名中降至第六位。

2.1　跨境貿易人民幣結算

1.規模明顯下滑，結算占比震盪下行

2016年，跨境貿易人民幣結算規模明顯下滑，全年跨境貿易人民幣結算業務累計發生5.23萬億元，較2015年減少2萬億元，同比下降27.66%。這是自2009年跨境貿易人民幣結算試點啟動以來，跨境貿易人民幣結算規模首次出現年度縮小。跨境貿易人民幣結算占中國貨物及服務貿易總額（國際收支口徑）的18.08%，較2015年減少8.4%。

2016年，世界經濟艱難復甦，國際貿易增長低迷，我國供給側結構性改革初見成效，經濟增長出現新的動力，消費對經濟增長的貢獻明顯上升。產業升級穩中向好，投資者信心有所恢復。進出口呈現前低後高、逐季回穩向好態

勢，扭轉了2015年以來的雙降局面，而且進口增長快於出口，開始止跌轉升。但受貿易額下降、人民幣貶值壓力、跨境資金流動風險管理加強等因素影響，為了規避匯率風險損失，部分企業尤其是那些選擇人民幣結算主要是為了獲取人民幣升值紅利的企業，不再選擇人民幣計價結算，轉而選擇升值預期明顯的美元，使得2016年人民幣在跨境結算中的使用規模大幅下滑，震盪下行。年初市場對人民幣匯率形成新機制信心不足，加上春節出國旅遊增加外匯需求，人民幣貶值壓力加大，一些外國金融機構甚至預測人民幣兌美元將「破7」，導致第一季度人民幣貿易結算規模銳減，2月份降至年內最低點。中國人民銀行一方面發文指出人民幣沒有「貶基」（不具有大幅貶值的基礎），另一方面在香港離岸市場進行干預，迅速扭轉了人民幣貶值的局面，穩定了市場預期，隨後人民幣貿易結算規模開始回升，4月人民幣結算占貨物和服務貿易總額的比例觸底後較快反彈，人民幣結算份額基本穩定在月均5 000億元左右。川普當選美國總統後，市場擔心美國貿易保護主義盛行，將中國列為匯率操縱國，中美之間可能會爆發貿易戰，加上美元加息預期強烈，人民幣再次承受貶值壓力，打擊了企業選擇人民幣結算的動機。為了應對急劇增加的國際經濟不確定性衝擊，我國監管部門採取措施，加強跨境資本流動宏觀審慎管理，投機套利性人民幣結算受到較大限制，擠出了原來跨境貿易人民幣結算中與實體經濟相關度不高的泡沫，在這些因素的共同作用下，人民幣結算規模再現震盪。年末貨物與服務貿易中人民幣結算占比降至12.1%，是2015年和2016年的低谷。

2.貨物貿易結算為主，服務貿易結算增速繼續加快

跨境貿易人民幣結算的結構進一步優化，貨物貿易仍然是人民幣跨境結算的主流，服務貿易結算份額上升較快。2016年，以人民幣進行結算的跨境貨物貿易和跨境服務貿易規模和占比見圖2—2和圖2—3所示。以人民幣進行結算的跨境貨物貿易累計發生4.12萬億元，同比大幅下降35.5%，占跨境貿易人民幣結算的79.58%。以人民幣進行結算的服務貿易累計發生1.11萬億元，同比增長31.2%，占跨境貿易人民幣結算的20.42%。以人民幣進行結算的服務貿易為連續第二年增長，且增幅較2015年有所擴大。2016年全年中國服務貿易進出口總額超過5萬億元，同比增長14.2%，服務貿易的人民幣結算保持增長且增速。

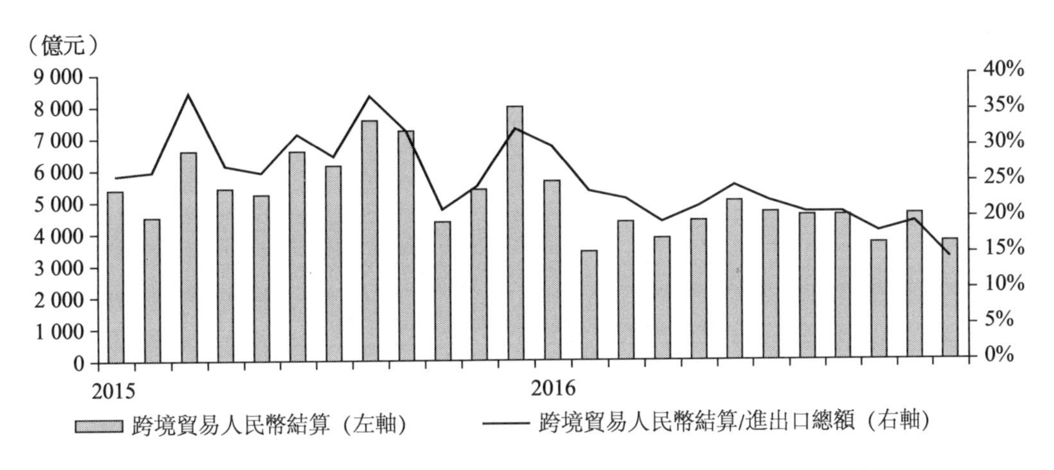

圖2—1　跨境貿易人民幣結算規模

資料來源：中國人民銀行、國家外匯管理局。

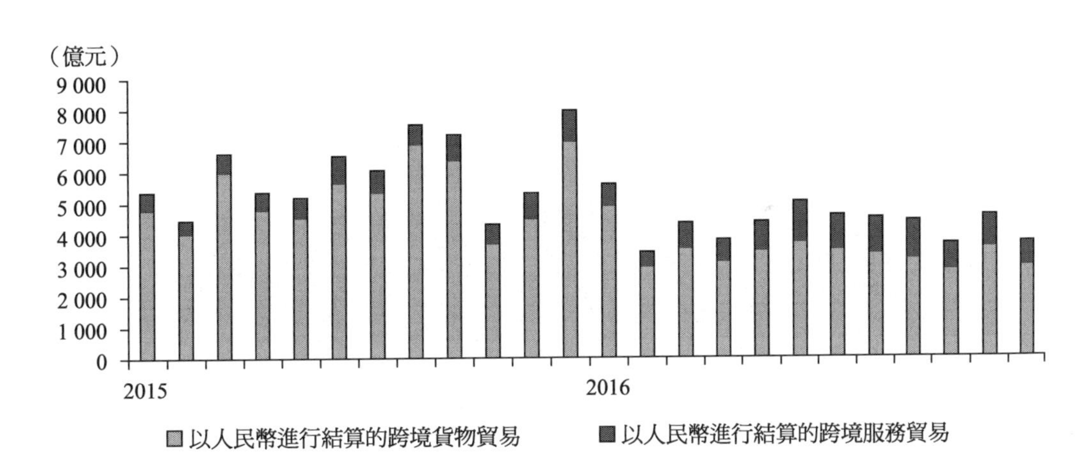

圖2—2　以人民幣進行結算的跨境貨物貿易和跨境服務貿易規模

資料來源：中國人民銀行。

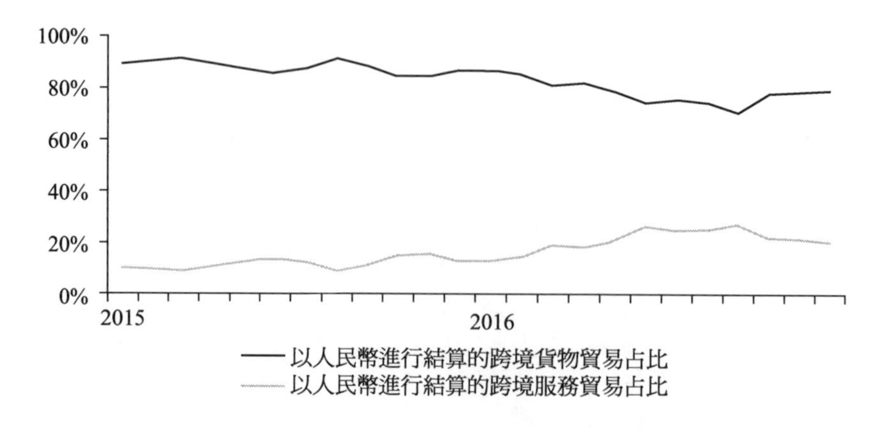

圖2—3　以人民幣進行結算的跨境貨物貿易和跨境服務貿易占比

資料來源：中國人民銀行。

3.跨境人民幣收付差額有所擴大，實付大於實收

2016年，跨境人民幣收付金額合計9.85萬億元，較2015年減少2.25萬億元，同比下降18.6%。實收3.79萬億元，較2015年減少2.4萬億元，同比下降38.8%；實付6.06萬億元，較2015年增加0.15萬億元，同比增長2.5%（見圖2—4所示）。跨境人民幣收付出現逆差。在2015年首次出現人民幣實收大於實付的順差後，重返收付逆差局面，表明我國出口企業使用人民幣結算的規模小於進口企業使用人民幣的規模。人民幣貶值提高了進口企業使用人民幣結算的動機，當然，在政府規範外匯使用真實性的背景下，使用人民幣結算更加便捷，促使企業更多選擇使用人民幣。人民幣收付逆差擴大，意味著人民幣通過貿易管道流向境外，有於擴大離岸人民幣市場資金來源，擴大離岸人民幣業務。

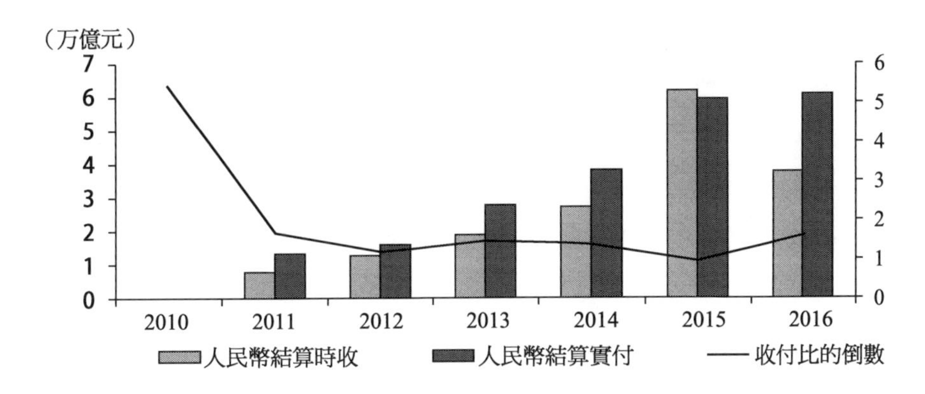

圖2—4　跨境貿易人民幣結算收付情況

資料來源：中國人民銀行。

專欄2—1

跨境貿易人民幣結算與進出口、匯率變動是否相關？

2009年我國開始跨境貿易人民幣結算試點，拉開了人民幣國際化的序幕。隨著國際社會對人民幣的接受程度提高，跨境人民幣使用規模逐年遞增，不斷擴大，2015年我國對外貿易總額中人民幣結算比例高達29%。但是2016年，跨境貿易人民幣結算遭遇試點以來的首次下降，同比減少27.66%。造成跨境貿易人民幣結算規模下降的原因是什麼？與我國進出口貿易下滑、人民幣貶值是否相關？

從理論上講，決定出口企業選擇貿易計價貨幣的因素比較複雜。

首先，宏觀層面要考慮經濟地位、匯率和金融市場發展水準。經濟地位不同，意味著經濟實力、產品科技含量和貿易定價權不同。發達國家之間習慣上使用出口國貨幣計價；發達國家和發展中國家貿易，則使用發達國家貨幣計價。出口產品科技含量越高，越容易使用該國貨幣計價；原材料和初級品則一般使用美元計價。國際貿易結算的收益分別受到實際匯率和預期匯率的雙重影響，出口商偏好有升值趨勢的貨幣，進口商則偏好有貶值趨勢的貨幣。根據參與國際貿易企業的交易成本模型，一國擁有發達金融市場，如貨幣市場工具完善、貨幣可自由兌換程度高，那麼該國貨幣兌換成本更低，則使用該國貨幣計價。

其次，微觀層面要考慮交易風險和成本，以及議價能力、產品差異化程度。匯率波動直接影響企業的實際收益，出口企業願意選擇有升值趨勢的貨幣結算，而進口企業願意選擇有貶值趨勢的貨幣結算。此外，交易量越大的貨幣，外匯交易成本就越低，企業選擇使用該貨幣計價，規避風險的能力也就相對較高。出口企業的地位也是決定計價結算貨幣的主要因素。出口企業在國際市場上所占份額越大，其議價能力就越強，更有能力決定選擇本幣計價；同質性商品貿易更多地使用進口方貨幣，而異質性商品貿易更多地使用出口方貨幣。

2016年中國仍然是世界第二大經濟體、第二大貿易國，經濟地位沒有任何動搖；貿易商品處於轉型升級、結構優化之中，意味著短期內出口企業的議價能力不會明顯惡化或改善；而且我國金融市場開放度不斷提高，跨境人民幣使用更加便捷，使用人民幣的交易成本有所下降。綜合分析上述宏觀和微觀層面的因素後，我們不難得出結論，2016年人民幣結算規模大幅度減少的主要原因應該是匯率波動。也就是說，人民幣匯率貶值以及市場的人民幣貶值預期，使得國內外出口商都不願使用人民幣進行貿易結算，導致人民幣結算份額大幅下降。

基於上述理論分析，我們對跨境貿易人民幣結算與進出口和匯率波動之間的關係進行了實證分析。選取2012年1月到2016年12月跨境貿易人民幣結算、進口、出口和美元兌人民幣期末匯率四個變數的月度資料，通過構建向量自回歸模型（VAR）、格蘭傑因果檢驗等方法，研究幾個時間序列變數間的動態關係。資料分別取自中國人民銀行網站、經濟合作與發展組織資料庫和萬德資料庫。實證分析證明，跨境貿易人民幣結算受到匯率變化的較大影響。首先，格蘭傑因果檢驗表明，人民幣匯率是引起跨境人民幣結算變動的格蘭傑原因，二者之間存在確定的單向因果關係。其次，向量自回歸模型的結果表明，人民幣匯率與人民幣結算規模之間負相關。在其他因素不變的情況下，美元對人民幣升值1%，人民幣結算規模就會下降1.72%，反之則相反。最後，根據脈衝回應結果，跨境人民幣結算對匯率衝擊會做出迅速反應，而且隨著時間的推移，匯率的影響逐漸增強。

據此我們可以解釋2016年跨境貿易人民幣結算規模為什麼會大幅下降。2016年人民幣兑美元匯率嚴重承壓，全年貶值超過6%，即期匯率平均波幅較2015年上升了40%。美元大幅升值以及持續的升值預期、人民幣匯率波動性增大，改變了企業的貨幣選擇行為，造成跨境貿易人民幣結算規模銳減。

綜上所述，在我國貿易轉型升級完成前，保持匯率在國際收支基本均衡基礎上的相對穩定，對於穩定跨境貿易人民幣結算具有重要意義。

2.2 人民幣金融交易

2.2.1 人民幣直接投資

1.人民幣境外直接投資

2016年，中國的境外投資規模繼續顯著增加，但人民幣境外投資增速放緩。據商務部統計，2016年，中國境內投資者全年共對全球164個國家/地區的7 961家境外企業進行了直接投資，累計實現非金融類直接投資11 299.2億元人民幣（折合1 701.1億美元），較2015年增長44.1%。其中，以人民幣結算的對外直接投資額10 619億元，較2015年增加3 257億元，增長44.24%，增幅較2015年的294.5%大幅收窄。

2016年，中國非金融類對外直接投資創歷史新高，且已超過同期實際使用外資規模。對外直接投資增長是落實「一帶一路」倡議和加強國際產能與裝備製造合作的重要成果，使得中國對外經濟更加開放，市場主體更加活躍。2016年前三季度，人民幣對外直接投資規模及其占比震盪上行。在國際經濟形勢複雜、不確定性增加、人民幣貶值的特定背景下，2016年企業對外直接投資出現了一些不夠理性的傾向，一些企業對外直接投資帶有很強的盲目性，使用人民幣也帶有刻意的投機性。為了使中國企業「走出去」更加健康、有序，相關管理部門加強了對對外直接投資的引導，加強人民幣對外直接投資的真實性審查，導致第四季度以人民幣結算的對外直接投資及其占中國對外直接投資的比重，與中國對外直接投資同步下降（見圖2—5）。

在「走出去」政策和「一帶一路」倡議激勵下，我國金融機構加大了國際化步伐，對外投資迅速增長。2016年年末，我國境內金融機構對境外直接投資流出1 241.69億元人民幣，流入607.78億元人民幣，淨流出633.91億元人民幣。全年淨流出規模較2015年同比減少111.96億元，同比下降15.01%。銀行、保險公司和其他金融機構的對外直接投資存量達到13 804.34億元人民幣。

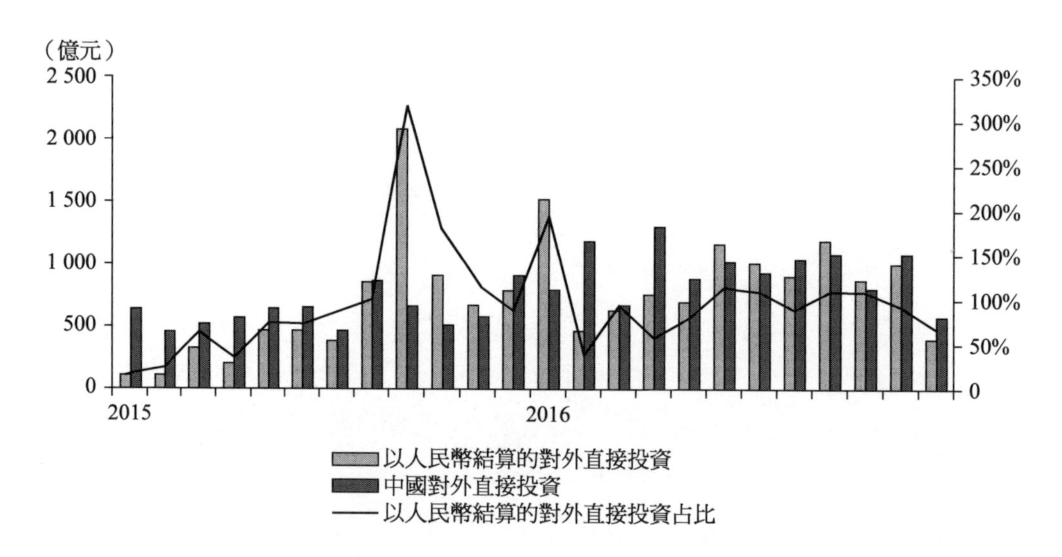

圖2—5　以人民幣結算的對外直接投資占中國對外直接投資的比重

資料來源：中國人民銀行、商務部。

2.人民幣外商直接投資

2016年，中國實際使用外資金額8 132.2億元人民幣，較2015年增加318.7億元，同比增長4.1%。外商直接投資來源地分佈多元化，美國、歐盟、澳門、韓國保持較高增速，日本對華投資止跌回穩。以人民幣結算的外商直接投資在2016年有所回落，累計達到1.4萬億元，較2015年下降1 883億元，減少11.86%。2015年和2016年以人民幣結算的外商直接投資情況如圖2—6所示。

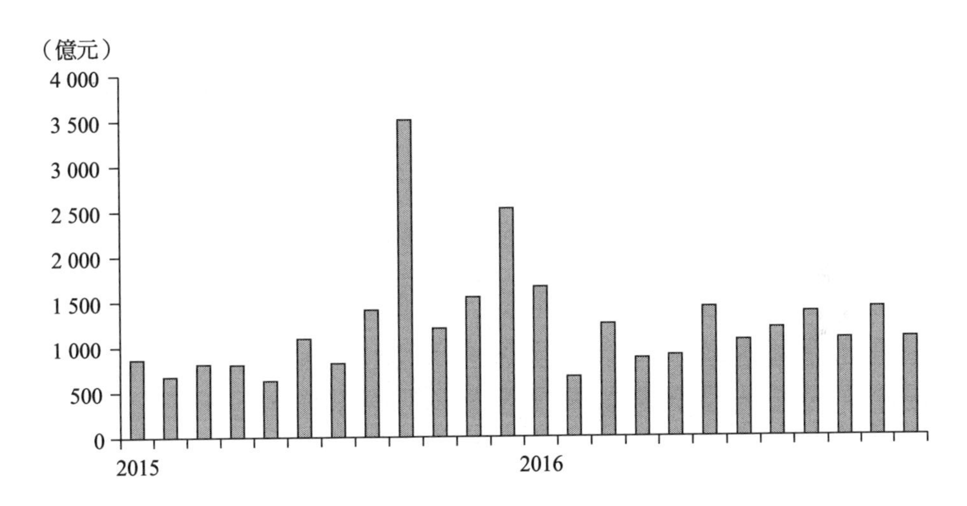

圖2—6　以人民幣結算的外商直接投資

資料來源：中國人民銀行。

專欄2—2

「一帶一路」成為中國對外投資新亮點

2016年全年，中國企業共對「一帶一路」沿線的53個國家進行了非金融類直接投資145.3億美元，同比下降2%，占同期總額的8.5%，主要流向新加坡、印尼、印度、泰國、馬來西亞等國家和地區。

在對外承包工程方面，2016年中國企業在「一帶一路」沿線61個國家新簽對外承包工程項目合同8 158份，新簽合同額1 260.3億美元，占同期中國對外承包工程新簽合同額的51.6%，同比增長36%；完成營業額759.7億美元，占同期總額的47.7%，同比增長9.7%。

截至2016年年底，中國企業在「一帶一路」沿線國家建立初具規模的合作區56家，累計投資185.5億美元，入區企業1 082家，總產值506.9億美元，上繳東道國稅費10.7億美元，為當地創造就業崗位17.7萬個。

此外，2016年「一帶一路」產能合作有序推進。中國與有關國家和國際組織簽署了40多份共建「一帶一路」合作協定，同20多個國家開展了機制化的國際產能合作，簽署了第一份雙邊戰略對接合作規劃，即中哈《「絲綢之路經濟帶」建設與「光明之路」新經濟政策對接合作規劃》，第一份經濟走廊合作規劃綱要，即《建設中蒙俄經濟走廊規劃綱要》，結成互信友好、充滿活力的「朋友圈」。

中巴經濟走廊啟動一攬子重大專案建設，雅萬高鐵、中老鐵路、瓜達爾港先期建設、中巴喀喇崑崙公路二期改造、中俄原油管道復綫工程、中俄和中亞油氣管線、希臘比雷埃夫斯港等建設取得重大進展。《關於加快推進「一帶一路」空間資訊走廊建設與應用的指導意見》正式發佈，充分發揮空間資訊技術優勢，促進資訊互聯互通。中歐班列統一品牌發佈啟用，截至目前累計開行近3 000列。

有序推進鋼鐵、裝備製造、汽車、電子等十多個重點領域國際產能合作，已在沿線國家設立了56個境外合作區。中白工業園、中泰羅勇工業園等已成為中國企業「走出去」亮麗的名片。

2.2.2 人民幣證券投資

1.國際債券和票據市場

2016年人民幣國際債券和票據存量有所減少，波動較大。年末存量為

1 106.55億美元，較2015年減少142.07億美元，同比下降11.4%（見圖2—7所示）。儘管人民幣加入了SDR，但是到年底才能正式生效，受到一些國家法律的約束，一些主權基金和開發性金融機構尚不能投資人民幣債券。此外，人民幣貶值在一定程度上降低了國際社會投資人民幣債券的動機。與目前主流國際貨幣相比，人民幣在國際債券市場的份額較低，2016年年末只有0.52%，與人民幣在SDR中的份額相比，還有相當大的差距。

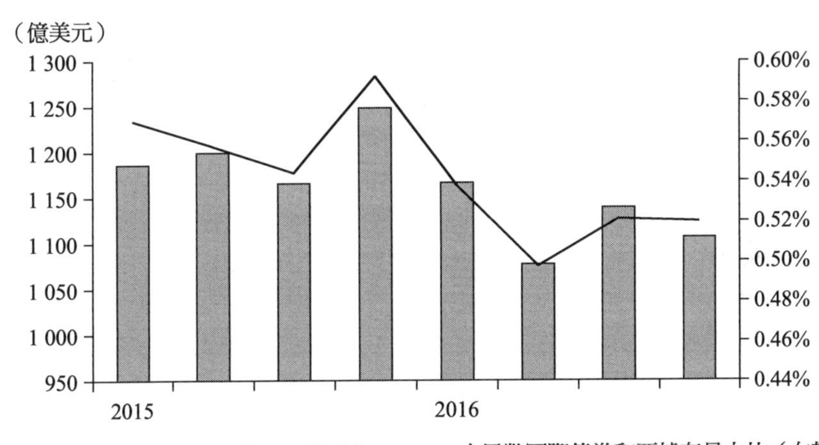

圖2—7　人民幣國際債券和票據存量及其占比

資料來源：國際清算銀行。

離岸人民幣債券發行規模大幅下降。據不完全統計，2016年全球共有198家機構發行365只離岸人民幣債券，累計規模999.79億元，同比大幅下降37.9%。香港是最大的離岸人民幣債券市場，2016年前11個月點心債發行規模378億元，同比下降45.0%。根據臺灣櫃買中心統計，2016年寶島債（臺灣離岸人民幣債券）發行規模80.25億元，同比下降74.3%。跨境貿易人民幣結算規模減小，導致離岸人民幣市場流動性收縮，推高了離岸人民幣債券發行成本。不僅如此，隨著人民幣利率下降，在岸人民幣債券發行成本持續走低，境內外融資成本差異擴大，也是離岸人民幣債券發行規模縮水的一個重要原因。

值得一提的是，隨著中國債券市場加大開放，外資金融機構的參與度明顯增加。人民幣貶值也提高了人民幣債券發行的國際吸引力，非居民來華髮行人民幣債券出現井噴現象。繼2015年中國熊貓債市場迎來10年後的首個發行高潮後，2016年熊貓債發行不斷取得突破。據不完全統計，2016年熊貓債累計發行規模928億元[1]，超過以往年度的總和。不僅如此，熊貓債發行的主陣地也發生了變化，從銀行間債券市場轉向交易所市場。2016年共有13家境外金融及非金融機構在銀行間債券市場發行熊貓債，發行規模416億元；共有11家境外發行人在交易所市場發行熊貓債，發行規模達512億元。資訊透明度更高的交易所市場熊貓債發行規模首次超過銀行間債券市場。

債券是國際資本流動的主管道，人民幣債券必然是各國官方持有人民幣資產的主要工具。2016年我國採取了一些重要舉措來提高債券市場的開放水準，取消實行了30多年的嚴格外債逐筆審批制度。2016年4月，中國人民銀行下發通知，在全國範圍內實施本外幣一體化的全口徑跨境融資宏觀審慎管理框架。金融機構和企業舉借外債不再需要進行事前審批，可在與其資本或淨資產掛鉤的跨境融資上限內，自主開展本外幣跨境融資。2016年6月，國家發展和改革委員會發佈公告稱，選擇21家企業開展2016年度外債規模管理改革試點。試點企業在年度外債規模內，可自主選擇發行視窗，分期分批發行，不再進行事前登記，待發行完成後及時報送發行資訊。試點企業可直接發行外債，根據企業經營需要選擇外幣或人民幣，鼓勵外債資金回流結匯。外債管理制度的進一步改革有利於拓寬資本專案的可兌換程度，有利於我國企業發行離岸人民幣債券，拓寬人民幣國際循環管道。

1　統計不包括境外機構通過境內分、子、控機構在境內發行的債券。

專欄2—3

熊貓債市場井噴

截至2016年年末，在銀行間債券市場發行人民幣債券的境外發行主體已經覆蓋境外國際開發機構、外國政府、境外金融機構和非金融企業，累計發行規模631億元。

與過往銀行間債券市場是熊貓債發行的主陣地不同，2016年交易所市場表現尤為亮眼，發行規模甚至超過銀行間市場。交易所市場熊貓債發行升溫，正是人民幣逐步實現國際化的體現。據不完全統計，2016年，共有26家境外發行人在中國債券市場獲得熊貓債發行核准或註冊，金額共計2 337億元，發行規模達928億元。其中，銀行間債券市場熊貓債發行規模416億元，交易所市場發行規模512億元。發行人涵蓋了國際開發機構、境外金融和非金融企業、國際性商業銀行、外國政府，發行主體日益豐富。整體來看，熊貓債的井噴除了受益於監管的逐步鬆綁，較為低廉的融資成本是發行大幅攀升的最主要原因。與之形成對比的是，在人民幣匯率寬幅波動影響下，人民幣國際化進程在離岸人民幣市場階段性地放緩，離岸人民幣債券正處於艱難的復甦中。

香港一直是全球最大的離岸人民幣債券市場，也是海外機構投資人民幣債券的主要場所，但是自2015年「8．11」匯改後，離岸市場資金池收縮，融資成本逐步抬升，三年期點心債（在香港發行的離岸人民幣債券）融資成本顯著上漲近200個基點。

相比之下，內地貨幣政策則穩中有松，流動性充裕，在岸、離岸債券利差逐漸拉闊，導致大部分點心債發行主體回到在岸，離岸債券市場發行規模大幅收縮。2016年前三季度點心債發行規模為335億元，不及2015年點心債發行規模的1/5。2016年熊貓債發行規模遠超點心債，而

2015年熊貓債發行規模僅為點心債的10%。

儘管熊貓債發行出現井噴，但是熊貓債並不會取代點心債。因為點心債市場是一個更開放、更靈活、國際化程度更高的市場。發行人選擇熊貓債還是點心債，除了考慮融資需求以及融資成本外，還會考慮監管制度、交易習慣等其他因素。

2.股票市場

2016年股票市場規模小幅下降（見圖2—8），股價出現大幅波動。年末股票市價總值（A股、B股）共計50.8萬億元，較2015年年末減少2.3萬億元，降幅為4.34%。2016年年末股市流通市值為39.3萬億元，較2015年年末減少2.5萬億元，降幅為5.90%。股價的大幅波動使得交易活躍度明顯下降，成交量走低。2016年滬深兩市累計成交126.8萬億元，較2015年減少128.3億元，降幅為50.3%。日均成交5 193.70億元，較2015年減少5 259.33億元，降幅為50.3%。

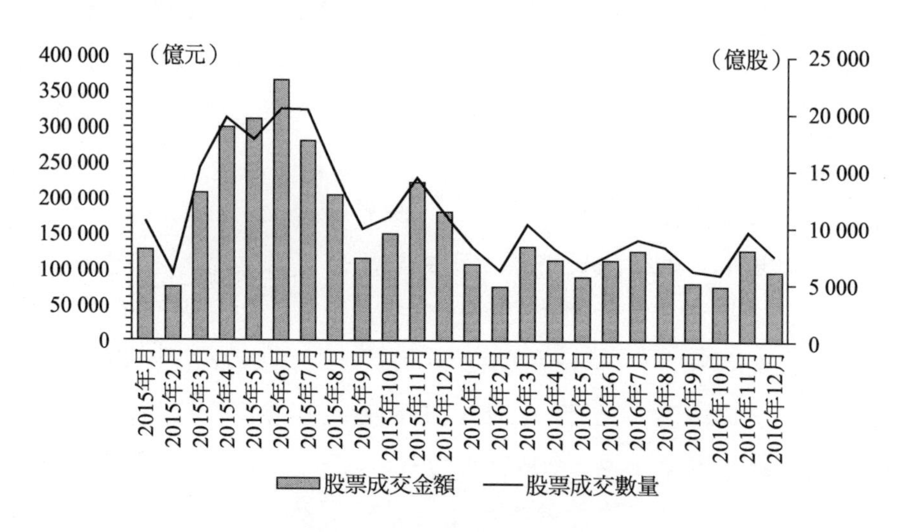

圖2—8　中國股票市場交易情況

資料來源：中國證券監督管理委員會。

2016年年末，上證綜合指數收於3 104點，比上年末下跌12.3%；深證成分指數收於10 177點，比上年末下跌19.6%。中國股市全年的跌幅主要源於1月試行熔斷機制後出現的連續四天暴跌。在2015年股市異常波動發生以後，應各有關方面的呼籲，證監會開始啟動引入熔斷機制。2016年1月1日起A股正式實施指數熔斷機制。根據規則，滬深300指數如果下跌5%觸發熔斷，熔斷範圍內的證券將暫停交易15分鐘；但如果尾盤階段（14：45 至15：00期間）觸發5%或全天任何時間觸發7%，將暫停交易至收市。2016年1月4日是A股熔斷規則正式生效的第一天，中國股市當日即首次遭遇全天交易熔斷。在實施熔斷機制隨後4個交易日，中國股市發生4次熔斷（兩次觸發5%熔斷閾值，兩次觸發7%熔斷閾值），A股兩次因熔斷提前休市，創造了A股的歷史，造成了巨大的破壞力。其中，1月7日A股暴跌7%後觸發熔斷機制，開盤僅30分鐘即收盤，創下中國股市最短交易日紀錄。熔斷機制具有一定「磁吸效應」，即在接近熔斷閾值時部分投資者提前交易，導致股指加速觸碰熔斷閾值，起了助跌的作用。鑒於熔斷機制沒有達到預期的穩定股市的目標，運行僅僅四天后，證監會宣佈自2016年1月8日起暫停實施指數熔斷機制，股票市場逐漸恢復平穩，年末有所下跌。2—12月股票市場震盪向上，期間九成個股收益為正，平均漲幅超過30%。

2016年中國股票市場的融資功能有所增強，共有227家新公司上市，其中在上證主機板上市的公司有103家，在深證中小板上市的公司有46家，在創業板上市的公司有78家。新上市公司共通過股票市場融資1 633.56億元（見表2—1）。已上市公司定向增發的金額也較2015年大幅增長，全年增發金額達到16 978.28億元，增長10 268.8億元，增幅達到153%。

表2—1　中國股票市場籌資金額

時間	首次發行金額			再籌資金額					
	A股（億元）	B股（億美元）	H股（億美元）	A股（億元）				B股（億美元）	H股（億美元）
				公開增發	定向增發	配股	權證行權		
2014	68.89	0	128.72	18.26	4 031.3	137.98	0	0	212.90
2015	1 766.91	0	236.19	0	6 709.48	42.33	0	0	227.12
2016	1 633.56	0	1 078.80	0	16 978.28	298.51	0	0	528.95

資料來源：中國證券監督管理委員會。

3.衍生品市場

中國的衍生品金融市場發展滯後，規模偏小，與發達國家相比仍然存在較大的差距，人民幣衍生品尚未被國際清算銀行單獨統計。

利率市場化基本完成後，資金市場上利率風險管理需求明顯上升，利率互換交易增長較快。2016年，人民幣利率互換市場達成交易8.78萬筆，同比增長35.5%；名義本金總額9.92萬億元，同比增長19.9%。從期限結構來看，1年及1年期以下交易最為活躍，名義本金總額達7.87萬億元，占總量的79.3%。從參考利率來看，人民幣利率互換交易的浮動端參考利率主要包括7天回購定盤利率和上海銀行間同業拆借利率（Shibor），與之掛鉤的利率互換交易名義本金占比為85.9%和13.9%。銀行間市場利率互換交易額如表2—2所示。

表2—2　銀行間市場利率互換交易額　單位：億元

	2015年				2016年			
	第一季度	第二季度	第三季度	第四季度	第一季度	第二季度	第三季度	第四季度
利率互換	16 597.79	19 319.37	22 519.47	23 721.98	20 066.68	23 617.65	25 778.24	29 714.44

2016年，在新的人民幣匯率形成機制下，人民幣匯率雙向波動幅度加大，人民幣匯率的靈活性明顯提高，刺激了金融市場對人民幣衍生品的需求。離岸市場人民幣衍生工具不斷創新，種類更加豐富，交易規模創歷史新高。例如，香港交易及結算所有限公司（港交所）於2016年5月30日推出一批新的人民幣期貨產品，即歐元兌人民幣、日圓兌人民幣、澳洲元兌人民幣和人民幣兌美元期貨。臺灣期貨交易所於2016年6月27日推出全球首個美元兌人民幣期貨選擇權商品。

歐元、日圓和澳洲元是除美元以外，離岸人民幣交易最活躍的貨幣。新增以人民幣計價、現金結算的系列人民幣兌這些貨幣的期貨產品，無疑能夠更好地滿足市場管理人民幣與歐元、日圓和澳洲元交易風險的需求。2016年，港交所美元兌人民幣（香港）期貨成交量達49.6萬張合約，打破2015年26.2萬張合約的紀錄，同比增長89%。歐元、日圓、澳洲元兌人民幣（香港）期貨成交量分別為952張合約、390張合約、88張合約。同期人民幣（香港）兌美元期貨成交量為4 867張合約。

2016年股指期貨成交量和成交額均大幅萎縮。在限倉、保證金提高、手續費增加的背景下，股指期貨流動性持續低迷，全年以低成交的狀態跟隨現貨指數經歷了探底回升的過程。2016年滬深300股指期貨共成交4.10萬億元，與2015年相比，降幅達98.8%。2016年國債期貨成交2.77萬億元，比2015年下降36.36%。受到美聯儲加息、贖回風波以及持續的資金面緊張影響，年底國債期貨一度出現全線跌停，也是國債期貨上市以來首次出現跌停。

4.非居民投資人民幣金融資產

截至2016年年末，合格境外機構投資者（QFII）累計獲批278家，較2015年減少1家，累計可投資額度873.09億美元，較2015年增加62.41億美元。人民幣加入SDR後，非居民使用人民幣投資我國證券市場的需求增加，需要進一步擴大投資主體範圍。截至2016年年末，人民幣合格境外機構投資者（RQFII）累計獲批177家，累計可投資總額度5 284.75億元，較2015年增加841.5億元。2016年以來，有22家境外機構首次獲批RQFII投資額度。

截至2016年年末，407家境外機構投資者參與中國銀行間債券市場，較上年增加105家。411家境外機構在中央結算公司託管持有境內債券。2016年境外機構在中國銀行間債券市場託管餘額為7 997.2億元，全年增持人民幣債券規模為1 512.9億元。2016年外資機構參與銀行間債券市場現券交易成交22.15萬筆，共計16.23萬億元。

外資機構參與銀行間債券市場現券交易情況如圖2—9所示。

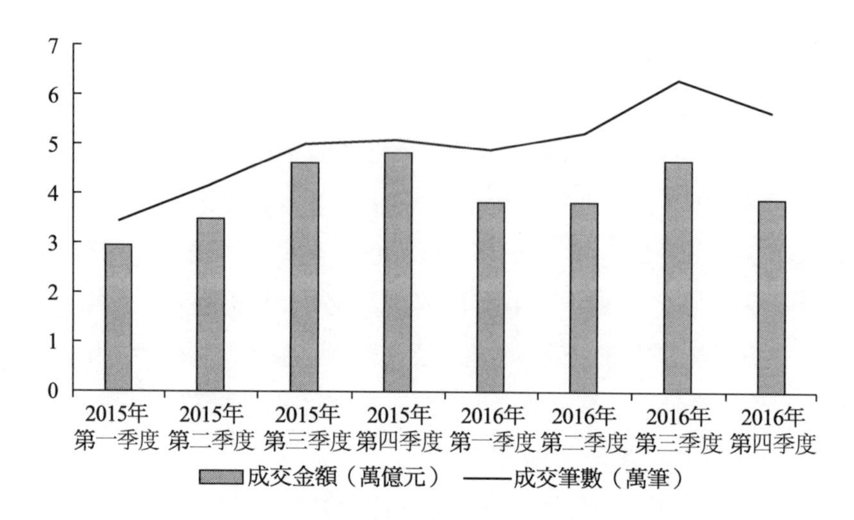

圖2—9　外資機構參與銀行間債券市場現券交易

資料來源：中國外匯交易中心。

2016年，港股通（滬）買入成交金額4 582.36億元，賣出成交金額2 530.48億元，淨買入2 051.88億元。滬股通買入成交金額3 854.07億元，賣出成交金額3 498.84億元，淨買入355.23億元。

2016年12月5日，作為中國資本市場改革開放推出的重大舉措之一的深港通正式啟動。截至2016年年末，港股通（深）買入成交金額79.43億元，賣出成交金額12.21億元，淨買入67.22億元；深股通買入成交金額206.79億元，賣出成交額金額55.11億元，淨買入151.68億元。

截至2016年年末，非居民持有境內人民幣金融資產3.03萬億元。其中，境外機構持有的股票市值為6 491.85億元；境外機構債券託管餘額為8 526.24億元；境外機構對境內機構的貸款餘額為6 164.35億元；非居民在境內銀行的人民幣存款餘額為9 154.73億元（見表2—3）。

表2—3　境外機構和個人持有境內人民幣金融資產　單位：億元

項目	2015年第一季度	2015年第二季度	2015年第三季度	2015年第四季度	2016年第一季度	2016年第二季度	2016年第三季度	2016年第四季度
股票	7 384.13	7 844	5 285.15	5 986.72	5 709.51	6 012.05	6 562.34	6 491.85
債券	7 127.95	7 640.82	7 645.78	7 517.06	6 799.50	7 639.82	8 059.58	8 526.24
貸款	8 769.16	9 242.1	9 357.07	8 515.55	7 782.72	7 474.17	7 081.93	6 164.35
存款	20 248.02	21 203.45	16 641.77	15 380.65	12 744.50	12 529.38	11 307.15	9 154.73

2.2.3　人民幣境外信貸

截至2016年年末，境內金融機構人民幣境外貸款餘額達4 373.26億元，較2015年增長38.7%。新增貸款1 215億元，比2015年增加243億元。人民幣境外貸款占金融機構貸款總額的比重為0.41%，較2015年增長較快（見圖2—10）。

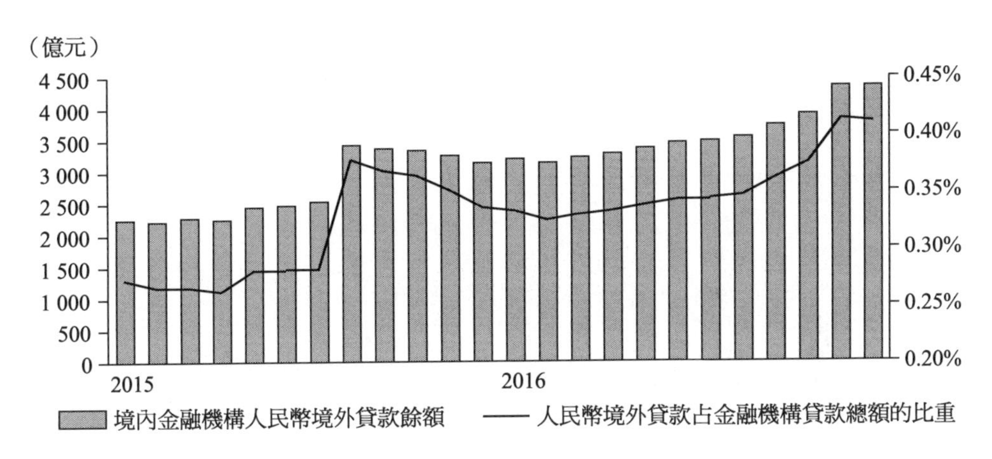

圖2—10　中國金融機構人民幣境外貸款餘額及占比

資料來源：中國人民銀行。

中國人民銀行資料顯示，自2012年12月以來，先後有17個地區開展了人民幣境外借款、個人經常項目人民幣結算等跨境人民幣創新業務。試點政策以資本項目業務為主，經常項目業務為輔。按照「可複製、可推廣」的基本要求，目前，大部分創新業務試點已推廣至全國，包括個人貨物貿易和服務貿易人民幣結算、跨國企業集團跨境雙向人民幣資金池和經常項下跨境人民幣集中收付、跨境電子商務人民幣結算業務、境外機構人民幣銀行結算帳戶內資金轉存為定期存款等。

2.2.4 人民幣外匯交易

2016年，中國進出口貿易仍舊低迷，銀行結售匯總額同比減少，境外機構持有境內人民幣資產同比下滑。儘管如此，銀行間外匯市場成交量仍舊保持了穩步增長，全年共成交約124.2萬億元人民幣，同比增長44%。其中，人民幣外匯市場成交112.4萬億元，外幣對市場成交折人民幣0.8億元，外幣拆借市場成交折人民幣11萬億元。

2016年人民幣外匯即期成交5.9萬億美元，同比增長21.9%；人民幣外匯掉期交易累計成交金額折合10萬億美元，同比增長19.8%，其中隔夜美元掉期成交6萬億美元，占掉期總成交額的60.4%；人民幣外匯遠期市場累計成交1 529億美元，同比增長311%。「外幣對」累計成交金額折合1 159億美元，同比下降3.6%，其中成交最多的產品為歐元兌美元，占市場份額比重為34.3%。2016年銀行間外匯即期市場人民幣對各幣種交易量如表2—4所示。

表2—4　2016年銀行間外匯即期市場人民幣對各幣種交易量　單位：億美元

幣種	美元	歐元	100日圓	港幣	英鎊	澳元	紐西蘭元	新加坡元	瑞士法郎	加拿大元	林吉特	盧布
交易量	57 346.61	690.88	492.94	224.37	73.54	119.08	20.56	165.42	26.92	37.65	5.12	17.6
同比	24.31%	1.93%	−8.14%	−19.57%	−40.95%	−25.72%	−24.24%	−72.67%	15.44%	87.22%	115.13%	−50.17%

資料來源：中國外匯交易中心。

匯率衍生品成交量增速繼續領先即期交易。2009年以來，匯率衍生品成交量增速持續快於外匯即期交易，匯率衍生品占比進一步上升。2016年，匯率衍生品成交量在整個銀行間外匯市場中的占比（不含外幣拆借）從上年的63.9%增加至64.6%（見圖2—11），該比例已非常接近國際清算銀行發佈的外匯即期與衍生品市場的基本格局33：67。

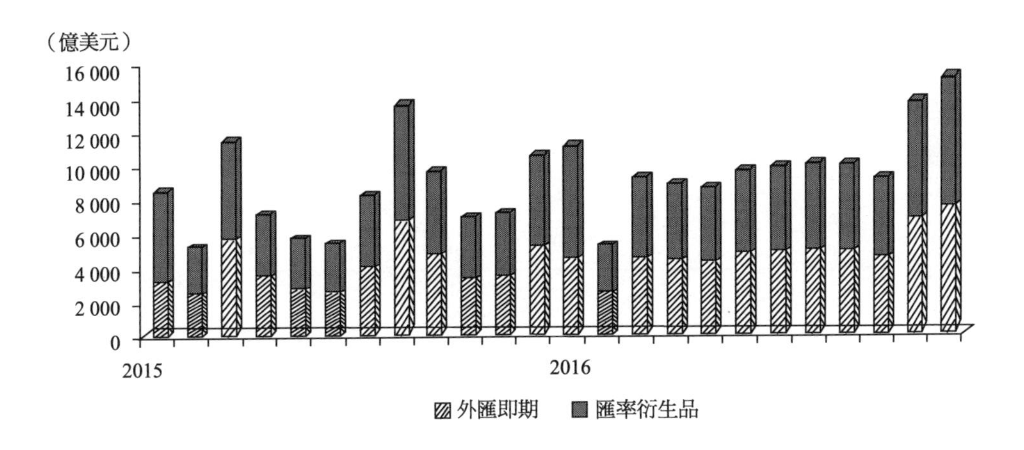

圖2—11　外匯即期與匯率衍生品的比較

資料來源：中國外匯交易中心。

2016年1月，銀行間外匯市場向符合條件的人民幣購售業務境外參加行開放；9月，銀行間外幣拆借市場也向境外機構開放。至此，銀行間外匯市場的各個子市場、各類產品都已向境外機構開放。

外匯市場交易主體進一步擴展。截至2016年年末，共有即期市場會員582家，遠期、外匯掉期、貨幣掉期和期權市場會員各154家、154家、127家和87家，即期市場做市商30家，遠掉期市場做市商26家。其中，已有59家境外主體成為銀行間外匯市場會員，占會員總數的10%。其中，境外央行類機構在銀行間外匯市場的交易不受交易額度、交易品種、交易方式、清算方式等限制。

2.3　全球外匯儲備中的人民幣

2.3.1　人民幣加入SDR正式生效

2016年10月1日，人民幣加入SDR正式生效，人民幣成為各國合法的官方儲備貨幣。此後，IMF在其發佈的官方外匯儲備幣種構成調查（COFER）中單獨列示人民幣。IMF資料顯示，截至2016年年底，COFER報送國持有人民幣儲備規模為845.1億美元（約合5 822億元人民幣），占COFER報送國外匯儲備總量的1.1%。人民幣的儲備貨幣功能有所增強。

專欄2—4

國際儲備貨幣地位對一國經濟金融長遠發展具重大意義

人民幣加入SDR貨幣籃子，獲得儲備貨幣地位，不僅為中國贏得了榮譽，更重要的是儲備貨幣地位意味著重要的制度性權利，有利於增強外界對人民幣的信心，擴展危機應對的手段，對一國經濟金融發展具有重大意義。

人民幣成為國際儲備貨幣後即享有制度性權利。能夠在國際社會被廣泛接受是國際儲備貨幣地位的最直接體現。人民幣成為SDR籃子貨幣後，可直接用於IMF的份額認繳、出資和還款等財務操作，還可用於向所有其他國際組織出資以及國家（地區）之間的貸款、贈款。中央銀行或貨幣當局持有的人民幣資產也將無可爭議地被統一認定為外匯儲備，例如，IMF在其發佈的官方外匯儲備幣種構成調查中已將人民幣納入並單獨列出。此外，中國人民銀行與其他國家央行和貨幣當局簽訂的雙邊本幣互換協定的國際認可度和吸引力也將得到實質性提升，非儲備貨幣國通過貨幣互換協議獲得的人民幣會被IMF直接認可為儲備資產，屬於有效外部融資，從而對該國的金融穩定產生正面積極影響。

國際儲備貨幣地位能夠大大增強國內外對貨幣的信心，減少發生經濟金融風波的可能性。儲備貨幣發行國均有強大的經濟金融實力作支撐，儲備貨幣本身即具有國際清償能力，有助於增強市場信心。而對一國貨幣的信心在一定程度上也是對其經濟金融體系的信心，這有助於緩解經濟金融風險，減少危機爆發的概率，維護經濟金融穩定。

同時，儲備貨幣發行國受其他國家溢出效應的影響程度要小於非儲備貨幣發行國，這也意味著它們可以更好地抵禦衝擊。從歷史經驗看，如果非儲備貨幣發行國經濟出現波動，很容易使國內外對其貨幣失去信心，本幣出現貶值，推升國內通脹水準，甚至引發惡性通貨膨脹，比如20世紀80年代末祕魯等南美國家、90年代初期波蘭和白俄羅斯等東歐國家均出現本幣被大量拋售並最終形成惡性通貨膨脹的現象。反觀國際儲備貨幣發行國，由於國際社會對儲備貨幣的信心，在危機期間，不僅不會大量拋售，反而會因避險情緒上升增加對儲備貨幣的需求，也就是危機時期人們談及的避險天堂的功能，這有利於保持匯率平穩，降低經濟金融風險。

儲備貨幣發行國應對經濟金融危機的手段更多。儲備貨幣發行國能夠根據本國情況更加獨立地制定貨幣政策，在危機期間還可以創新運用各種政策工具來緩解危機。在本輪國際金融危機中，美聯儲率先運用非常規貨幣政策和工具救助金融機構，包括實施三輪量化寬鬆政策及通過扭曲操作壓低長期利率。歐洲央行通過定向長期再融資操作（TLTRO）等方式刺激信貸增長。日本銀行則通過擴大信貸抵押品範圍、購買各類資產等方式實現通脹目標。在財政空間有限的情況下，上述非常規貨幣政策在一定程度上替代了財政政策，促進了經濟復甦。這些政策之所以得以生效，主要在於儲備貨幣發行國的非常規政策創造出的大量流動性能在全球市場被廣泛吸收。而在相同的條件下，非儲備貨幣發行國如採取類似做法，則會引發較高的通脹和貨幣貶值。

儲備貨幣發行國企業可以使用本幣在國際上進行投資和交易，有利於降低成本，提升國際競爭力和市場份額。一國貨幣成為儲備貨幣，意味著其既可以在國際貿易支付中被廣泛使用，直接滿足國際收支需要；又可以在金融市場廣泛交易，以相對較低的成本兌換其他貨幣，滿足各種支付需要。儲備貨幣發行國的企業使用本幣在國際上進行投資和交易，不僅有助於降低成本，也意味著其在交易和定價中有更多的手段實現自身利益，有利於提升其在國際貿易和金融投資中的定價權和話語權，提高國際競爭力和市場份額，而這些又會進一步強化該貨幣的儲備貨幣地位，從而形成自我強化的良性循環。

國際儲備貨幣地位可降低一國積累外匯儲備的必要性。儲備貨幣發行國很少積累外匯儲備，是因為其完全可以通過自我發行貨幣來進行國際支付，彌補國際收支缺口和償付外債。目前，IMF在對成員國儲備充足性進行評估時，認為新興市場國家和低收入國家需要積累適當的儲備作為應對危機的緩衝，並提出了具體的量化指標，而對於能夠發行儲備貨幣的成熟經濟體則沒有儲備充足指標的要求。事實上，美、歐、英等其他儲備貨幣發行國（地區）的外匯儲備與其他國家相比都很少。例如，截至2016年12月，美國的黃金儲備為8 133噸（約合3 500億美元），外匯儲備390億美元；歐元區19國的黃金儲備合計約1萬噸（約合4 500億美元），外匯儲備2 610億美元。

資料來源：《鞏固和加強人民幣的國際儲備貨幣地位》，http：//news.cnstock.com/paper，20170413，806511.htm.

2.3.2 央行層面加強貨幣金融合作

截至2016年年末，中國人民銀行已先後與36個國家或地區的貨幣當局簽署貨幣互換協議，總額度為30 510億元（不含已失效未續簽的協議）（見圖2—12）。2016年，中國人民銀行先後與摩洛哥央行、塞爾維亞國家銀行和埃及央行新簽了雙邊本幣互換協議，總額為295億元人民幣；與新加坡金融管理局、匈牙利央行、歐洲央行和冰島央行續簽了雙邊本幣互換協議，總額為6 635億元人民幣。

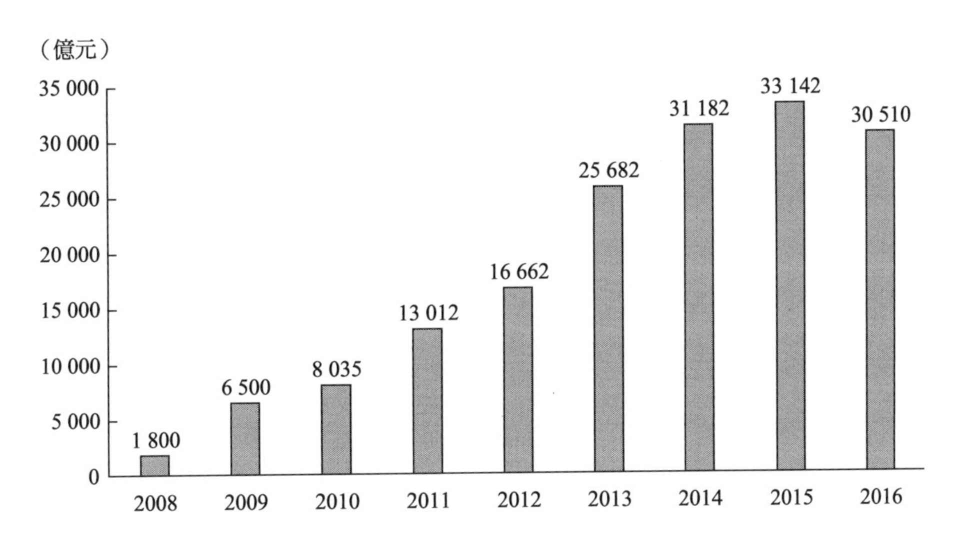

圖2—12　中國人民銀行與其他貨幣當局的貨幣互換餘額

資料來源：中國人民銀行。

雙邊本幣互換協議的實質性動用進一步增加。2016年年末，在中國人民銀行與境外貨幣當局簽署的雙邊本幣互換協議下，境外貨幣當局動用人民幣餘額為221.49億元，中國人民銀行動用外幣餘額折合11.18億美元，對促進雙邊貿易投資發揮了積極作用。

此外，2016年，中國人民銀行先後在美國、俄羅斯、阿拉伯聯合大公國指定人民幣業務清算行。截至2016年年末，已在23個國家和地區建立人民幣清算安排，覆蓋東南亞、西歐、中歐、中東、北美、南美、大洋洲和非洲等地。

2.4　人民幣匯率及中國資本帳戶開放

2.4.1　人民幣匯率制度改革

2016年，人民幣匯率按照「收盤匯率＋一籃子貨幣匯率變化」的機制有序運行，人民幣兌美元雙邊匯率的彈性進一步增強，人民幣兌一籃子貨幣匯率保持基本穩定。

2016年年初人民幣匯率經歷了異常波動，春節以後，人民幣兌美元匯率中間價形成機制的「收盤匯率＋一籃子貨幣匯率變化」特徵逐漸清晰。

所謂「收盤匯率＋一籃子貨幣匯率變化」是指做市商在上日收盤匯率的基礎上，直接加上保持人民幣兌一籃子貨幣匯率24小時穩定所要求的人民幣兌美元雙邊調整幅度，按此進行中間價報價。做市商在報價時，既會考慮中國外匯交易中心（CFETS）人民幣匯率指數，也會參考國際清算銀行（BIS）貨幣籃子和SDR貨幣籃子的人民幣匯率指數，以剔除籃子貨幣匯率變化中的噪音，在國際市場波動加大時，還有一定的篩檢程序作用。

經過一段時間的磨合，政策效果逐漸顯現。人民幣中間價形成機制的規則性和透明度顯著提高，在提高央行匯率政策可信度、穩定市場預期等方面發揮了重要作用。

2.4.2 人民幣匯率水準

1.人民幣匯率中間價

為促進雙邊貿易和投資，中國人民銀行繼續採取措施推動人民幣直接交易市場發展，2016年，在銀行間外匯市場推出人民幣兌韓元、南非蘭特、阿拉伯聯合大公國迪拉姆、沙烏地阿拉伯里亞爾、加拿大元、匈牙利福林、波蘭茲羅提、丹麥克朗、瑞典克朗、挪威克朗、土耳其里拉和墨西哥比索直接交易。境內外匯市場上與人民幣進行直接交易的貨幣由2015年的12種上升至23種，銀行間外匯市場人民幣直接交易成交活躍，流動性明顯提升，降低了微觀經濟主體的匯兌成本。

自2015年8月進一步完善人民幣匯率形成機制後，人民幣兌美元匯率總體呈現貶值態勢。2016年，受到美國經濟資料好轉、美聯儲加息、英國脫歐的影響，全球資本大規模回流美國，人民幣兌美元繼續貶值。2016年年末人民幣兌美元匯率中間價為6.937 0元，同比貶值6.39%。當年人民幣兌美元匯率中間價最高6.456 5，最低6.950 8，244個交易日中114個交易日升值、130個交易日貶值，雙向波動進一步加劇。1—4月，人民幣兌美元匯率基本穩定在6.5左右，略有升值；5—6

月跟隨主要貨幣兌美元匯率走低，貶值約2.6%；第三季度匯率重新維穩；第四季度隨著美元指數上漲，人民幣又出現一輪貶值，跌幅達3.7%。由於港元實行聯繫匯率制度，跟隨美元，所以2016年人民幣兌港元匯率也貶值了6.20%。

2016年人民幣兌其他主要貨幣匯率則是有升有降（見圖2—13）。2016年年末人民幣兌歐元匯率中間價為7.306 8，與2015年同期相比，貶值3.54%。人民幣兌日圓匯率中間價為5.959 1，2016年年末的貶值幅度為9.39%。儘管如此，自2005年人民幣匯率形成機制改革以來至2016年年末，人民幣兌歐元匯率已累計升值37.05%，兌日圓匯率累計升值22.60%。英國脫歐沉重打擊了英鎊，2016年人民幣兌英鎊匯率升值明顯，幅度為12.50%。人民幣兌澳洲元、瑞士法郎和加拿大元匯率則在震盪中貶值，年末貶值幅度分別為5.64%、4.49%和8.77%。此外，人民幣兌一些發達國家貨幣匯率也是一路貶值，例如，人民幣兌紐西蘭元、新加坡元下跌了8.36%和4.68%。

2016年人民幣兌俄羅斯盧布、南非蘭特的匯率貶值幅度較大，分別達到22.98%和14.19%。除此之外，人民幣兌其他新興市場國家貨幣匯率比較穩定，整體表現為先升後降，兌包括韓元、土耳其里拉、沙烏地阿拉伯里亞爾、匈牙利福林、波蘭茲羅提、瑞典克朗和丹麥克朗在內的多數貨幣的匯率的貶值幅度不超過2%。人民幣兌馬來西亞林吉特、阿拉伯聯合大公國迪拉姆的匯率貶值幅度相對較大，為2.71%和 4.09%。

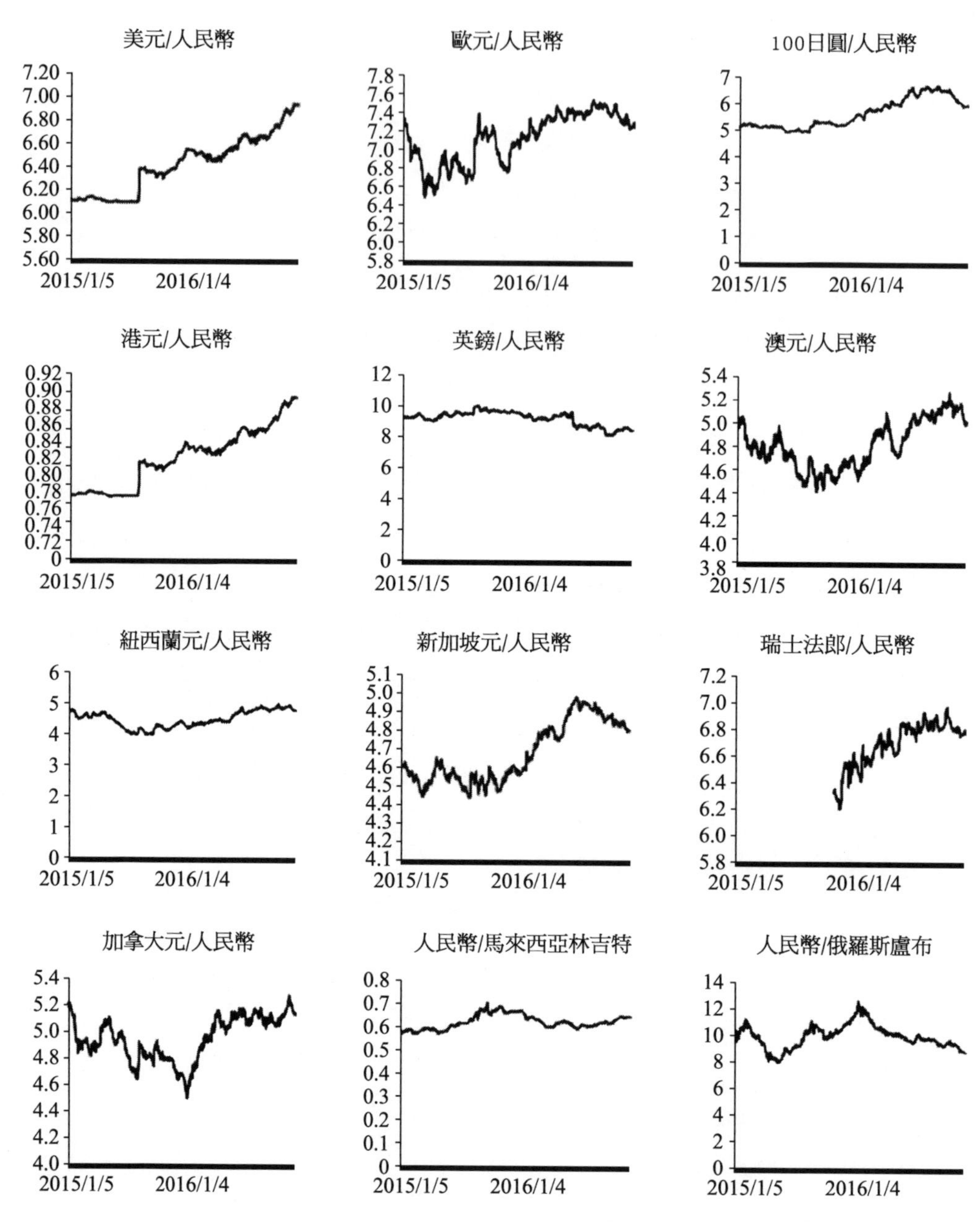

圖2—13　2015—2016年人民幣兌23種貨幣的匯率中間價

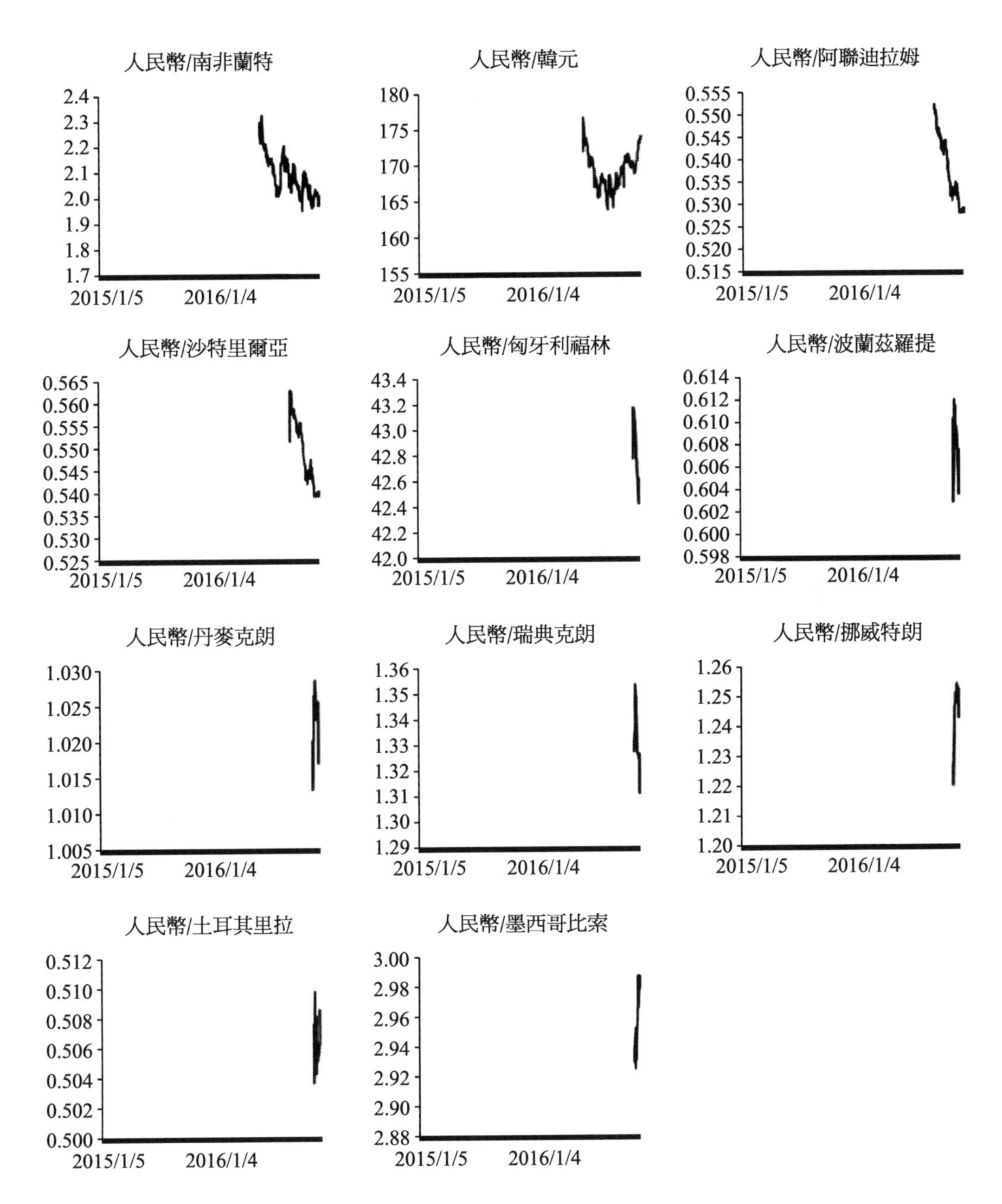

圖2—13　2015—2016年人民幣兌23種貨幣的匯率中間價（續）

資料來源：國家外匯管理局。

2.名義有效匯率和實際有效匯率

根據國際清算銀行的資料，2016年12月人民幣名義有效匯率指數為118.55，與上年同期125.91相比，下跌5.85%。人民幣實際有效匯率指數為122.86，與2015年年底130.27相比下跌5.69%。兩者均為七年來首次出現年度下跌，且跌幅創2003年以來最大。人民幣有效匯率走勢見圖2—14。

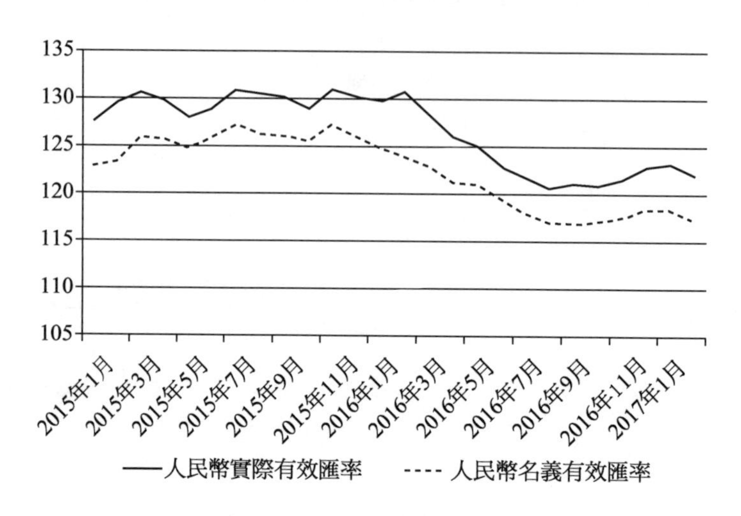

圖2—14　人民幣有效匯率走勢

資料來源：國際清算銀行。

日圓、歐元和美元的對外綜合價值大幅上升，幣值堅挺。截至2016年年底，日圓、歐元、美元的名義有效匯率分別為84.89、97.37、125.51，與2015年同期相比，這三種貨幣分別上漲了8.22%、1.01%和4.45%。與此相反，英鎊幣值走弱，2016年英鎊的名義有效匯率為98.28，同比下跌了14.36%。五大經濟體貨幣名義有效匯率走勢如圖2—15所示。

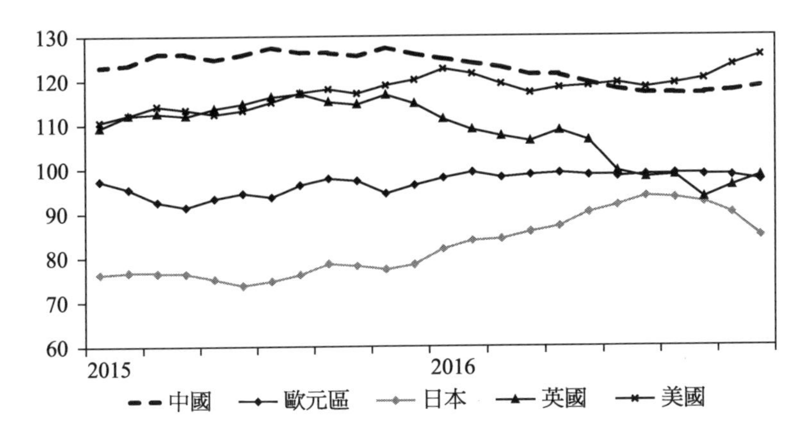

圖2—15　五大經濟體貨幣名義有效匯率走勢

資料來源：國際清算銀行。

3.人民幣匯率指數

2016年12月30日，CFETS人民幣匯率指數為94.83，全年貶值6.05%；參考BIS貨幣籃子和SDR貨幣籃子的人民幣匯率指數分別為96.24和95.50（見圖2—16），2016年以來分別貶值5.38%和3.38%。

2016年CFETS人民幣匯率指數整體貶值幅度略小於人民幣兌美元雙邊匯率。上半年CFETS人民幣匯率指數平穩有序貶值，累計貶值5.86%；下半年則基本保持穩定，後兩個月在人民幣兌美元匯率快速貶值時略有回升。

從年化波動率看，2016年CFETS人民幣匯率指數為2.8%，低於人民幣兌美元匯率中間價的3.6%，顯示人民幣兌一籃子貨幣匯率更加穩定。

2016年12月29日，中國外匯交易中心公佈了CFETS人民幣匯率指數貨幣籃子的調整規則，自2017年1月1日起，按照CFETS貨幣籃子選樣規則，CFETS貨幣籃子新增11種2016年掛牌人民幣兌外匯交易幣種，CFETS籃子貨幣數量由13種變為24種。新增11個貨幣權重合計21.1%，原13種貨幣權重被稀釋到78.9%，美元在CFETS籃子的權重由原來的26.4%調整為22.4%。CFETS人民幣匯率指數貨幣籃子的擴大，以及美元權重的調低，將進一步促使人民幣與美元脫鉤。

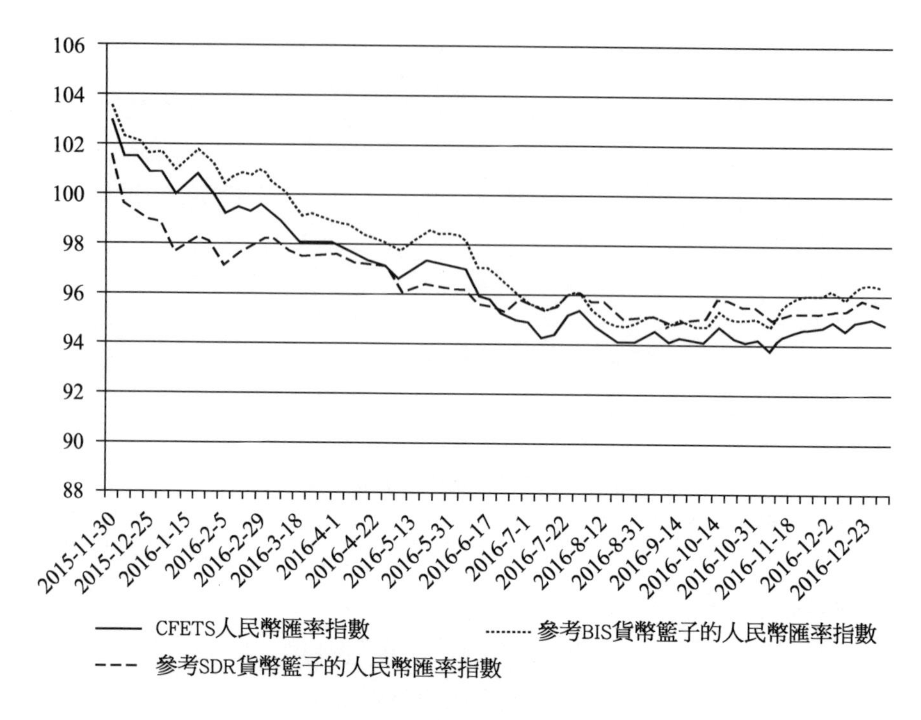

圖2—16　人民幣匯率指數

資料來源：中國外匯交易中心。

4.離岸人民幣（CNH）

2016年，美元兌離岸人民幣匯率震盪下行。2016年12月末，美元兌離岸人民幣匯率收於6.972 6，當月下浮0.8%，全年累計下浮6.16%。全年境內外人民幣即期匯率平均價差縮小至134個基點，低於2015年的209個基點。

2016年第一季度，離岸人民幣（CNH）匯率走勢由貶轉升（見圖2—17），CNH即期匯率累計升值1.59%。4月CNH結束連續兩個月的升勢，穩中走貶。當月境內外人民幣即期匯率價差平均為80個基點，較3月份縮小14個基點。

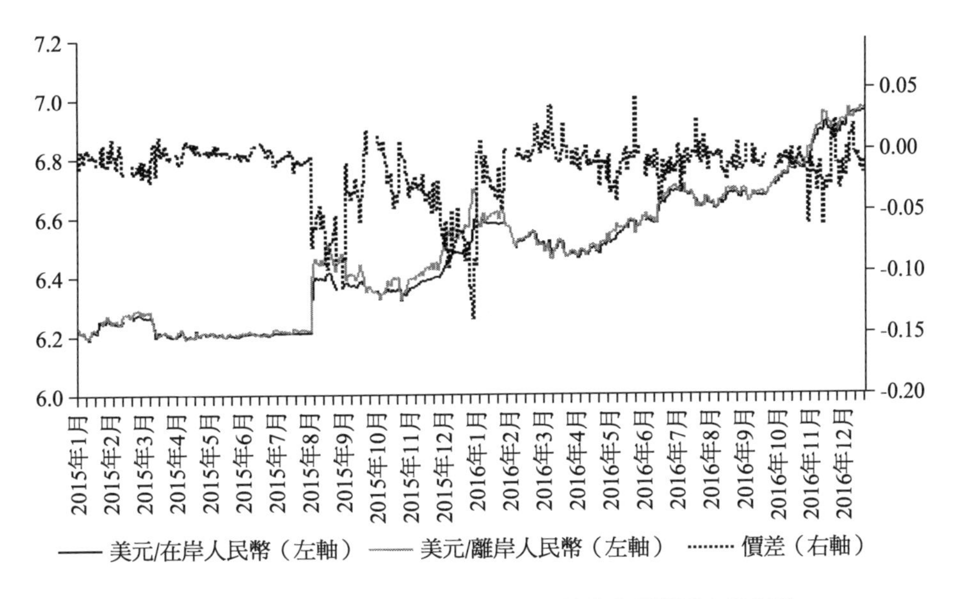

圖2—17　2015—2016年在岸人民幣、離岸人民幣匯率及價差

資料來源：Wind。

4—6月，CNH連續3個月貶值，貶值幅度分別為0.34%、1.55%和1.3%。縱觀2016年上半年，人民幣兌美元匯率第一季度經歷小幅升值後便陷入貶值，英國公投宣佈脫歐後，海外市場避險情緒上升，美元、日圓上漲，人民幣跌勢進一步加劇，上半年CNH累計貶值1.53%。第二季度境內外人民幣即期匯率價差平均108個基點，低於第一季度的209個基點。

7—8月，CNH基本跟隨境內銀行間市場人民幣即期匯率走勢先升後貶。9月，正值人民幣正式加入SDR貨幣籃子前夕，CNH小幅升值，第三季度累計升值0.05%，境內外人民幣即期匯率價差平均80個基點，比第二季度縮小30%。

第四季度，CNH連續三個月下跌，貶值幅度分別為1.5%、2%和0.8%。其中，11月境內外人民幣即期匯率平均價差擴大至186個基點，為10月平均匯差的三倍。

5.人民幣NDF

在外匯管制國家，貨幣通常不能自由兌換，為了規避匯率波動的風險，20

世紀90年代出現了無本金交割的遠期交易（NDF），人民幣、越南盾、印度盧比、菲律賓比索等新興市場貨幣都出現了NDF這種衍生工具。

新加坡和香港人民幣NDF市場是亞洲最主要的離岸人民幣遠期交易市場，該市場的行情反映了國際社會對於人民幣匯率變化的預期。人民幣NDF市場的主要參與者是歐美等地的大銀行和投資機構，它們的客戶主要是在中國有大量人民幣收入的跨國公司，也包括總部設在香港的中國內地企業。

截至2016年12月末，一月期、三月期、半年期和一年期的人民幣NDF收盤價分別為6.949、7.008、7.065和7.158（見圖2—18），與2015年同期相比，上述四個期限的NDF交易中，人民幣兌美元匯率分別貶值了5.60%、5.39%、5.10%和5.14%。

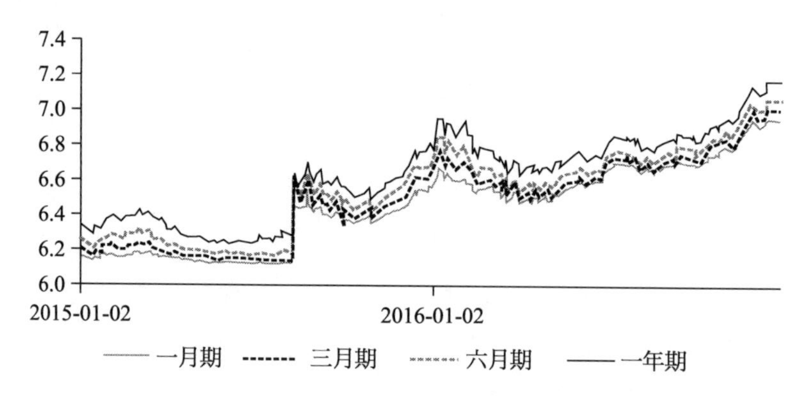

圖2—18　2015—2016年人民幣NDF每日綜合收盤價

資料來源：wind。

2.4.3 中國資本帳戶開放度測算

Epstein和Schor（1992）最早提出使用《匯兌安排與匯兌限制年報》（AREAER）衡量資本管制程度，Cottarelli和Giannini（1997）將AREAER的資本管制資訊量化為二元變數[1]，通過算術平均法計算出資本帳戶開放度。由於該方法過於粗略，得到的結論可信度受到不少質疑，本報告使用目前主流的資本開放度測度方法即四檔約束式方法[2]，對中國的名義資本帳戶開放度進行測量。

按照《2016年匯兌安排與匯兌限制年報》中對中國2015年度資本帳戶管制的描述（見表2—5），延續2014年的態勢，2015年中國資本帳戶不可兌換專案有3大項，主要集中於非居民參與國內貨幣市場、集體投資類證券和衍生工具的出售和發行。部分可兌換的專案主要集中在債券市場交易、股票市場交易、房地產交易和個人資本交易等方面。運用四檔約束式方法進行計算，同時考慮細微變化，綜合量化《2016年匯兌安排與匯兌限制年報》的描述，計算出中國的資本帳戶開放度為0.671 6。

表2—5　IMF定義下的2015年度中國資本管制現狀

資本交易專案	2015年
1.對資本市場證券交易的管制	
A.買賣股票或有參股性質的其他證券	

1　即0/1虛擬變數，若資本帳戶專案存在管制記為0，反之記為1。

2　計算公式為：$open=\sum_{i}^{n} p(i)/n$，

式中，*open*代表資本帳戶開放的程度，從0到1取值，值越小說明資本帳戶管制程度越大，*n*表示資本項目開放中考慮的資本交易專案總數，在此表示中國11個資本大項交易下的40個資本交易子項，*p*（*i*）表示第i子項的開放程度，用四檔取值法對各子項進行賦值。*p*（*i*）=1表示此資本交易專案沒有管制，是指對真實性的資本專案交易或匯兌基本沒有管制；p（*i*）=1/3表示有較多限制，是指對較多交易主體或大部分資本專案進行限制；*p*（*i*）=2/3表示此資本交易專案有很少管制，是指僅對個別交易主體或少數資本專案交易進行限制；*p*（*i*）=0表示嚴格管制，是指不允許或禁止進行的交易專案，包括無明確法律規定但實際操作中不允許或禁止的交易專案；另外，在AREAER中也有少數專案表示有管制但是沒有具體資訊，此類情況賦值為1/2。

續前表

資本交易專案	2015年
(1)非居民境內購買**	QFII投資境內A股須符合以下條件:(1)通過QFII持有上市公司股份的單一外國投資者,其股權占比不得超過公司股份的10%,所有外國投資者所持一個上市公司的A股不能超過30%。(2)QFII的總的投資限額為1 500億美元。(3)通過QFII推出的養老基金、保險基金、共同基金等主要的鎖定期為3個月。 開放式中國基金可授權其託管銀行每週根據購買和贖回的淨額進出資金,但每月累計匯回不可超過上年末基金國內資產總額的20%。 B股以美元或港元計價,在證交所掛牌,外國投資者可以購買。 RQFII可用境外募集的人民幣投資國內證券市場。 截至2015年12月底,對RQFII的限額是1.21萬億元人民幣(2014年年底為0.77萬億元人民幣)。
(2)非居民境內出售或發行***	非居民可以出售A股和B股;但是非居民不能發行A股或B股。
(3)居民境外購買**	保險公司可以從事境外投資活動,數額不能超過上季度總資產的15%。 公司在國外和國內的股權投資(上市和非上市)不得超過前一季度末總資產的30%。 自2015年7月8日起,對符合條件的保險公司,其投資單一藍籌股票的比例上限由占上季度末總資產的5%調整為10%。 QDII(合格境內機構投資者)包括銀行、基金管理公司、證券公司及保險公司,可以在經審批的限額內以外匯購買境外股票和其他投資產品。 在大量資本外流的情況下,國家外匯管理局在2015年3月停止向投資海外市場的居民發放新配額;2015年12月,央行暫停RQDII新配額申請。
(4)居民境外出售或發行***	國內居民企業在境外發行股票需要證監會批准並在國家外匯管理局註冊。
B.債券與其他債務性證券	

續前表

資本交易專案	2015年
（5）非居民境內購買**	QFII和RQFII可以投資人民幣計價的金融工具：（1）股票、債券和交易所交易或轉讓的權證；（2）銀行間債券市場交易的固定收益類產品；（3）證券投資基金；（4）股指期貨；（5）證監會允許的其他金融工具。 以上投資都有投資限額及鎖定期的要求。 2015年5月28日起，國外人民幣清算行和參加行可在銀行間債券市場開展債券回購交易。 2015年7月14日起，境外央行或貨幣當局、國際金融組織、主權財富基金可進行央行許可的其他銀行間市場交易，如債券兌付、債券回購、債券借貸、債券遠期、利率互換、遠期利率協定等交易。 2016年2月17日起，在中華人民共和國境外依法註冊成立的金融機構，以及養老基金、慈善基金、捐贈基金等中國人民銀行認可的其他中長期機構投資者，均可投資銀行間債券市場，且無投資額限制。
（6）非居民境內出售或發行**	在財政部、中國人民銀行和國家發改委的批准下，國際開發機構可以發行人民幣計價的債券。 在中國的外資企業也可以發行債券。 2015年9月1日起，非居民國外金融機構被授權在中國銀行間債券市場試點發行人民幣債券。
（7）居民境外購買**	QDII包括銀行、基金管理公司、證券公司、保險公司，在各自的外匯額度和監管限制內可買國外債券。 2015年7月8日起，對符合條件的保險公司，其投資單一藍籌股票的比例上限由占上季度末總資產的5%調整為10%。 截至2015年5月底，已有132家機構獲得QDII資格，獲批投資額度為900億美元（截至2014年年底為842.32億美元）。

續前表

資本交易專案	2015年
（8）居民境外出售或發行***	在境外發行到期日超過一年的債券必須提前到國家發改委備案。 國內金融機構在境外發行到期日超過一年的人民幣債券須獲得中國人民銀行的批准。 2016年1月25日起，在四個自貿區（上海、天津、廣東、福建）註冊的27家金融機構和企業可在其資本或淨資產關聯的跨境融資限額內自由進行本幣與外匯的跨境融資，且不受國家外匯管理局與央行的提前審批。
2.對貨幣市場工具的管制	
（9）非居民境內購買***	QFII可以以最小的鎖定期購買貨幣市場基金。QFII不能直接參與銀行間外匯市場的交易。鎖定期是指投資本金的匯款被禁止的時期。 外國央行和類似機構可投資銀行間債券市場，進行任何產品貿易。配額批准要求被取消，改為建立檔案管理。 2015年5月28日起，獲得限額的境外人民幣清算行和非居民參與行可以在銀行間債券市場開展回購業務。 2015年7月14日起，境外央行或貨幣當局、國際金融組織、主權財富基金可進行央行許可的其他銀行間市場交易，如債券兌付、債券回購、債券借貸、債券遠期、利率互換、遠期利率協定等交易。 2016年2月17日起，在中華人民共和國境外依法註冊成立的金融機構，以及養老基金、慈善基金、捐贈基金等中國人民銀行認可的其他中長期機構投資者，均可投資銀行間債券市場，且無投資額限制。
（10）非居民境內出售或發行*	非居民不得出售或發行貨幣市場工具。
（11）居民境外購買***	QDII可以購買規定允許的貨幣市場工具，受制於各自外匯配額和監管限制。在國內外無擔保企業類債券和國內外證券投資基金的投資分別不得超過公司上一季度末總資產的50%和15%。 2015年7月8日起，對符合條件的保險公司，其投資單一藍籌股票的比例上限由占上季度末總資產的5%調整為10%。
（12）居民境外出售或發行***	國家外匯管理局批准後，居民可發行境外貨幣市場工具，如期限低於1年的債券和商業票據。

續前表

資本交易專案	2015年
3.對集體投資類證券的管制	
(13)非居民境內購買***	QFII和RQFII可投資於國內的封閉式和開放式基金。 QFII型養老基金、保險基金、共同基金、慈善基金和捐贈基金發起的開放式中國基金投資的主要鎖定期為3個月，政府和貨幣當局發起的為三個月，其他QFII為1年。 在鎖定期末，合格投資者可以分期分批收回其本金和利潤，每月收回的總金額不得超過上一年其在中國的總資產的20%。
(14)非居民境內出售或發行**	2015年7月起，香港公開上市的基金可以在批准的地區內銷售。
(15)居民境外購買***	QDII可以在各自外匯配額和監管限制內，購買境外的集體投資證券。在國內外無擔保企業類債券和國內外證券投資基金的投資分別不得超過公司上一季度末總資產的50%和15%。 2015年7月8日起，對符合條件的保險公司，其投資單一藍籌股票的比例上限由占上季度末總資產的5%調整為10%。
(16)居民境外出售或發行***	2015年7月1日起，內地公開上市的基金可以在香港地區銷售。
4.對衍生工具與其他工具的管制	
(17)非居民境內購買***	如果交易是為了保值，QFII可投資於國內的股指期貨，受制於特定的限制和規模。 2015年7月14日起，境外央行(貨幣當局)、其他儲備管理機構、國際金融組織和主權財富基金可加入中國銀行間外匯市場，並發起各類外匯交易。 2015年10月15日起，銀行需將其進行外匯銷售(貨幣遠期、貨幣衍生品及一年期貨幣互換)的20%存入央行。
(18)非居民境內出售或發行*	這些交易不允許。

續前表

資本交易專案	2015年
（19）居民境外購買**	銀監會監管的金融機構可買賣銀監會批准用於以下目的的衍生工具：（1）對沖固有資產負債表風險；（2）以營利為目的；（3）為客戶提供（包括金融機構）衍生產品交易服務。 為了客戶的利益，商業銀行通過財富管理服務開展境外理財業務不得投資於商品類衍生品。 QDII可以在其外匯投資限額內購買境外衍生工具。 經國有資產監督管理委員會許可，央企可以開展離岸衍生產品業務。
（20）居民境外出售或發行**	適用境外衍生工具購買的管理法規。
5.對商業信貸的管制	
（21）居民向非居民提供	
（22）非居民向居民提供	
6.對金融信貸的管制	
（23）居民向非居民提供***	在一定的限制下，跨國公司境內關聯企業能直接貸款給境外關聯企業，也可以通過國內銀行貸款給境外關聯企業。 跨國企業集團可根據自身經營管理需要，與國內外非金融成員企業進行人民幣現金池交易。 2016年1月25日起，在四個自貿區（上海、天津、廣東、福建）註冊的27家金融機構和企業可在其資本或淨資產關聯的跨境融資限額內自由進行本幣與外匯的跨境融資，且不受國家外匯管理局與央行的提前審批。

續前表

資本交易專案	2015年
（24）非居民向居民提供**	居民企業借入超過一年期的國外貸款必須經過國家發改委的審批。 金融機構和授權從事對外借款的中國參股企業，符合國家外匯管理局批准的限額，可以開展一年或一年以內的短期對外借款。所有對外借款必須在國家外匯管理局登記。 具體交易不需要進一步檢查或批准。所有外部借款必須在國家外匯管理局登記。 跨國企業集團可根據自身經營與管理需要，與國內外非金融成員企業進行人民幣現金池交易。 2016年1月25日起，在四個自貿區（上海、天津、廣東、福建）註冊的27家金融機構和企業可在其資本或淨資產關聯的跨境融資限額內自由進行本幣與外匯的跨境融資，且不受國家外匯管理局與央行的提前審批。
7.對擔保、保證和備用融資便利的管制	
（25）居民向非居民提供***	居民向非居民提供擔保不再需要國家外匯管理局批准。 非金融類居民企業向境外非居民提供人民幣擔保，可以不經中國人民銀行批准。
（26）非居民向居民提供***	非居民向居民提供擔保不再需要國家外匯管理局批准。 國外非金融類機構可以使用其人民幣清算帳戶中的資金作為國內融資的抵押。
8.對直接投資的管制	
（27）對外直接投資***	除了向敏感國家、地區及行業的投資外，居民企業對外直接投資不再需要審批。 國內企業的海外直接投資沒有外匯限制，允許它們購買外匯進行海外直接投資，但對外直接投資資金的匯出要在經辦銀行登記。

續前表

資本交易專案	2015年
(28)對內直接投資**	四級分類制度影響對內直接投資:(1)鼓勵;(2)一般允許;(3)限制;(4)禁止。 只要符合有關外商投資及其他法律、法規的要求,並已取得商務部或地方商務部門的批准,非居民可以在中國投資設立企業。 2015年6月1日起,外商直接投資和海外直接投資由銀行註冊(以前是國家外匯管理局)。
9.(29)對直接投資清盤的管制***	取得的上市公司A股股份三年內不得轉讓。 經營期限之前過早的清算需要初始的審查和審批機關的批准或者必須基於司法判決。
10.對不動產交易的管制	
(30)居民在境外購買***	國內機構對國外房地產的購買按照海外直接投資執行。保險公司在境外投資不動產不得超過公司上一季度末總資產的15%。 國外和國內的房地產投資類型的帳面價值不能超過保險公司上一季度末總資產的30%。總的帳面價值不包括保險公司使用自有資金購買自用的不動產,其帳面價值的差額不能超過上一季度末淨資產總額的50%。
(31)非居民在境內購買***	外國居民購買商業住宅房屋必須遵守實際需要和自用原則,為了支付賣方以購買建築物,可以直接在外匯指定銀行將外匯資金轉換成人民幣。
(32)非居民在境內出售***	非居民可根據相關外匯法規直接執行從銀行房地產銷售中收回所得款項的程序。外匯轉移無需單獨批准。
11.對個人資本流動的管制	
A.貸款	
(33)居民向非居民提供***	在沒有具體的授權下,居民不可向非居民提供貸款。
(34)非居民向居民提供***	在沒有具體的授權下,非居民不可向居民提供貸款。
B.禮品、捐贈、遺贈和遺產	
(35)居民向非居民提供***	居民憑有效個人身份證明可以在銀行購買外匯援助和幫助海外的直系親屬,一年最高50 000美元。對於更大的金額,個人必須向銀行提供個人有效身份證明和相關部門或公證機構出具的直系親屬的材料。

續前表

資本交易專案	2015年
(36) 非居民向居民提供***	憑個人有效證件，個人從捐贈基金、遺贈和遺產獲得的不超過50 000美元的收入可以在銀行完成。超過這個數額需要個人有效身份證明及支付憑證。
(37) 外國移民在境內的債務結算	—
C.資產的轉移	
(38) 移民向國外的轉移***	退休和養老基金可以匯往境外。自然人移居國外或將居住香港、澳門，在取得移民身份之前，清算其合法擁有的中國內地的境內財產，購買和匯出境外的外匯。
(39) 移民向國內的轉移	目前還沒有適用的法律。
(40) 博彩和中獎收入的轉移	目前還沒有適用的法律。
資本帳戶開放度	0.671 6

注：*表示禁止，**表示較多限制，***表示較少限制。

資料來源：IMF《2016年匯兑安排與匯兑限制年報》。

2.4.4 開放度發生變化的資本項目

相比2014年，2015年「對資本市場證券交易的管制」「對貨幣市場工具的管制」「對集體投資類證券的管制」「對衍生工具與其他工具的管制」「對金融信貸的管制」「對擔保、保證和備用融資便利的管制」和「對直接投資的管制」這7個大項有進一步的放鬆。具體來看，在資本項目的40個子項中，有11個子項出現明顯的變化，表明中國的資本帳戶進一步向開放推進。

以「對資本市場證券交易的管制」這一大項為例。

對於「買賣股票或有參股性質的其他證券」中的第一個子項「非居民境內購買」，截至2015年12月，RQFII的總投資限額提高到了1.21萬億元人民幣，進一步超過了2014年年底的7 700億元，繼QFII顯著擴容後，RQFII也呈現逐步擴容的趨勢。

對於「買賣股票或有參股性質的其他證券」中的第三個子項「居民境外購買」，對於滿足系列條件且已向中國保監會備案的保險公司，其單只藍籌股票投資額不得超過上一季度末總資產的10%（以前5%）。

因為IMF公佈的《2016年匯兌安排與匯兌限制年報》描述的是2015年的資本帳戶管制情況，時間上滯後一年，所以相比2015年的當期值，本報告測算的資本帳戶開放度相對保守。2015年4月，上海自貿試驗區擴展區域，廣東、天津、福建自貿試驗區掛牌運行，在投資、貿易、金融、創業、創新等多個方面有效地激發了市場主體活力。2015年5月28日起，國外人民幣清算行和參加行可在銀行間債券市場開展債券回購交易。2015年7月14日，中國人民銀行對境外央行類機構簡化了入市流程，取消了額度限制，允許其自主選擇中國人民銀行或銀行間市場結算代理人為其代理交易結算，並拓寬其可投資品種。2015年9月1日起，非居民國外金融機構獲權在中國銀行間債券市場試點發行人民幣債券。2015年12月1日，國際貨幣基金組織正式宣佈人民幣於2016年10月1日加入SDR。這些表明當年中國資本帳戶管制的程度進一步放鬆，資本帳戶開放的推進相對以往具有較大的力度，中國人民銀行等相關機構對資本帳戶開放的描述已做了較大的調整，預計下一年的資本帳戶開放度可能會有較大的變化。2015年中國資本帳戶管制狀況相對2014年的變化如表2—6所示。

表2—6　2015年中國資本帳戶管制狀況相對2014年的變化

資本交易專案	2014年	2015年相對2014年的變化
1.對資本市場證券交易的管制		2015年3月30日，出售匯回的外匯資金不需國家外匯管理局的批准。
A.買賣股票或有參股性質的其他證券		

續前表

資本交易專案	2014年	2015年相對2014年的變化
(1) 非居民境內購買	來自澳洲、加拿大、智利、法國、德國、香港、匈牙利、盧森堡、卡達、韓國、新加坡、瑞士和英國的RQFII可以投資內地證券市場。 截至2014年年底，RQFII的總投資限額為7 700億元。 開放式中國基金可委託其保管銀行，每週根據購買和贖回的淨額，將資金移入或移出中國內地。	可以投資內地證券市場的RQFII相較2014年新增馬來西亞、泰國和阿拉伯聯合大公國。截至2015年12月底，RQFII的總投資限額為12 100億元人民幣，進一步超過了2014年年底的7 700億元。 開放式中國基金可委託其保管銀行，根據購買和贖回的淨額，每週將資金移入或移出中國，但是每月累計匯回不得超過上年末基金國內總資產的20%。
(2) 非居民境內出售或發行		無變化。
(3) 居民境外購買	未提及對單只藍籌股票投資的監管限制。 QDII使用人民幣進行境外投資的限制和配額被取消。 中國內地的投資者可以投資香港的證券市場。	2015年7月8日起，對符合條件的保險公司，其投資單一藍籌股票的比例上限由占上季度末總資產的5%調整為10%。 在大量資本外流的情況下，國家外匯管理局在2015年3月停止向投資海外市場的居民發放新配額。2015年12月，央行暫停RQDII新配額申請。
(4) 居民境外出售或發行		無變化。
B.債券與其他債務性證券		
(5) 非居民境內購買		2015年5月28日起，國外人民幣清算行和參加行可在銀行間債券市場開展債券回購交易。 2015年7月14日起，境外央行或貨幣當局、國際金融組織和主權財富基金可進行中國人民銀行許可的其他銀行間市場交易，如債券兌付、債券回購、債券借貸、債券遠期、利率互換、遠期利率協定等交易。

續前表

資本交易專案	2014年	2015年相對2014年的變化
		2016年2月17日起，在中華人民共和國境外依法註冊成立的金融機構，以及養老基金、慈善基金、捐贈基金等中國人民銀行認可的其他中長期機構投資者，均可投資銀行間債券市場，且無投資額限制。
(6)非居民境內出售或發行	在財政部、中國人民銀行和國家發改委的批准下，國際開發機構可以發行人民幣計價的債券。 在中國的外資企業也可以發行債券。	2015年9月1日起，非居民國外金融機構被授權在中國銀行間債券市場試點發行人民幣債券。
(7)居民境外購買		無變化。
(8)居民境外出售或發行	在境外發行到期日超過一年的債券必須提前到國家發改委備案。 國內金融機構在境外發行到期日超過一年的人民幣債券須獲得中國人民銀行的批准。	2016年1月25日起，在四個自由貿易試驗區(上海、天津、廣東、福建)註冊的27家金融機構和企業可在其資本或淨資產關聯的跨境融資限額內自由進行本幣與外匯的跨境融資，且不受國家外匯管理局與央行的提前審批。
2.對貨幣市場工具的管制		

續前表

資本交易專案	2014年	2015年相對2014年的變化
(9) 非居民境內購買	QFII可以以最小的鎖定期購買貨幣市場基金。QFII不能直接參與銀行間外匯市場的交易。鎖定期是指投資本金的匯款被禁止的時期。	外國中央銀行與類似機構可在銀行間債券市場投資,進行各類產品貿易。配額批准要求被取消,改為建立檔案管理。 2015年7月14日起,境外央行或貨幣當局、國際金融組織、主權財富基金可進行央行許可的其他銀行間市場交易,如債券兌付、債券回購、債券借貸、債券遠期、利率互換、遠期利率協定等交易。 2016年2月17日起,在中華人民共和國境外依法註冊成立的金融機構,以及養老基金、慈善基金、捐贈基金等中國人民銀行認可的其他中長期機構投資者,均可投資銀行間債券市場,且無投資額限制。
(10) 非居民境內出售或發行		無變化。
(11) 居民境外購買		無變化。
(12) 居民境外出售或發行		無變化。
3.對集體投資類證券的管制		
(13) 非居民境內購買	QFII和RQFII可投資於國內的封閉式和開放式基金。鎖定期是基於國家外匯管理局相關規定,禁止收回投資資本的階段。	鎖定期間禁止收回投資本金,當累積投資額達到2 000萬美元時解除鎖定。 QFII型養老基金、保險基金、共同基金、慈善基金和捐贈基金發起的開放式中國基金投資的主要鎖定期為3個月,政府和貨幣當局發起的為3個月,其他QFII為1年。 在鎖定期末,合格投資者可以分期分批收回其本金和利潤,每月收回的總金額不得超過上一年其在中國總資產的20%。

續前表

資本交易專案	2014年	2015年相對2014年的變化
(14)非居民境內出售或發行		無變化。
(15)居民境外購買		無變化。
(16)居民境外出售或發行		無變化。
4.對衍生工具與其他工具的管制		
(17)非居民境內購買	在一定限額與規模下，QFII可投資國內股指期貨，只要此類交易目的是保存價值。	2015年7月14日起，境外央行(貨幣當局)、其他儲備管理機構、國際金融組織和主權財富基金可加入中國銀行間外匯市場，並發起各類外匯交易。 2015年10月15日起，銀行需將其進行外匯銷售(貨幣遠期、貨幣衍生品及一年期貨幣互換)的20%存入央行。
(18)非居民境內出售或發行		無變化。
(19)居民境外購買		無變化。
(20)居民境外出售或發行		無變化。
5.對商業信貸的管制		
(21)居民向非居民提供		無變化。
(22)非居民向居民提供		無變化。
6.對金融信貸的管制		
(23)居民向非居民提供	2014年11月1日起，跨國企業集團可以在境內外非金融類成員企業間進行跨境的盈餘和虧損資金轉移及分配業務。	跨國企業集團可根據自身經營管理需要，與國內外非金融成員企業進行人民幣現金池交易。 2016年1月25日起，在四個自由貿易區(上海、天津、廣東、福建)註冊的27家金融機構和企業可在其資本或淨資產關聯的跨境融資限額內自由進行本幣與外匯的跨境融資，且不受國家外匯管理局與央行的提前審批。

續前表

資本交易專案	2014年	2015年相對2014年的變化
(24)非居民向居民提供	2014年11月1日起，跨國企業集團可以在非金融類成員企業間進行跨境的盈餘和虧損資金轉移及分配業務。	跨國企業集團可根據自身經營與管理需要，與國內外非金融成員企業進行人民幣現金池交易。 2016年1月25日起，在四個自貿區（上海、天津、廣東、福建）註冊的27家金融機構和企業可在其資本或淨資產關聯的跨境融資限額內自由進行本幣與外匯的跨境融資，且不受國家外匯管理局與央行的提前審批。
7.對擔保、保證和備用融資便利的管制		
(25)居民向非居民提供		無變化。
(26)非居民向居民提供		無變化。
8.對直接投資的管制		
(27)對外直接投資		無變化。
(28)對內直接投資		2015年6月1日起，可據企業決定將外匯投資基金轉為人民幣。 2015年6月1日起，外商直接投資和海外直接投資由銀行註冊（以前是國家外匯管理局）。
9.(29)對直接投資清盤的管制		無變化。
10.對不動產交易的管制		
(30)居民在境外購買		無變化。
(31)非居民在境內購買		無變化。
(32)非居民在境內出售		無變化。
11.對個人資本流動的管制		
A.貸款		
(33)居民向非居民提供		無變化。
(34)非居民向居民提供		無變化。
B.禮品、捐贈、遺贈和遺產		
(35)居民向非居民提供		無變化。

續前表

資本交易專案	2014年	2015年相對2014年的變化
(36) 非居民向居民提供		無變化。
(37) 外國移民在境內的債務結算	—	—
C.資產的轉移		
(38) 移民向國外的轉移		無變化。
(39) 移民向國內的轉移		無變化。
(40) 博彩和中獎收入的轉移		無變化。

資料來源：《2015年匯兑安排與匯兑限制年報》《2016年匯兑安排與匯兑限制年報》。

第三章

強化人民幣國際金融交易功能的必要性

人民幣納入SDR之後，世界範圍內人民幣使用需求的擴張為人民幣國際化帶來了難得的歷史機遇。從歷史經驗來看，對外貿易是推動貨幣國際化的重要手段，隨著中國國際地位的提升和人民幣國際化戰略的推行，跨境貿易人民幣結算規模大幅提升。然而，2016年人民幣跨境貿易結算規模大幅下降，人民幣流動性不足、貶值預期和風險管理工具缺失，制約了人民幣在跨境貿易結算中的使用。2016年10月人民幣納入SDR正式生效後，人民幣在國際儲備貨幣中的地位得到確認，國際社會對人民幣儲備資產的需求增加，要求建立更加通暢的人民幣回流機制。在新的形勢下，迫切需要提升人民幣的國際金融交易功能，落實人民幣加入SDR的制度紅利，彌補金融驅動人民幣國際化乏力的短板。本章所指的金融交易，涵蓋的是國際收支平衡表中資本和金融專案下的所有科目，包括直接投資、證券交易、信貸等，主要探討金融交易、金融發展在貨幣國際化進程中的作用，借鑒其他主要貨幣的相關經驗，揭示強化人民幣國際金融交易功能的必要性。從理論和實踐兩個層面回答兩個重要的問題，一是人民幣國際化戰略為什麼要把提升金融交易功能作為重要推手？二是提升人民幣金融交易功能的最佳路徑是什麼？

3.1 國際金融交易功能與貨幣國際化：理論和現實分析

3.1.1 文獻簡述：金融交易功能在貨幣國際化的發展中越來越重要

歷史上，英鎊、美元和歐元都是依託強大的貿易、經濟和政治地位，在特定時期充當國際貨幣，進而帶動世界經濟貿易發展。日本從20世紀六七十年代開始主動推動日圓的國際化，依託日本強大的貿易基礎擴大日圓的國際使用範圍，最終受制於金融系統和國內經濟因素而止步不前。德國20世紀80年代則延緩馬克的國際化進程，保持對資本流動的限制，認為本國貨幣的最重要職能是為國內經濟發展營造良好的外部環境，國際地位是次要的，貨幣的國際化需要時間漸進發展。簡而言之，貨幣的國際化並不存在統一的道路，隨著時間的推進，貨幣替代悄然發生。一國貨幣的國際化進程本質上就是，該國貨幣代替其他國家貨幣在國際市場上行使貨幣職能，無論是貿易計價、金融交易還是儲備貨幣。弄清楚國際貨幣地位交互發展過程中什麼是一國貨幣國際化的決定因素，對未來人民幣國際化戰略的推進具有重要意義。尤其是金融發展在其中扮演什麼樣的角色，這是現階段值得重點探究的問題。

貨幣發行國的經濟總量、市場規模和貿易規模是決定該國貨幣能否成為國際貨幣的最重要的因素，所有關於貨幣決定因素的文獻中都無法忽視這一點（Bundesbank, 1999; Chinn and Frankel, 2005：Flandreau and Jobst, 2009; Krugman, 1984; Papaioannou and Portes, 2008; Park, 2010）。縱觀世界歷史進程，無論是早先的荷蘭盾、英鎊，還是現在的美元、歐元，國際貨幣的湧現和推動都極大地依賴於貨幣發行國巨大、不斷上升的經濟地位和貿易地位。沒有市場規模和經濟體量作為保障，一國貨幣難以在世界範圍內廣泛使用並成為國際貨幣。現今在信用貨幣時代，對一個國家貨幣的信心在很大程度上決定了這個貨幣的使用規模和使用範圍。這種信心因素不僅包括一國內部的物價和幣值穩定，還包括該國在世界舞臺上的強話語權。21世紀以來，對美元為什麼會成為國際貨幣的討論，網路外部性是影響力不斷上升的一種理論。Rey（2001）構建理論模型驗證了一個國家的出口量越大，世界市場對該國商品的需求越大，使用該國貨幣進行交易的成本越低，對該國貨幣的需求就越大。對該國貨幣的使用規模越大意味著使用該貨幣的交易成本就更低，美國是世界上最大的貿易國，這種正回饋機制的形成強化了美元在國際貨幣市場中的地位。Greenspan（2001）也強調了由於網路外部性的存在，美元作為世界貨幣的使用規模和頻率不斷提升，吸引更多的人來持有和使用美元，國際貨幣使用由於正回饋機制而不斷向一種貨幣集中。

但是，Hartmann（1988）利用投資組合理論進行分析，提出了出於分散風險的需要，國際貨幣會存在多個。網路外部性的假說強調了在國際貨幣使用中會向一種貨幣集中，但是出於風險和收益的平衡，在交易成本降低和風險分散的選擇中會使得國際貨幣不可能由一種完全壟斷。但是20世紀90年代以來，美元在國際貨幣地位上的「一家獨大」有悖於這種理論，Rey（2001）認為相對於美元，其他國際貨幣的市場規模和流動性十分有限，交易成本過高使得風險分散的好處變得不甚明顯。因為沒有足夠流動性的國際貨幣並不會進行風險分散，反而會增加風險。這一理論在金融危機之後受到了質疑，Goldberg and Till（2008）認為在國際金融危機之後，單獨持有美元作為國際貨幣的風險已經有目共睹，需要國際貨幣體制改革來弱化對單一貨幣的依賴。持有不同貨幣來分散美元單一貨幣的風險是接下來國際貨幣關係變革的大趨勢。

就金融市場開放和金融發展的角度，實現一國貨幣的國際化，不僅需要資本市場的開放和貨幣的可自由兌換，更需要一個發達的金融市場和功能齊備的國際金融中心。一國貨幣想要成為國際貨幣則必須要滿足使用的便利性，因此貨幣的可兌換性是一個國家的貨幣成為國際貨幣的前提。從國際貨幣的職能上來看，第一是交易媒介。無論是貿易還是金融交易，如果沒有貨幣可自由兌換作為支撐，那麼以該種貨幣進行交易會因交易成本過高而難以發生。一種貨幣無法便利地進行交易，則計價職能和儲備這種貨幣的意義便無從提及。第二是計價單位。一般來說，本國市場都是以本國貨幣進行計價，用於滿足貿易和金融交易的需要。本國市場不開放，該國貨幣的計價單位的職能無法在國際市場上體現。另外，離岸金融市場也可以發揮貨幣的計價單位職能，但僅依靠離岸金融市場會使得本國的金融企業缺乏國際競爭力，提升了本國的金融風險，不利於國際貨幣的推行（殷劍峰，2011）。第三是儲備價值。在信用貨幣時代，儲備價值不僅意味著與其他貨幣兌換不發生損失，還要能夠購買到實物而不會淪為帳面上的一個簡單數字。這對交易的便利性提出了更高的要求，在危機來臨時也可以自由地進行兌換。從國際貨幣的職能上來看，金融市場的開放和貨幣的可自由兌換是一個國家成為國際貨幣的前提條件。另外，一國貨幣如果想獲得儲備貨幣的地位，資本市場的對外開放和資本流動的自由化只是必要條件，但遠遠不夠，深度和發達的金融市場才是保證一個國家的貨幣成為國際貨幣的重要保障。深度發達的金融市場能夠更好地發揮價值發現、資源配置和風險分散的功能，貨幣的交換和清算更加有效率。李稻葵等（2013）提出在日圓國際化過程中，東京作為國際金融中心更多地使用非本幣的美元交易，缺乏高效的日圓交易市場，是日圓國際化失敗的重要原因之一。Papaioannou和Portes（2008）認為歐元的國際地位趕不上美元的一個重要原因是歐洲的金融市場發展程度遠不及美國，法蘭克福的國際金融中心地位也遠不及紐約。所以實現一國貨幣的國際化，不僅需要資本市場的開放和貨幣的可自由兌換，國際金融中心建設和人民幣計價的資本市場的發展是不可或缺的關鍵要素。

3.1.2 金融交易功能是貨幣國際化不可缺失的部分

無論是Tavals（1997）還是陳雨露等（2005），都強調貨幣國際化是指流動範圍超過了貨幣發行國，在世界經濟、貿易和金融活動中行使交易媒介、價值尺度和貯藏手段等職能。本報告在進行人民幣國際化指數構建的時候，也將金融交易作為人民幣國際化指數的重要組成部分，根據國際收支平衡表將金融交易分為國際信貸、直接投資和國際證券三部分。可見，一國貨幣在金融市場中的地位直接影響貨幣的國際化水準。

除了直接通過金融交易影響貨幣的國際化水準，金融市場的發展會提高貨幣在貿易結算和儲備貨幣中的地位，提升貨幣的國際化水準。首先對於貿易方面，在對外貿易的時候，企業會選擇低成本、低風險、普適性的貨幣進行計價和結算，金融市場為貿易商防範匯率波動的風險提供了完備的匯率風險防範工具，為貿易商持有該幣種提供了期限各異、風險收益可觀的金融產品，增加了在國際貿易中的持幣意願。另外，國際信貸的幣種選擇直接影響貿易商交易的計價和結算幣種選擇，提升貨幣在貿易計價和結算中的地位。其次對於外匯儲備，當本國居民對一種貨幣的需求提升的時候，官方機構就會適時積累一定的該幣種來應對短期的支付流動性需求。金融市場發展帶動貨幣在貿易和金融領域使用規模和使用範圍的擴大，貨幣在其他國家作為儲備貨幣的規模也在提升。此外，發達的金融市場為持有該幣種的國家提供了豐富多樣、結構各異、期限不同並且風險收益可觀的金融產品，會提升世界上其他國家持有該種貨幣的意願。

同時，發達的金融市場能夠支持經濟發展，增加價值發現，促進風險分擔，緩衝貨幣國際化帶來的金融風險。貨幣國際化程度的提升必然會帶來資本流動規模的總量提升和波動增加，如果沒有合理有效的風險防範機制，可能會對本國經濟造成比較大的衝擊。深度發達的金融市場是一個穩定器，一方面，發達的金融市場可以更好地發揮價值發現和資源配置的功能，識別高成長性企業和僵屍企業，為實體經濟的發展提供資金支援，促進經濟平穩健康發展。另一方面，發達的金融市場可以更好地發揮資產定價功能，弱化資金的套利機會，從源頭上降低投機性資本衝擊，是經濟發展的穩定器。此外，國際金融市場的發展連接了國內經濟和世界經濟，將對國際化貨幣的需求進行分散，不會聚集在單一市場從而產生巨大波動，同時促進了本國經濟風險因素在世界範圍內的分擔，降低本國經濟的波動水準。

3.1.3 發達金融市場是化解國際貨幣發行國「三元悖論」的關鍵

根據「三元悖論」，一國在貨幣政策獨立性、資本自由流動和匯率穩定三個目標之間只能選擇兩個而捨棄一個。但是，一方面國際金融市場的發展將全球經濟連成一個整體，大國政策的外溢性不斷加強，而小國的貨幣政策獨立性越來越難以保持。另一方面隨著資訊科技的進步，資本流動方向的易變性和規模的波動性在增大，隨時可能對外匯市場產生衝擊，影響匯率的穩定。可見，如果沒有完善的金融市場，三個目標可能會全部難以達到，發達的金融市場是化解國際貨幣發行國「三元悖論」的關鍵。

第一，發達的金融市場可以提高貨幣政策的有效性。金融市場是連接貨幣政策和實體經濟的橋樑，深度發達的金融市場可以更加通暢地將政府的政策意圖傳導到實體經濟，直接增強貨幣政策的有效性。同時，發達的金融市場還會通過預期管理和財富效應增強貨幣政策的有效性。發達的金融市場不僅包括更加豐富的金融產品和更加完善的金融機構，還包括更加理性的金融從業人員，能夠更好地理解政府的政策意圖。央行可以通過公告、執行報告、會議記錄等方式，不用直接干預市場，通過預期管理的方式傳達自己的政策意圖。金融市場的財富效應是另外一個管道，貨幣政策的直接傳導是一個緩慢的過程，但是金融市場可以將貨幣政策的效果直接反映到資產價格上面，產生財富效應暫態對居民的消費和投資產生影響。

第二，發達的金融市場可以緩衝投機性資本流動。隨著金融市場的體量擴大，投機性資本的占比就會相應減小，對宏觀經濟和金融市場的衝擊會減小。同樣，發達的金融市場在面對極端「黑天鵝」事件發生的時候，能夠更好地平滑事件風險，消化國際市場上的波動。在全世界範圍內進行風險的分散，降低單一衝擊對本國經濟的影響。同時，發達的金融市場有利於完善「利率匯率聯動機制」，縮小套利空間，從根本上減少投機性資本。

第三，發達的金融市場可以維持匯率的相對穩定。更豐富、更理性、更具代表性的交易主體，機制完備的金融市場，系統有效的危機應急體系，有利於外匯交易主體在市場中頻繁交易，發現均衡匯率水準，從而維持匯率的相對穩定。另外，深度發達的金融市場對事件衝擊的反應更加理性，在意外事件來臨時，匯率會短時間調整到新的均衡水準，降低「匯率超調」的幅度，不會出現過多的匯率波動和反復。

3.2 國際金融交易功能與貨幣國際化：實證研究

3.2.1 研究框架

在之前對貨幣國際化的影響因素的討論中可以看到，貿易規模、金融開放、宏觀經濟穩定和國際話語權是決定一國貨幣成為國際貨幣的關鍵，經濟規模和貨幣慣性是決定一國貨幣國際化程度的關鍵。傳統的貨幣國際化的決定理論對金融市場發展和金融交易在貨幣國際化中的地位並沒有過多的討論，更多集中於對經濟規模、貨幣慣性和國際話語權的討論，並強調國際貿易對於貨幣國際化發展的基礎性支撐作用。但是隨著世界經濟全球化，世界經濟越來越緊密地相連，金融市場作為連接世界經濟的重要樞紐也在不斷地創新和發展，不僅支撐著跨國經濟聯繫的暢通，也在促進著世界經濟的繁榮和發展。在金融市場對世界經濟影響日趨顯著的同時，對貨幣國際化的影響也逐漸顯示出其重要性。金融市場的深度創新和發展成為推動一國貨幣國際化進程的關鍵，新時期一國想推動本國貨幣的國際化必須依託一個基礎設施完善、金融機構豐富、金融監管健全、市場交易活躍的深度發展的金融市場，依靠金融市場的優勢地位增強其在金融交易中的份額，從而拓展貨幣國際化的使用程度，增強貨幣國際地位。李稻葵（2013）認為日本在推動日圓國際化的過程中缺乏對金融市場的關注是造成日圓國際化失敗的重要因素。因此，在金融不斷創新和發展的新時期，必須重視金融市場發展在貨幣國際化中的重要地位。

根據《馬斯特里赫特條約》，歐元在1999年才進入市場，正式取代馬克、法郎等歐元區國際化的貨幣，成為歐元區的統一幣種。因此，本章實證研究的樣本時間選擇為1999年到2015年。在時間跨度的選擇上面，依據不同金融交易代理變數的時間序列，分別選擇了季度、年度和三年度為時間間隔。

由本章第一節討論的關於貨幣國際化的定義可以看到，在對貨幣國際化進行定義分析的時候，大家往往還是按照價值尺度、交易媒介和國際儲備三個職能進行定義。例如本報告就是充分考慮了價值尺度、支付手段和貯藏手段職能，並細緻劃分為貿易、金融和官方外匯儲備的子項目，進而對不同指標加權平均得到人民幣國際化指數。但是在用這種通過加權平均得到的貨幣國際化指數研究金融市場發展對貨幣國際化的影響的時候，會面臨比較大的內生性問題，因為金融交易的程度和規模本來就是貨幣國際化指數的一部分，必然存在非常強的相關性。本章從定義的另外一個角度考慮，Tavlas（1997）和Mundell（2003）將貨幣國際化的定義進行限制，一種貨幣只有在貨幣發行國之外起到價值尺度、交易媒介和貯藏手段職能時才能稱作國際貨幣。價值尺度和交易媒介職能大多體現在與本國進行的國際貿易，或者在本國金融中心或離岸金融中心進行的金融交易上，並不能充分體現貨幣的國際化職能。因此，將貨幣在國際儲備中的地位作為貨幣國際化的代理變數便是最好的選擇。本節選擇了國際貨幣基金組織每個季度公佈的各個幣種在國際儲備貨幣中的比重作為被解釋變數，時間節點是1999年之後，因此一共有美元、歐元、日圓、英鎊、瑞士法郎五種貨幣進入我們的樣本選擇。

從官方外匯儲備的資料中可以看到（見圖3—1），美元作為世界上第一大幣種在外匯儲備中的份額占60%以上，並沒有其他貨幣可以撼動這一地位。歐元異軍突起，曾經佔據了外匯儲備份額的四分之一，但是並沒有對美元的國際地位造成根本性威脅。日圓從21世紀初到現在，在外匯儲備中的份額一直在縮小，現在日圓在外匯儲備中的地位已經不如英鎊。英鎊在外匯儲備中的地位非常穩定，約占4%～5%。其他貨幣在金融危機之後所占的比例顯著提升，這與區域經濟一體化發展的趨勢和國際貨幣多元化的趨勢相一致。

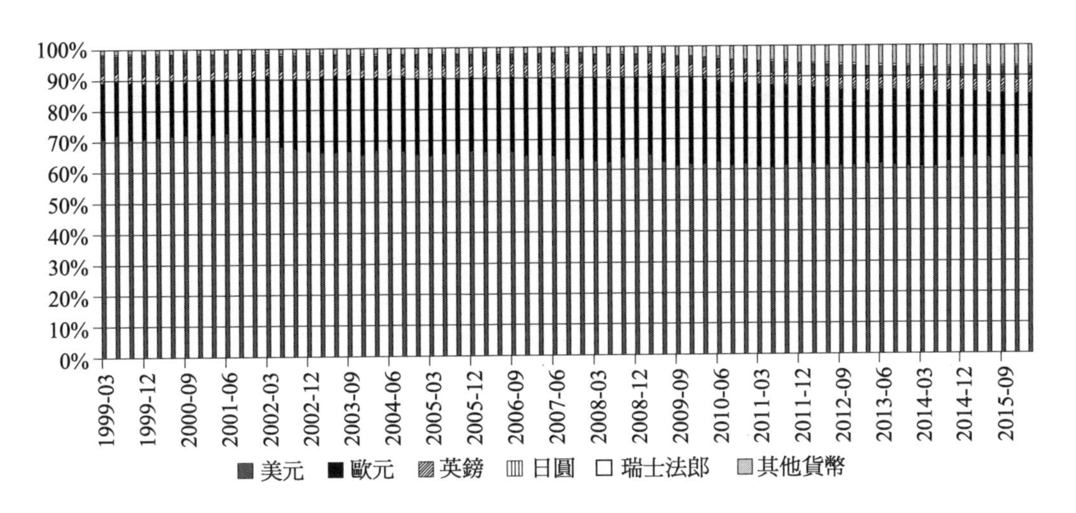

圖3—1　各幣種在外匯儲備中所占比例

在金融市場發展方面，國際金融市場主要包括信貸市場、直接投資、貨幣市場、債券市場、外匯市場、股票市場和期權、期貨及其他衍生工具市場。期權、期貨及其他衍生工具市場的資料比較少，關於幣種的資訊也難以獲得，因此本節並沒有考慮。在金融市場的發展方面，本節主要涉及信貸市場、直接投資、貨幣市場、債券市場、外匯市場和股票市場，並且在每個市場中進行子市場的劃分。在貨幣市場中，不僅考慮存量資料，還考慮增量資料，並對國際票據市場進行單獨分析。在債券市場中，同樣考慮存量和增量資料，並細分為固定利率、浮動利率、權益掛鉤，討論哪種形式的債券市場對貨幣國際化的影響最大。在外匯市場，不僅加總考慮外匯市場的交易規模，還對即期、遠期、掉期和外匯期權分別加以討論。在股票市場，不僅關注股票市值的變動，還考慮上市公司的家數。資料來源是世界銀行、國際貨幣基金組織、國際清算銀行、世界交易所聯合會。

在控制變數的選擇上面，主要參考了Chinn和Frankel（2005）的研究，選擇了貨幣發行主體的經濟規模占當年世界經濟總規模的比重、國際收支平衡表中的經常專案差額占本國（地區）國內生產總值的比重、本國（地區）的通貨膨脹水準——居民消費價格指數、貨幣的實際有效匯率的變動率、本國通貨膨脹的穩定程度、貨幣的實際有效匯率的穩定程度。本國通貨膨脹的穩定程度定義為之前12個月的居民消費價格指數的標準差，同理，貨幣的實際有效匯率的穩定程度為之前12個月的實際有效匯率的標準差。資料來源是Wind、CEIC和Bloomberg資料庫。

3.2.2 統計性分析：美元、歐元的優勢地位明顯

國際信貸市場[1]主要包括貿易信貸、商業貸款、貨幣和存款類金融工具，是國際組織、政府、金融機構、大型跨國企業進行資金借貸的主要方式。相較於國內信貸，國際信貸市場的期限較長、信用貸款較多、貸款資金量較大，從而國際信貸市場的風險也更高，程序也更加複雜。在幣種選擇方面，國際信貸市場受貿易和直接投資的影響較大，更注重企業的長期發展需求，短期投機性因素較弱。從圖3—2的統計上來看，全球最主要的五種貨幣（美元、歐元、日圓、英鎊和瑞士法郎）的總量占比在下滑，說明國際信貸在幣種選擇方面更加多元化，人民幣國際貸款的增加也是一個重要原因。但是相較於2008年金融危機時期，美元占比逐漸提升，歐元占比逐漸下降，日圓、瑞士法郎占比微升，英鎊占比微降。總體來看，近15年來，國際信貸市場中美元和歐元呈現雙足鼎立態勢，但隨著歐債危機的爆發和升級，美元的占比迅速提升，逼近50%。

1 本報告中的國際信貸市場專門指通過金融機構進行間接融資的市場，廣義的國際信貸市場除此之外還包括國際貨幣市場和國際債券市場。

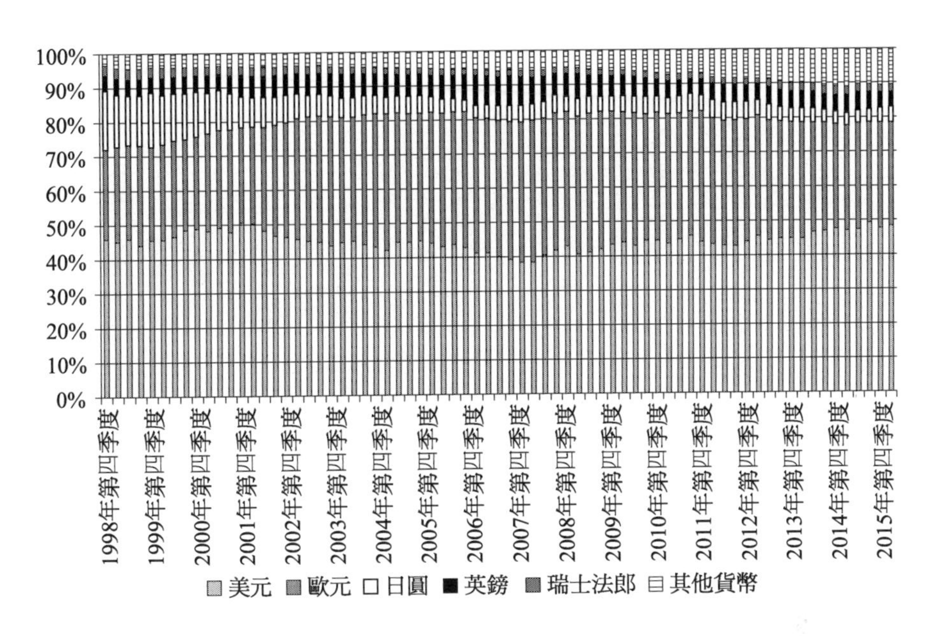

圖3—2　各種貨幣在全球對外貿易信貸中的比例

國際直接投資主要是某一經濟體的居民單位對另一經濟體的居民單位的所有權的變化，主要包括股票、債券工具和其他。國際直接投資反映在國家的國際收支平衡表的金融項目中，從圖3—3的直條圖來看，美國、英國、歐元區、日本和瑞士的直接投資淨流入規模平均占到世界直接投資規模的50%以上，但是近些年來這一規模占比在逐漸降低。從五個國家來看，歐元區的直接投資淨流入最大，但是近些年來萎縮也最為明顯，美國列居次位並始終保持在10%以上。英國占比不高，近些年占比也呈現下降趨勢。日本的直接投資淨流入規模很小，基本保持平衡。瑞士的直接投資變化比較大，在不同年份差異較大，但是總量占比很小。從圖3—4來看，日本、美國的直接投資淨流入占GDP的比重低於世界平均水準，英國、歐元區、瑞士的直接投資淨流入占GDP的比重高於世界平均水準。從圖3—5來看，在直接投資的細分項上，日本的股票類對外直接投資規模占比超過90%，債券工具及其他占比很少。歐元區在2008年以後、瑞士在2014年以後的直接投資擴張主要是債券工具及其他，股票類對外直接投資規模占比下降。

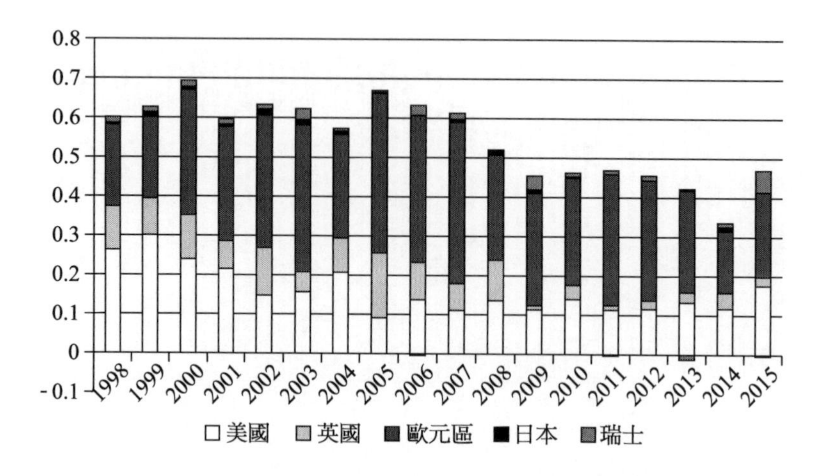

圖3—3　直接投資淨流入占全世界直接投資淨流入的比例

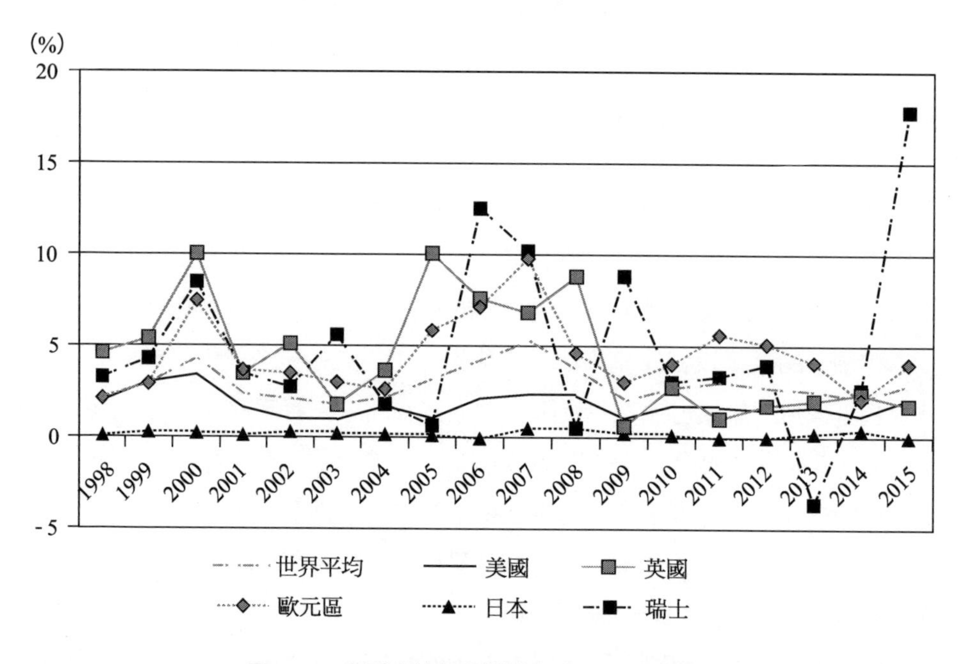

圖3—4　各國直接投資淨流入占GDP的比重

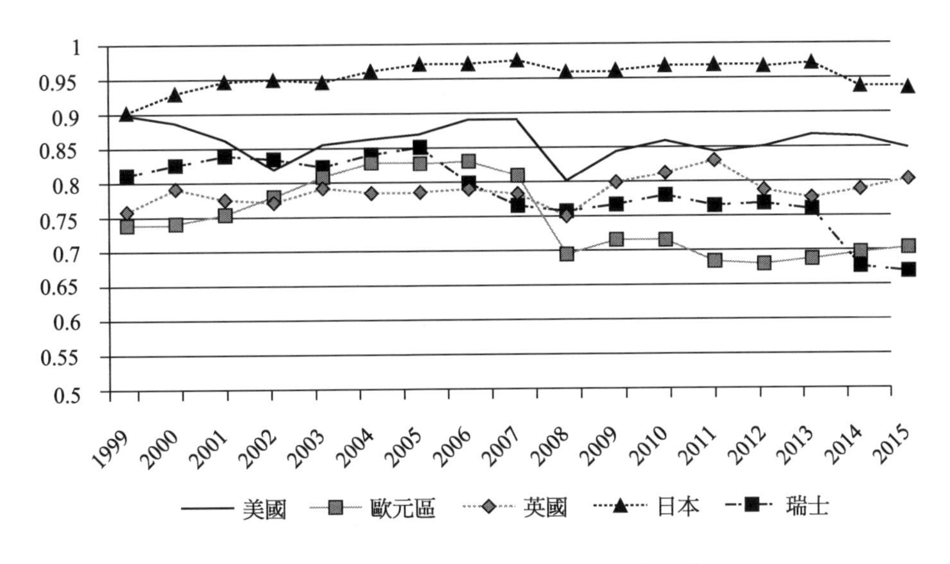

圖3—5　各國股票類對外直接投資規模占比

國際貨幣市場主要包括商業票據市場和其他工具，是政府、金融機構和大型跨國企業發行的短期信用工具，用來進行短期的流動性管理，具有期限短、流動性強、交易量大的特點。根據國際清算銀行的統計，國際貨幣市場工具中商業票據佔據最重要的部分，但是隨著金融市場的不斷完善和創新，其他工具的比重在不斷提升（見圖3—6）。國際貨幣市場的整體規模在金融危機之前呈現迅速上升的趨勢，在金融危機之後保持一個相對穩定的水準。

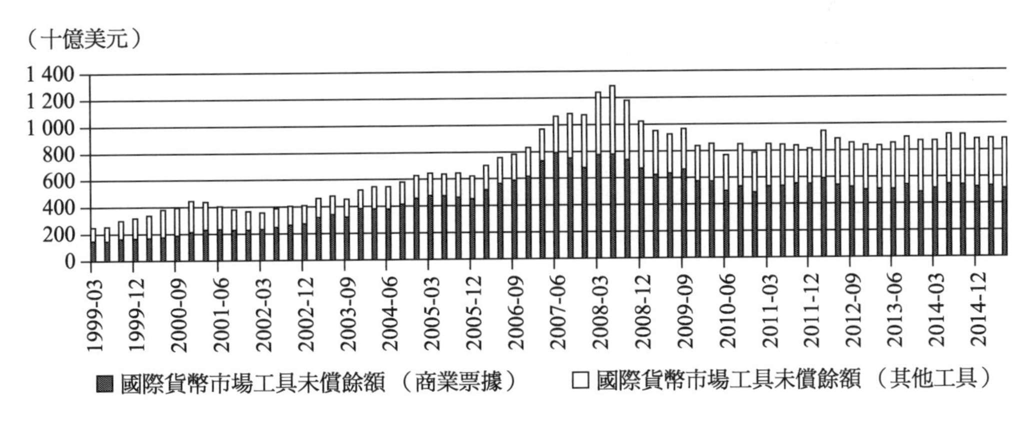

圖3—6　國際貨幣市場工具的結構變動

從國際貨幣市場工具的存量資料來看，2015年第二季度，以美元為發行貨幣的占41.1%，以歐元為發行貨幣的占32.6%，以英鎊為發行貨幣的占19.3%，其他所有貨幣的比重加起來不到10%。從存量資料的變動情況來看，歐元自誕生以來，在貨幣市場的成功是有目共睹的，其所占比重從2002年開始超過美元成為國際貨幣市場中的第一大幣種，並一直持續到歐債危機前，在2008年金融危機之後曾一度超過50%（見圖3—7）。由於貨幣市場工具的短期流動性強，以及低風險低收益的特性，是一個國家在推行貨幣國際化過程中的優先突破口。德國馬克國際化成功的很大原因是其穩定的幣值和購買力水準，延續到歐元表現為市場更傾向於使用歐元進行短期流動性的調節。另外，在日圓國際化的過程中，伴隨的是日圓在國際貨幣市場工具中的存量份額突飛猛漲，但隨著日本經濟的衰落，對貨幣國際化的重視程度也大不如前，在目前國際貨幣市場工具中的存量占比不到2%。瑞士法郎在國際貨幣市場工具中則表現得非常平穩，在歐元誕生的前期有小幅增長，其他時間都比較穩定。

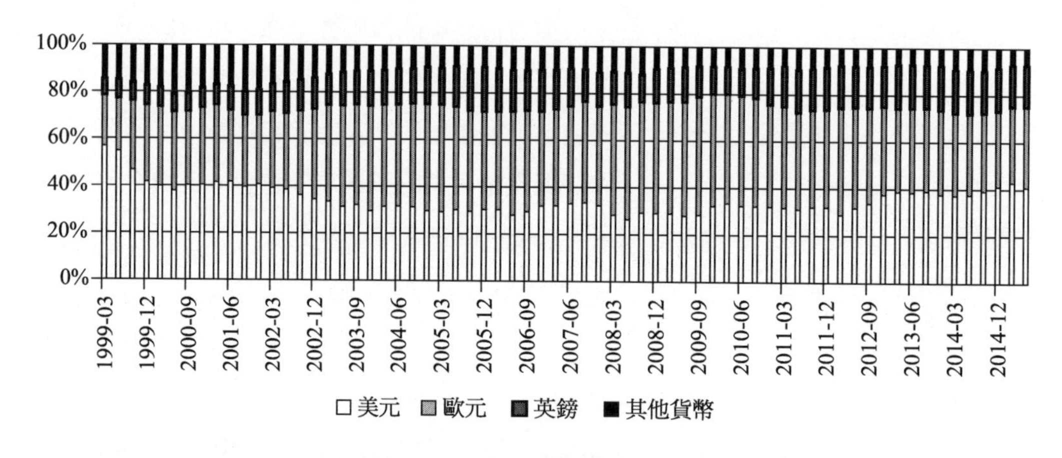

圖3—7　國際貨幣市場工具未償餘額發行總額分幣種的統計

國際債券市場是最重要的國際金融市場之一，它不僅匹配國際債券的發行人和投資人，在長期債券融資和投資中起到市場配置的作用，還是各國政府外債的重要發行和交易管道，在交易中起到價值發現的作用，是國際金融市場中不可或缺的一部分，也是所有國家在推行貨幣國際化過程中最重視的國際金融市場之一。從國際債券市場存量資料的變動過程中可以看到，在2008年之前國際債券市場歷經了一段爆發式增長的時期，金融危機之後國際債券市場的發展變化起伏波動，增長十分有限。從國際債券市場存量資料的結構來看，固定利率債券占絕大比例，大約是浮動利率債券的三倍，權益掛鉤（比如可轉債）產品僅占一個微小的比例（見圖3—8）。

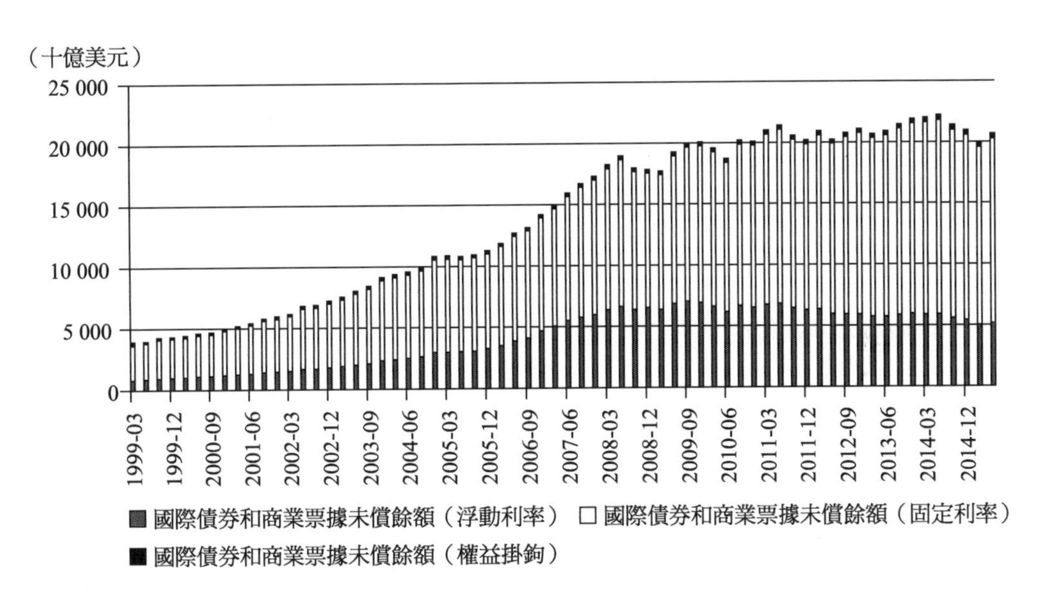

圖3—8　國際債券市場的結構變動

從國際債券市場分幣種的資料來看，2015年第二季度，在國際債券市場上，以美元為發行貨幣的占比為42.7%，以歐元為發行貨幣的占比為39.2%，以日圓為發行貨幣的占比為1.9%，以英鎊為發行貨幣的占比為9.6%，以瑞士法郎為發行貨幣的占比為1.4%，其他發行貨幣的占比為5.2%，美元和歐元依然是國際債券市場中佔據主要規模的發行幣種。從國際債券市場存量資料的變動情況來看，歐元在2002年以來的份額擴張十分明顯，自2003年開始到歐債危機之前曾一度超過美元成為國際債券市場中的第一大幣種，在2009年的巔峰時期曾經超過50%。國際債券市場是長期融資市場，其發行主體主要是政府，歐元和美元作為債券市場最重要的計價幣種的地位更迭，不僅反映了歐元區和美國經濟實力、宏觀經濟穩定程度和國際話語權的變動，也反映了其他國家對美元和歐元的未來發展情況的信心。圖3—9表示了國際債券市場中未償餘額發行總額分幣種的統計結果。在2000年之前，大部分發展中國家的國際債券發行都以美元計價，而在21世紀初期，這一情況有了明顯的轉變，歐元成為發展中國家發行債券的重要選擇幣種。日圓在經歷了「失落的十年」之後，在國際債券市場中的地位已經大不如從前，由於國際債券市場是長期融資市場，對幣種的信心至關重要，而日本的經濟持續萎靡不振，對日圓的國際化是明顯的拖累。英鎊在國際債券市場的份額十分穩定，並一直佔據一席之地，一方面是英國經濟和政治地位的客觀體現，另一方面是倫敦作為世界上最重要的金融中心的地位使然。另外，在金融危機之後，其他貨幣的比重開始出現了明顯的上升，這一方面反映了在國際債券市場的發行主體中，發展中國家開始表現得日益活躍，另一方面體現了在金融危機之後，各國尋求國際貨幣的多樣性而不願受單一美元的約束。

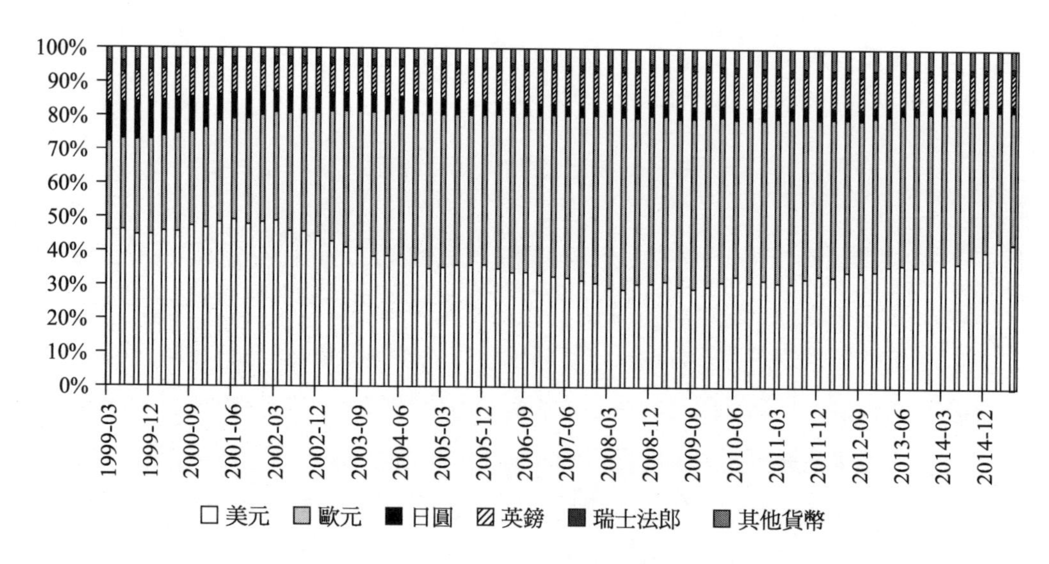

圖3—9　國際債券市場未償餘額發行總額分幣種的統計

國際金融市場的另外一個重要市場是股票市場，股票市場是股權和其他衍生品的交易市場，是重要的長期融資市場。從不同國家上市的公司數目來看，美國、歐元區、英國、日本和瑞士上市公司數量僅占全球上市公司數量的三分之一左右（見圖3—10）。但從上市公司的市值來看，單從美國上市的公司就占到全球股票市值的三分之一（見圖3—11）。這表明隨著各國都在開辦自己的股票市場，公司上市的地點選擇更加靈活，但是規模大、資質好的公司還是傾向於去發達的股票市場進行上市融資。

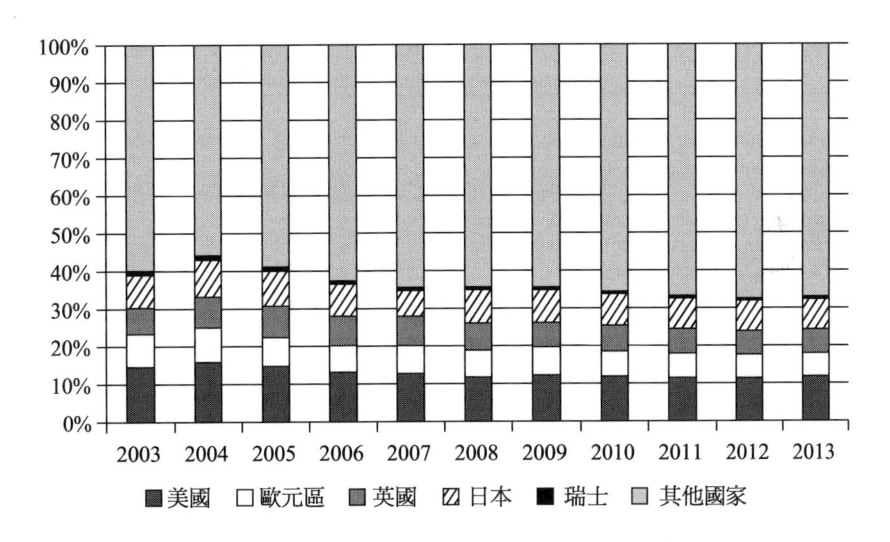

圖3—10 各國股票市場中上市公司數量占比

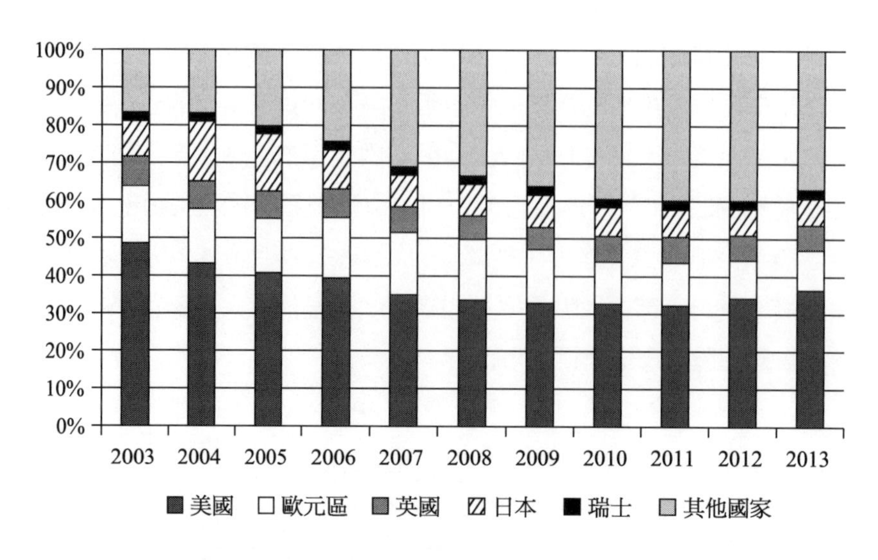

圖3—11　各國股票市場中上市公司市值占比

國際外匯市場在國際金融市場中具有其特殊的地位，隨著世界經濟一體化和金融全球化的發展，外匯市場的規模也在擴大，據國際清算銀行統計，現在國際外匯市場的日平均交易額超過1.5萬億美元。參與國際外匯市場交易的不僅有政府、中央銀行、金融機構、跨國企業等大型機構，還有各種各樣的投資者和中小型跨國企業。國際外匯市場上交易頻繁、交易金額巨大、參與人群廣泛，並且對其他國際金融市場有重要的支持作用，可以說在推進貨幣國際化的過程中必須依託一個成熟的國際外匯市場。從國際清算銀行公佈的場外外匯交易市場的資料來看（見表3—1），在外匯市場中最主要的合約是即期合約和外匯掉期，但是外匯掉期對外匯市場的價值發現功能要求較高，需要一個成熟完善的遠期合約市場。而其他貨幣掉期、期權等外匯合約占比較少。

表3—1　場外外匯交易市場（OTC）的合約類型比重

	即期合約	直接遠期	外匯掉期	貨幣掉期	期權
1995	40.42%	7.92%	44.65%	0.31%	3.33%
1998	34.51%	7.75%	43.86%	0.59%	5.20%
2001	29.15%	9.84%	49.38%	0.54%	4.49%

續前表

	即期合約	直接遠期	外匯掉期	貨幣掉期	期權
2004	29.87%	10.02%	45.39%	1.02%	5.62%
2007	27.93%	10.05%	47.65%	0.88%	5.88%
2010	35.08%	11.18%	41.55%	1.01%	4.88%
2013	35.40%	11.76%	38.54%	0.93%	5.83%

在場外外匯交易市場中，美元毫無疑問是交易的重頭戲，超過40%的合約與美元有關（見圖3—12）。雖然在金融危機之後美元的地位受到了一些影響，但在外匯市場中美元依舊是世界上最重要的幣種，所占外匯交易的比重超過40%。歐元是繼美元之後的第二大幣種，約占全部外匯交易的20%，日圓和英鎊分別是第三和第四大外匯交易幣種，分別占10%和5%的份額。在金融危機之後，國際貨幣多元化的趨勢越來越明顯，表現為其他貨幣所占的比重越來越大。在2013年，其他貨幣的外匯合約所占的比重接近20%。

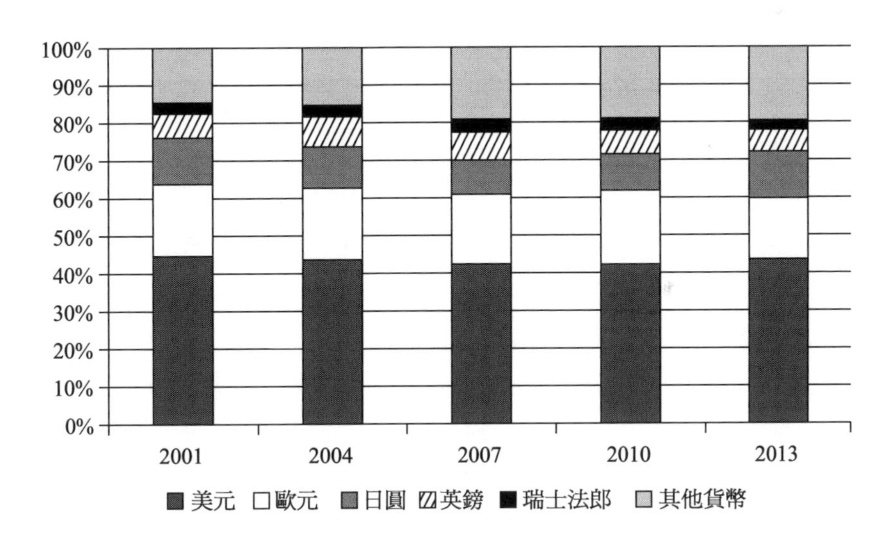

圖3—12　場外外匯交易市場各幣種的合約占比

3.2.3 實證結果：提升金融交易功能顯著促進貨幣國際化發展

參考Chinn和Frankel（2005）的設定，將在官方外匯儲備中的比例進行邏輯（logistic）變換，作為被解釋變數。貨幣發行主體的經濟規模占當年世界經濟總規模的比重、國際收支平衡表中的經常專案差額占本國（地區）國內生產總值的比重、本國（地區）的通貨膨脹水準——居民消費價格指數、貨幣的實際有效匯率的變動率、本國通貨膨脹的穩定程度、貨幣的實際有效匯率的穩定程度為控制變數。將金融市場的發展指標作為主要解釋變數。

第一，國際信貸市場的發展對貨幣國際化的影響。在國際信貸市場中主要考慮一個解釋變數——全球對外信貸中該種貨幣所占比例。從結果中看到，國際信貸市場的發展對貨幣國際化具有積極正向的影響，並且回歸係數、顯著性水準、擬合優度在所有金融市場中是最好的，說明國際信貸市場的發展對於一國貨幣的國際化具有基礎、支撐的作用。從源頭上來講，貨幣的國際化始於對外貿易，國際信貸市場中貿易信貸專門服務於企業的對外貿易，而融資貨幣的選擇直接影響貿易結算貨幣的選擇，貿易結算貨幣地位的提升也會帶來貿易計價貨幣地位的提升。隨著一個國家對外貿易規模和地位的上升，本幣貿易信貸規模的擴張也會帶來貿易計價和結算貨幣地位的上升，與貨幣國際化的聯繫更加緊密。從發展上來講，國際信貸市場的風險更高、程序更加複雜、期限更加長，一方面對幣種的選擇更加謹慎，不僅會考慮短期融資成本，還會考慮幣種的長期發展態勢和匯率的穩定性；另一方面參與主體是資質優良的企業、政府和金融機構，在融資幣種的選擇上面更具有話語權，會優先選擇綜合實力更高、更穩定的幣種。因此，國際信貸市場的發展對於一個國家貨幣國際化的影響是較為深遠的。

第二，國際直接投資的發展對貨幣國際化的影響。在國際直接投資中主要考察國際直接投資的流入規模[1]、流出規模和淨流入規模，國際直接投資淨流

1　直接投資的流入規模指的是資金的流出，在國際收支平衡表中表現為金融項目下直接投資（資產）的變動。

入規模占GDP的比重，股票類國際直接投資淨流入規模，債券工具類國際直接投資淨流入規模。除了國際直接投資淨流入規模占GDP的比重以外，其他解釋變數是該專案下以該幣種計價的比例。

從結果中看到，所有專案的回歸結果均不顯著，從而說明國際直接投資的發展對貨幣國際化的直接影響有限。從結構來看，股票類國際直接投資的影響為正，相較於債券工具類國際直接投資更為顯著，說明股票類國際直接投資是推動貨幣國際化的關鍵。這可能是由於兩方面的原因，一方面在國際直接投資中，幣種的選擇並沒有單獨統計，而在國家的國際直接投資中並不一定都是使用本國的貨幣，也可能會使用其他國家的貨幣。另一方面，隨著金融創新的發展，越來越多的證券投資隱藏在直接投資中，用來逃避一些監管和准入的限制，這兩方面是造成結果並不顯著的最重要的原因。但是，從歷史經驗上來看，直接投資尤其是對外直接投資是夯實貨幣國際化基礎、帶動貨幣國際使用的重要管道。

第三，國際貨幣市場的發展對貨幣國際化的影響。在國際貨幣市場中主要考察商業票據的未償餘額、全部貨幣市場工具的未償餘額、商業票據的總發行額、全部貨幣市場工具的總發行額、商業票據的淨發行額、全部貨幣市場工具的淨發行額，主要解釋變數是該專案下以該幣種計價的比例。

從結果中看到，商業票據的未償餘額、全部貨幣市場工具的未償餘額、商業票據的總發行額、全部貨幣市場工具的總發行額全部表現為顯著的正影響，其中全部貨幣市場工具較商業票據更加顯著，未償餘額較總發行額更加顯著。而商業票據的淨發行額、全部貨幣市場工具的淨發行額對貨幣在國際儲備中的地位並沒有顯著的影響。結果表明國際貨幣市場的發展對貨幣的國際化有積極的正向影響。未償餘額是存量指標，總發行額是增量指標，國際貨幣市場的存量指標和增量指標都對貨幣的國際化程度有積極影響。國際貨幣市場工具的期限短、流動性強，最能體現貨幣的幣值穩定程度和購買力穩定程度，在國際貨幣市場工具中占較大份額的幣種一定具有穩定的宏觀經濟環境，匯率穩定、通脹較低。這些均是一種貨幣增加國際使用規模的重要條件，會客觀體現在貨幣國際化的程度上，存量指標相對於增量指標更能體現貨幣在長期的累積效應。貨幣的使用具有慣性，一種貨幣的國際使用不可能馬上增加或者下降很多，但是淨發行額可以，淨發行額的變動程度在不同季度變化很大，這可能是造成回歸結果不顯著的重要原因。商業票據相比於全部貨幣市場工具顯著性水準要低一些，這表明在貨幣市場工具中，商業票據並沒有占決定性的支配作用，市場上需要多種貨幣市場工具，其他工具對推行貨幣的國際化同樣重要。

第四，國際債券市場的發展對貨幣國際化的影響。在國際債券市場中主要考察浮動利率債券的未償餘額、固定利率債券的未償餘額、權益掛鉤債券的未償餘額、全部債券市場的未償餘額、浮動利率債券的總發行額、固定利率債券的總發行額、權益掛鉤債券的總發行額、全部債券市場的總發行額、浮動利率債券的淨發行額、固定利率債券的淨發行額、權益掛鉤債券的淨發行額、全部債券市場的淨發行額，主要解釋變數是該專案下以該幣種計價的比例。

從結果中看到，固定利率債券的未償餘額、權益掛鉤債券的未償餘額、全部債券市場的未償餘額、固定利率債券的總發行額、權益掛鉤債券的總發行額、全部債券市場的總發行額全部表現為顯著的正影響，未償餘額相較於總發行額要更加顯著、擬合優度更高。固定利率債券、權益掛鉤債券和全部債券中，權益掛鉤債券的顯著性水準和擬合優度均為最高。浮動利率債券的未償餘額和總發行額並不顯著，所有債券類別的淨發行額均不顯著。結果表明國際債券市場的發展對貨幣的國際化有積極的正向影響。未償餘額是存量指標，總發行額是增量指標，國際債券市場的存量指標和增量指標都對貨幣的國際化程度有積極影響。國際債券市場是最重要的長期融資市場，尤其是受政府、中央銀行和大型金融機構關注，在國際債券市場中的份額最能體現一種貨幣在金融計價中的普及程度。債券的計價貨幣很大程度上體現了市場對該種貨幣的信心，此外政府是參與的重要主體，很大程度上也反映了世界上各國政府對該幣種未來發展的信心。這不僅影響該幣種在外債計價中的比例，還會直接影響外匯儲備的幣種選擇，所以國際債券市場中的份額在很大程度上體現了貨幣的國際化程度，國際債券市場未償餘額的存量指標更能夠反映這一結果。總發行額也可以體現當下時點對該幣種的信心，從而反映在貨幣的國際化程度之中，但是每個季度的發行額會受各個經濟體經濟發展需求的影響。除了美元之外，其他貨幣的使用具有很強的區域性，不同經濟體的債券發行需求的差異可能會對總發行額中不同幣種的計價比例產生一定的干擾，所以增量指標的顯著性水準不如存量指標。在不同債券品種中，浮動利率債券對貨幣國際化的影響並不顯著，在國際債券市場中的浮動利率債券大部分是釘住倫敦銀行間同業拆借利率（Libor）的，這樣的設定雖然可以在一定程度上避免投資長期債券可能面臨的利率上調的風險，但是一方面浮動利率的設定對信用風險和信用利差的測算存在較大難度，另一方面浮動利率增加了發行人成本和投資人收益的不確定性，存在較大的風險。此外，在浮動利率債券發行方面，Libor是歐洲貨幣市場中的短期資金成本，所以歐元在浮動利率債券發行中佔據了超過50%的份額，不具有普遍性。固定利率債券是國際債券市場中最重要的品種，也是占比最大的品種，是大部分債券發行人和投資人首選的品種，也是最能夠反映債券發行幣種選擇的品種。權益掛鉤債券是最顯著和擬合優度最高的品種，權益掛鉤債券的價值分為債券價值和轉換價值，由於存在一定的轉換條款，其債券價值要低於同等級的固定利率債券。所以，在中短期投資者看來，權益掛鉤債券的投資價值比較低。權益掛鉤債券的優勢是在長期和超長期債券中，此時的轉換價值可以為債券價值托底，是長期投資者的一個不錯的投資選擇。而在中長期債券的發行幣種選擇上，對幣種的判斷更為重要，更能夠反映幣種在世界各國政府和投資人中的內在評價，更好地體現貨幣的國際化程度，從而表現為更高的顯著性水準和擬合優度。

第五，國際股票市場的發展對貨幣國際化的影響。在國際股票市場中主要考察的是上市公司的數量和上市公司的市值，主要解釋變數是該專案下的以該幣種計價的比例。

從結果中看到，上市公司的數量對貨幣在儲備貨幣中的份額有積極顯著的正向影響，而上市公司的市值對貨幣國際化結果為正但並不顯著。這表明股票市場的發展對貨幣的國際化有積極影響，但是重要的是吸引優質企業來本地上市融資。股票市場是股權融資的場所，是一種長期融資市場。參與方主要是大型企業和金融機構，在進行上市地點選擇的時候，一方面要考慮上市股票市場的制度和投資者環境，另一方面要考慮上市地點和公司所在地之間的關係，當然也包括幣種。一般來說，對於資質好的大型企業，選擇去發達國家進行上市融資是最優的選擇。一方面，良好的制度設計可以保證股價的穩定，防止惡意收購等行為，另一方面，成熟的投資者市場可以更好地進行價值發現，股價可以更好地反映公司的實際經營狀況和預期。由於股票市場是一種超長期的融資市場，其對股票市場的信心和制度的信賴程度是至關重要的，尤其是對這些資質很好、完全滿足上市條件的企業。這也就造成了股票市場的一種天然的壟斷，成熟深度的股票市場更容易吸引優質的企業來此上市融資。但是，隨著各地各國都在開辦自己的股票市場，公司進行上市融資的地點選擇更加靈活，並且多層次的股權融資市場也為一些中小型、創新型企業提供了進行股權交易的場所，更多的企業可以參與股權融資。股權融資是一種重要的長期融資，在進行上市地點選擇和幣種選擇的時候，便利性和成本相對來說較為次要，所在地宏觀經濟穩定和未來發展狀況是更重要的考察議題。更多的企業選擇在當地上市表明對該國的未來發展充滿信心。市值不僅受企業經營狀況和宏觀經濟形勢的影響，還與市場情緒密切相關。尤其是參與股票市場交易的投資者呈現分散化，而不是像國際貨幣市場和國際債券市場一樣主要是政府、中央銀行、金融機構和大型跨國公司等重要的大型交易參與者，股票市場的投資者更容易受市場情緒的影響，投資相對更加缺乏理性，因此市值對貨幣國際化的影響並沒有出現統計上的顯著。

第六，國際外匯市場的發展對貨幣國際化的影響。在國際外匯市場中主要考察即期合約、直接遠期合約、外匯掉期合約、貨幣掉期合約、買入期權合約、賣出期權合約、全部期權合約和全部外匯市場合約，主要解釋變數是該專案下的以該幣種計價的比例。

從結果中看到，所有的變數都表現為正向的不顯著。結果表明國際外匯市場的發展對貨幣國際化並沒有直接顯著的促進作用。在之前的討論中我們提到，依靠一個成熟有深度的國際外匯市場是一國貨幣進行國際化的基本前提和條件，只有當一個國家的貨幣可以高效地同另外一個國家的貨幣進行交易和清算時，才能夠拓展貨幣在世界貿易、金融領域的使用。在國際外匯市場上貨幣交易量可以一方面印證貨幣的國際化地位，因為貿易和金融的結算需要國際外匯市場的支援，另一方面，在國際外匯市場上較高的交易量增加了貨幣的使用規模，也在一定程度上推動了貨幣國際化地位的提升。但是，國際外匯市場上的交易量隨著金融全球化的趨勢而迅猛提升，現在國際外匯市場中一周的交易量差不多是一年的世界貿易總額，這反映出在國際外匯市場中的交易量大部分都沒有貿易和金融合約基礎，投機交易占國際外匯市場交易的重要比例。投機者在國際外匯市場中的廣泛參與導致了外匯交易規模同貨幣國際化水準的短期失衡，投機者常常易受預期事件造成的市場情緒的影響，而貨幣的國際化水準與市場情緒的關係微乎其微，這是短期國際外匯市場並不能推動貨幣國際化的重要原因。可是從長期來看，一種貨幣在國際化過程中隨著國際使用規模的提升，一定會有在國際外匯市場中該幣種交易規模上升的情況相伴相隨。

3.3 主要貨幣提升金融交易功能的經驗借鑒

本節通過探究英國英鎊、美國美元、日本日圓和德國馬克這四個歷史上重要的國際貨幣的成長過程，發掘和總結這些國家在貨幣國際化的過程中是如何提升金融交易功能、相輔相成促進貨幣的國際化的。

3.3.1 英國：經濟和貿易需求催生的金融市場

英鎊是世界上最早完成國際化的貨幣，英鎊的國際化緣起於工業革命首先在英國發生。工業革命之後，英國的經濟突飛猛進，到1850年，英國的工業產值接近世界總工業產值的40%；1860年，英國的工業產品數達到世界的一半，對外貿易數量達到世界總數的40%，成為名副其實的世界工廠。隨著這種進口原材料加工，然後輸出工業製成品的垂直貿易結構的不斷發展，英國的國內市場面臨供過於求的狀況，英國開始積極探索海外市場，建立了大量的殖民地，逐漸成為當時最大的工業品製造和輸出的國家。英國金融市場就是在這一經濟和貿易迅速發展的背景下不斷發展壯大的。

當時，英鎊是由英格蘭銀行發行的，並不是完全的信用貨幣，而是作為黃金的符號而流通的。1717年，牛頓確定了黃金與英鎊的比例，建立了英鎊—黃金平價關係，規定一盎司黃金等於3英鎊17先令$10\frac{1}{2}$便士，初步形成了金本位制。1816年，英國《金本位制度法案》標誌著英國的金本位制度正式確立，確定了1英鎊對應7.322 38克黃金的標準。此時的金本位制是金幣本位制度，金幣是英國的標準通貨，而銀幣則退居輔幣位置。1819年，英國又頒佈規定，設立了由英格蘭銀行發行的銀行券可以兌換黃金的規定。在這種制度下，法律規定了紙幣含金量，持有紙幣者可以按照含金量將紙幣兌換為金幣，且金幣可以被熔為黃金，黃金也可自由地被鑄成金幣，黃金輸入輸出本國不受限制。

由於英國經濟的霸主地位和貿易上「世界工廠」的地位，國際上60%的貿易往來均以英鎊作為計價貨幣。雖然法令規定了英鎊和黃金之間可以自由兌換，但是國家持有黃金需要支付很高的黃金保管費，且不利於國際支付結算。但如果這些國家都在英格蘭銀行設立英鎊帳戶，在支付時用英鎊結算，就可規避高額的成本費用，對英國及其他國家都是有利的。可以說，英鎊金融交易功能的實現和國際化水準的提升是建立在工業革命帶來經濟大發展的基礎上的。

首先，伴隨著英國經濟和貿易的中心地位，英格蘭銀行開始履行貨幣兌換、輸入輸出貨幣、發放貸款、國際支付結算功能。通過中央銀行在國家之間建立信貸合作關係，辦理國際支付結算，大大降低國內出現擠兌的風險，其靈活的市場調控手段為英鎊實現金融交易功能、保持幣值穩定做出很大貢獻。

其次，英國的皇家交易所通過與英格蘭銀行、東印度公司合作發行公債，開始進行股票交易。在初期，完全借鑒了阿姆斯特丹市場上的各種交易規則和技巧。隨著英國貿易發展和幣制改革，倫敦金融市場越來越活躍，英國政府也常常在倫敦金融市場上籌集資金用於軍隊建設和基礎設施建設，促進了金融市場的發展。並且在對外貿易和資本輸出中，英國也以英鎊為主要貨幣大量使用，對英鎊使用需求的擴大也是倫敦金融市場不斷發展壯大的重要原因。

最後，英國以推動對外貿易的契機，促進英鎊的國際使用，從而提升其金融交易功能。從18世紀50年代開始，英國開始轉變貿易政策，之前實行的重商主義已經不再符合歷史發展的潮流，因此，自由貿易政策取而代之。英國政府與法國、義大利、西班牙、荷蘭、奧地利、荷蘭等歐洲其他國家簽訂了一些貿易協定，並建立了穩定的貿易往來關係，不斷推行自由貿易的觀念，成功建立起了英國自己的強大貿易網。自19世紀初到中期，英國為了消化過剩的生產力，大量開發殖民地，形成了廣泛的海外市場。同時，通過中央銀行與其他國家進行貸款、金銀互換等合作，穩定英鎊幣值，提升英鎊在國際上通用支付的能力。

3.3.2 美國：對外投資和票據市場帶動的金融市場

英鎊的國際化始於對外貿易和資本輸出，美元也不例外。在對外貿易中，票據市場為進出口貿易進行融資，在資本輸出中，對外直接投資帶動了美國資本市場的興起。

美元在票據市場中的發展，一方面是因為美國經濟和貿易繁榮帶來的需求，更重要的是美國所進行的一系列金融改革穩定了美元的幣值、為美元提供了充足的流動性。在第一次世界大戰前的100年中，美國一共爆發了14次金融危機，銀行恐慌週期性爆發，利率季節性地劇烈波動，根本無法為貿易提供融資可能。當時的美元不僅難敵英鎊，甚至連馬克、法郎的國際地位都不如。經過銀行家們的大力遊說，1913年，美國國會設立美聯儲，這一舉措極大地穩定了美國國內的經濟金融環境。美聯儲還進行了一系列的金融改革，出臺了一系列開放美國經濟的政策，比如嚴格遵循金本位制、使用貼現和再貼現的手段來緩解流動性不足的情況，還取消了禁止美國金融機構在海外開設分支結構的規定，允許資本金在100萬美元以上的美國銀行建立海外分支結構，允許金融機構買賣貿易承兌匯票。未到期貿易承兌匯票也可以在二級市場上進行折現交易，美聯儲會使用一定手段來保持該匯票的價格穩定性和流動性。1914—1928年執掌美聯儲的班傑明·斯特朗（Benjamin Strong）干預、培植美元票據市場，指導美聯儲在各地的金融機構積極購買美元貿易票據，使得美元貿易票據貼現率下降，穩定了票據市場。不僅如此，這一舉措吸引了更多國內外投資者投資美元票據市場，美元的金融交易功能得以完善和加強，甚至出現了專門進行貿易票據買賣的交易商——國際承兌銀行。

美元在對外直接投資中的使用，更多地源於兩次世界大戰的契機。一戰期間，美國利用中立地位，向兩方出售軍火，大發戰爭財，不僅將本國債務悉數還清，還擴大了對外資本輸出的數量。二戰期間，美國故伎重演，賺取了大量黃金，又進行了大量資本輸出，以直接投資為甚。兩次世界大戰期間，美國通過《租借法案》和「懷特計畫」，一方面保證出售軍火獲得不斷財源，另一方面使美國控制聯合國平准基金，企圖使聯合國成員的貨幣釘住美元，從而奪取金融領域的霸主地位。布列敦森林體系建立以後，美國進行了一系列制度建設，以保證本國投資者進行對外直接投資的便利性和應有權益。如1945年簽訂的《美英貿易和金融協定》、1947年的馬歇爾計畫和1948年的《經濟合作法》，後兩者打著援助歐洲的旗號，將債務計價貨幣主動設置為美元，並要求西歐國家對美國資本保持「完全自由和平等的待遇」。美國資本在債務國的「平等」待遇，也充分保障了美元對外投資數量的增長。美國政府利用戰後歐洲貨幣地位驟降的機會，與私人銀行相互協作，推行美元外交政策，為一些缺乏資金的國家提供美元貸款，形成了由拉美和加勒比地區組成的「黃金美元集團」。美國還積極承銷其他國家的證券，或放出貸款，儘管風險較高，但增強了美元的國際地位和金融交易功能，為美元贏得了更多的信任。

3.3.3　日本：政府和世界環境倒逼的金融市場

日圓的國際化和日本金融市場的發展，是政府和世界環境倒逼的結果。雖然日本的GDP總量和貿易份額在20世紀60年代就處於世界領先地位，但日本政府對於日圓的國際化持有消極態度，認為日圓的國際化將會擾亂國內金融政策。隨著布列敦森林體系的瓦解，日圓實行浮動匯率制度。1974年，日圓加入SDR，一些國家使用日圓作為儲備貨幣，以日圓計價的債券也愈發增多。世界環境開始倒逼日圓進行國際化，日本政府也逐漸對日圓國際化保持中立態度。

日本政府為保持出口的競爭力，實行嚴格的資本管制和匯率干預，並沒有發展本國的金融市場，這導致日圓在貿易和金融使用中的地位與儲備貨幣地位不符。1976年，日本政府多次干預日圓升值，就是迫於出口商及出口部門的壓力。當時，在日本的對外貿易貨幣中，使用日圓結算的出口份額僅占到0.9%，進口份額僅占到0.3%，更無需提在國際金融交易中使用日圓的情況。

20世紀80年代初，日本《外匯與外貿管理法案》進行修訂，僅僅允許少數幾家金融機構在市場上進行交易，外匯交易必須與實體經濟相匹配，不允許投機行為的出現。這就導致了國內銀行機構完全壟斷市場，放貸隨意，並能享受低利率，可以獲取高額利潤，因此它們更不願意破除資本管制、推動國內金融市場的開放。

然而，世界環境並不如日本政府所想的那樣，美國為了能夠更多地干預日本金融市場，向日本政府施壓，要求開放東京金融市場，成立了日圓—美元委員會並不斷和日本政府進行談判。一直以發展出口為導向的日本政府在出口商的壓力下，開始放鬆資本管制，開拓海外證券業務。1980年，日本《外匯法》進行修訂，《外匯及外國貿易管理法》發佈，使得日圓資本專案可以自由兌換，也標誌著日圓國際化走上了一個新的臺階。1984年，《日圓—美元委員會報告書》和《關於金融自由化、日圓國際化的現狀與展望》報告發佈，允許外資金融機構在國內進行投資，開放國內金融市場和歐洲日圓市場，制定日圓外債發行的規章制度等。1985年，大藏省外匯審議會提出關於日圓國際化的三大方略，分別是東京金融市場國際化——把東京建設成為與紐約、倫敦並齊的國際金融中心；金融自由化——提高利率自由化程度，能夠提供日圓計價的較為成熟的資產；歐洲日圓交易自由化——提高歐洲日圓，即境外日圓的借貸兌換自由化程度。1986年，離岸金融市場在日本東京建立起來。

在日本政府和美國的積極推動下，日圓的國際化水準顯著提升。但1985年日美簽訂《廣場協議》，日圓大幅升值，接著日本房地產泡沫、股市泡沫接連破滅，日本爆發了大規模的經濟危機，並出現經濟大倒退。1997年爆發的亞洲金融危機也給日本經濟帶來巨大的影響，日圓匯率狂跌。日圓國際化的進程不僅停滯不前，甚至比以前有所倒退。可見，日圓國際化和日本金融市場的發展完全依靠政府的推動，受制於當時的世界環境。這導致在內部市場上，日本缺乏成熟創新的金融產品來服務於貿易和經濟，在票據市場、債券市場、外匯市場上的金融工具缺乏流動性，限制了日圓金融交易功能的實現。而在離岸市場上，由於日本政府鼓勵歐洲日圓的發展，離岸日圓債券和貸款快速增長，資產市場泡沫迅速增多。金融市場的發展脫離了實體經濟發展的需求，最終在金融危機下國際化程度再不如前。

3.3.4　德國：區域經濟發展推動的金融市場

第一次世界大戰戰敗後，巨額的賠款、外債給德國背上了沉重的經濟包袱，為了解決這個問題，德國中央銀行開始增發貨幣，企圖擺脫困境。這一舉措使得德國的通貨膨脹水準飆升，反映出當時央行制度的內在缺陷。第二次世界大戰後，美國馬歇爾計畫援助西歐，德國經濟恢復很快。但德國馬克聲名狼藉、臭名昭著，在貿易支付中被拒絕使用。1948年，德國中央銀行開始進行貨幣改革，發行德國馬克以代替帝國馬克，重建了德國在戰時被納粹政府弄亂的貨幣體系。此後，德國政府吸取教訓，一直把貨幣的穩定作為頭等大事，德國馬克成為世界上最穩定的貨幣。德國馬克穩定的幣值是國際化和金融市場發展的重要基礎和前提，也是相較於美元等其他國際貨幣的重要競爭力。

第二次世界大戰後，德國的經濟迅速恢復，1954年很早放開了德國馬克的資本管制，推行貨幣自由化，這使得德國馬克在貿易和金融上的發展並駕齊驅。由於貿易份額尤其是區域貿易份額的擴大，加之穩定的幣值，德國馬克在貿易結算上逐步替代美元。在金融使用上，很早就解除了關於非居民投資的限制，只不過會收取更高的稅。不僅是德國，其他歐洲國家也開始在德國市場上利用資金來支援本國經濟的發展。

德國馬克的國際化最重要的特點是借助區域合作的力量，推動德國馬克成為國際貨幣。1951年，德國參與建立歐洲煤鋼共同體，即歐洲共同體前身。德國馬克憑藉德國不斷增強的經濟實力，成為歐洲最有影響力的貨幣之一，逐漸開始國際化進程。1972年，國際貨幣基金組織把德國馬克加入官方儲備貨幣，這是因為德國馬克國際地位上升，被頻繁用於國際支付和結算，幣制匯率較為穩定，得到了世界各國的信任和認可。1979年3月，歐洲貨幣體系建立，其他成員國貨幣與德國馬克掛鉤，德國馬克成為這些國家事實上的「名義錨」。德國在歐洲貨幣體系中佔據支配地位，並隨著歐洲區域內部貿易、投資的發展，德國馬克的地位進一步提升。直到1988年，德國馬克超越歐洲貨幣單位（ECU），成為僅次於美元的世界第二大儲備貨幣和第二大國際貨幣。

3.3.5 對中國的借鑒意義

縱觀世界各國的貨幣國際化經驗，貿易和經濟的發展是基礎，抓住機遇政府推動則是成功的關鍵。2016年10月1日，人民幣正式加入SDR，一方面是對中國30多年來經濟發展的認可，另一方面也帶動了世界範圍內人民幣使用需求的提升，是人民幣國際化發展難得的歷史機遇。借此契機，中國進一步深化金融改革，逐步可控地開放資本市場，吸引更多的資本流入中國，一方面可以為中國的經濟增長提供資本支援，另一方面，完善的金融體系和監管體系有利於全球化風險分擔機制的建立，降低中國經濟改革風險對中國經濟增長的影響。在人民幣國際化的進程中，要借鑒之前貨幣國際化的經驗和教訓。

首先，對外貿易和資本輸出是貨幣國際化的重要推手，兩者的發展需要金融市場的後勤保障才能實現貨幣國際化。在對外貿易的開始階段，由於缺乏國際競爭力，在貨幣的使用上處於被動，只能接受他國或者協力廠商貨幣結算。隨著貿易地位的提升，使用本國貨幣的優勢逐漸顯現，但是如果沒有鎖定外匯風險敞口的金融工具，沒有應對短期流動性緊張的貨幣市場，很難跟對手方協定使用本國貨幣結算，如果強行推行可能會損害本國貿易發展。日本在國際化的過程中，缺乏完善的日圓資產市場，日圓與其他貨幣的兌換十分不方便，不同市場之間的系統不統一，使得日圓的國際化進程舉步維艱。在資本輸出方面，如果使用非本國貨幣，會受制於外匯儲備，犧牲本國居民的投資和消費，並且無法滿足巨額資本輸出的需求。在英國和美國資本輸出的時候，都是使用本國貨幣，但是如果使用本國貨幣，就必須有通暢的資本回流管道，對本國的金融市場提出了更高的要求。

其次，政府推動和市場發展要相輔相成，完全依靠市場無法克服貨幣使用慣性的難題，後發貨幣難以成功國際化。而單一政府推動的國際化難以滿足市場的需求，容易誕生尋租問題，誘發金融危機。縱觀所有貨幣的國際化過程，都有政府的推動因素。因為一種貨幣使用規模的提升必將以另外一種貨幣使用規模的下降為代價，而由於網路外部性的存在，人們對貨幣的使用具有慣性，這種貨幣的替代過程是緩慢而艱難的，必須要有政府政策的推動。但是政府干預太多會損害市場機制的建立，滋生尋租、非法套利等不良風氣，不利於健康金融市場和理性市場主體的培育。所以，在貨幣國際化的過程中，政府推動是必需的，但也需要給市場自由發展的空間。

最後，金融市場的發展要「穩中求勝」，發展太慢會掣肘經濟和貿易發展，發展太快沒有形成良好的風險應對機制，容易遭受金融危機的衝擊。現今世界，「閉關鎖國」的政策與經濟一體化的趨勢格格不入，嚴格的資本管制是不可能實現的，並且以損害經濟發展為代價。資本帳戶的開放和金融市場的發展，是經濟和貿易發展到一定階段的必然需求，只有得到有效的滿足才能得到進一步的發展。但是，開放並不意味著完全放鬆管制，德國很早就開放了金融市場，但在國際形勢異常、德國馬克外匯市場壓力較大的時期，也實行了資本管制措施，這對一個國家的金融市場發展和宏觀經濟穩定是必需的。金融市場的開放、資本管制的放開，要在風險可控的前提之下，維持幣值穩定和合理的購買力才是貨幣國際化的關鍵。

目前，人民幣國際化雖然迎來了重要的戰略機遇期，但是人民幣的貶值預期還沒有完全消退，國內金融市場還不夠成熟，中國經濟還存在下行壓力，並且2016年國際市場「黑天鵝」事件頻發，此時過快進行人民幣國際化可能會積聚市場泡沫、加劇市場風險。因此，在這個時點，完善人民幣的金融交易功能、促進金融市場的發展，是進行人民幣國際化的妥善選擇。一方面為對外貿易和資本輸出提供良好的後臺支援保障，另一方面完善金融監管體系、培育理性的市場主體，為人民幣國際化的推行提供風險保障。

3.4 新時期人民幣國際化為什麼需要金融交易作為主要推手

3.4.1 完善的金融市場可以緩衝貨幣國際化帶來的風險

1.防範短期資本的衝擊

人民幣國際化之後必然帶來人民幣使用規模和頻率的提升，中國的資本帳戶開放程度也將逐漸提升。此時，如果金融市場的發展不完善，金融監管體系不健全，短期資本流動的擴張很可能帶來金融危機。20世紀90年代末期的亞洲金融危機便是一個鮮活的例子，泰國在沒有完善的金融體系的時候就貿然開放資本帳戶，資本帳戶的管制有利於金融風險的防範，發達的金融市場也有利於風險的防範，而泰國在金融市場還沒有充分發展起來的時候捨棄了資本管制這一防範金融風險的手段。在短期資本流動衝擊來臨之際，沒有發達的金融市場進行傳導，貨幣政策難以遏制對泰銖的投機性賣空。並且本國金融市場的效率和理性程度不高，在投機性資本衝擊來臨之際，反而受情緒影響起到了「火上澆油」的作用，在泰國脆弱的銀行體系下，金融危機的發生是完全不可避免的。香港成功在亞洲金融危機時期堅定存活下來，很大程度上依靠了一個成熟深度的金融市場，可以方便有效地干預市場，維持穩定。在日圓國際化的歷史經驗總結過程中，大多數學者指出日本金融市場的發展落後是日圓國際化最終失敗的一個關鍵性因素。日本的金融市場監管十分嚴苛、國際化程度很低，即使在日圓國際化之後，日本的金融市場仍舊效率低下，資金的清算機會成本高，日圓計價的資本市場交易萎靡，政府的政策變動間接推動了跨國資本的流動。不發達的金融市場終究為日圓的國際化埋下了伏筆，在開放資本項目後，外國資本的瘋狂湧入一方面催生了泡沫的形成，另一方面加速了泡沫的破裂，導致日本的經濟陷入了「停滯的十年」。

可以看到，深度發達的金融市場是金融風險的一個重要緩衝帶。人民幣國際化後必然會面臨資本帳戶開放、短期資本流動加劇的局面，發達的金融市場可以將風險在全世界分散，增強本國金融體系的穩定性。打通貨幣政策的傳導機制，增強央行在應對危機時的干預有效性，保證中國宏觀經濟的穩定。

2.提高風險管理水準

人民幣國際化之後，中國的金融機構將不可避免地受到來自外國金融機構的激烈競爭。中國的金融機構長期處於一個相對封閉的環境中，享受政府的各種優惠支持，市場化的競爭力並不強，在與國外成熟的跨國金融機構的競爭中處於下風。另外，中國金融機構對風險管理和經營效率的重視程度遠遠不夠，隨著人民幣國際化的推進，「利率—匯率」聯動機制形成，對資金的高效運用是金融機構降低運營成本、提高盈利能力的關鍵。所以對於銀行而言，合理地通過資產負債管理來高效地配置資金，創新發展表外業務和中間業務並合理地控制風險，是接下來發展的關鍵。對於保險機構而言，在利率市場化條件下要防止期限錯配風險，加大對違約風險的測算，在資金運用方面更加注重對風險的把控，才能在國際保險行業的競爭中獲得勝利。對於證券行業，對可能出現的金融危機的防範和緩衝措施必須加強，創新產品來滿足不同投資者的需求，在風險把控的前提下拓展盈利能力，是證券行業國際化發展的關鍵。

隨著人民幣國際化的推行，之前相對封閉的環境將被打破，金融機構面臨的競爭越來越激烈。在國際化競爭中，提升資金的運用效率、創新金融產品滿足投資者需求等擴展收益的戰略非常重要，但是只有存活下來才能賺錢，必須加強對風險的把控和防範，建立完善的風險管理和危機應對機制。金融監管部門也要加強宏觀審慎監管，建立日常的危機排查、風險監控機制，在危機來臨之際要做好風險隔離和危機應對，避免大量金融機構釀成系統性金融危機。

3.完善金融監管

人民幣國際化之後，金融風險的暴露會更加頻繁和無規律，不僅金融機構的運營壓力加大，監管機構的監管壓力也在增加。中國銀行業在面對國外競爭時，對國內客戶的龐大歷史資料是優勢，但在人民幣國際化過程中如果拘泥於此可能帶來不良貸款的顯著上升。因為在人民幣國際化過程中，信用風險的暴露會更加多樣化，尤其是很多企業可能會因匯率風險管理措施不足在面對匯率波動的過程中出現巨額虧損。這對銀行資產業務的審查和管理提出了更高的要求，也考驗不同銀行產生不良貸款之後的應對措施。另外，人民幣國際化帶來離岸金融市場的發展，資金的回流對國內的流動性情況產生影響。離岸市場的貨幣創造也會對央行的貨幣政策有效性提出挑戰。離岸市場人民幣匯率的大幅波動會影響在岸人民幣匯率的穩定。這一切都對央行的監管能力提出了挑戰。

在人民幣國際化發展中，需要一個發達的金融市場來服務於企業的匯率風險管理，也需要一個完善的離岸人民幣市場來促進人民幣資金的境內外循環。在強化國內企業和金融機構內在穩定性的基礎上，提升離岸市場的穩定性和流動性，減少人民幣匯率的波動，防範人民幣跨境資金流動對貨幣政策的影響。

3.4.2 金融市場的發展在各方面帶動人民幣國際化

1.直接提升人民幣的金融交易和計價功能

金融市場的發展一方面增加了市場的規模和體量，另一方面提高了市場的品質和效率。從第一方面看，整體金融市場規模的擴大，必然水漲船高地帶動人民幣計價資產交易的活躍，提升人民幣計價資產的使用規模和使用範圍。不同市場之間相互聯繫、相互促進，債券市場和股票市場的發展壯大，對貨幣市場的資金流動性供給提出了更高的要求；貨幣市場規模的擴大也有利於市場交易主體參與長期債券和股權投資；外匯市場的發展帶動了對人民幣計價資產需求的提升；反過來，債券市場和貨幣市場的發展吸引了更多的外來資本，促進了人民幣外匯市場的繁榮。各個金融市場相互聯繫、共同作用，抬升了人民幣在金融計價和交易中的地位。從第二方面看，中國金融市場的運作效率有本質提升，國內的貿易和金融交易參與者或其他使用人民幣頻繁的國家會出於便利性的考慮，將資金投資於人民幣計價的資產。隨著使用規模的擴大和市場運作效率的提升，人民幣有望在一些大宗商品計價領域發揮重要作用，例如稀有金屬、鋼鐵和石油，防止其他幣種匯率大幅波動的影響。

2.間接促進人民幣的貿易計價和儲備貨幣職能

金融市場的發展在帶動金融計價和交易的同時也會促進人民幣的貿易計價和儲備貨幣地位的提升。首先，金融市場的深度發展為貿易商提供了完備的人民幣匯率風險防範工具，低成本的工具可以幫助貿易商防範匯率變動的風險，在對外貿易的時候則更加傾向於選擇更低成本、低風險的貨幣進行計價和結算。其次，金融市場為企業提供了更加便捷的貿易融資方式，以貿易融資促進人民幣在貿易計價領域的發展，不僅促進中國的進口商和出口商使用人民幣計價，也會提升人民幣在協力廠商貿易計價中的地位。最後，金融市場的發展帶來了人民幣使用範圍的提升，人民幣作為一種信用貨幣在貿易和金融上均有廣泛的使用，自然而然地提升了人民幣儲備貨幣的地位。此外，在人民幣金融市場進行投融資活動的時候也面臨大量的人民幣需求，也會使得國外的官方機構積累一定的人民幣儲備。

3.發達的金融市場可以緩衝貨幣國際化的金融風險

金融市場的發展在提升人民幣國際化使用程度的同時也降低了貨幣國際化帶來的金融風險。貨幣國際化必然面臨資本帳戶的開放，短期資本流動規模的提升可能對本國的經濟造成巨大的衝擊。金融市場規模的擴大可以為金融穩定提供一個穩定器，使短期資本流動的規模相較於金融市場的規模偏小，從而不會對整體金融市場造成太大的衝擊。其次，發達的金融市場具有良好的資產定價功能，能夠弱化資金的套利機會，縮小套利空間，從源頭上降低投機性資本流動。最後，貨幣國際化必然使貨幣使用需求提升，金融市場為貨幣轉化為其他資產提供了便利性，分散了資金流動，不會集聚在外匯市場等單一市場造成巨大波動。另外，金融市場的風險分散功能可以在世界市場上分散金融風險，降低中國的金融風險。

3.4.3 人民幣國際化為金融市場發展提供機遇

1.人民幣國際化為信貸市場發展帶來機遇

人民幣國際化的發展，無論是貿易計價和結算，還是金融計價和結算，都會對信貸市場發展有直接的促進作用。隨著人民幣在貿易項下的使用增加，貿易商基於便利性的選擇，貿易信貸中的人民幣比重必然會增加。而金融項下的使用增加，基於成本和風險收益的考量，人民幣貸款的規模也會迅速上升。另外，人民幣國際化的發展為信貸市場的活躍提供了外部條件，其不僅體現在交易的便利性、基礎設施的完善上，更反映在對貨幣的使用意願和使用慣性上。

2.人民幣國際化為直接投資發展帶來機遇

現階段人民幣直接投資發展緩慢的原因是人民幣資金投出去後需要兌換為其他貨幣才能使用，這與人民幣直接投資的初衷背道而馳。人民幣國際化之後，市場上以人民幣計價的產品增多，人民幣的回流機制也更加通暢，直接投資出去的大額人民幣資金，不僅可以購買中國的產品和服務，還可以在金融市場中進行流動性管理和保值增值，人民幣直接投資被接受的程度大大提升。

3.人民幣國際化為貨幣市場發展帶來機遇

人民幣國際化之後，對人民幣計價資產的需求有顯著的上升，對人民幣資金的短期流動性的管理也必然有需求的提升。人民幣國際化之後，利率—匯率的聯動機制帶動市場主體對利率的敏感性增強，也會強化貨幣市場在流動性管理中的地位。貨幣市場作為資金流動性管理和風險管理的重要市場，將會面臨體量的大發展。另外，在人民幣國際化之後，央行在干預市場時需要更加謹慎和高效，通過貨幣市場打通與其他金融市場的傳導途徑，發揮利率在引導資源配置中的作用，這也為貨幣市場的發展提供了一個良好的機遇。

4.人民幣國際化為債券市場發展帶來機遇

中國的信用債市場發行規模雖然有顯著的提升，但是交易頻率還很低，在交易中需要支付較高的流動性溢價。在人民幣國際化之後，中國債券市場的交易主體會更加豐富，多種類的投資者會有更加豐富的配置策略，會提升債券市場的整體流動性水準，降低流動性溢價。另外，投資者主體的需求不同會激發債券市場不斷創新金融產品的動力，豐富多樣的金融產品不僅為企業融資、金融機構的管理提供了流動性支援，也為投資者提供了豐富的投資品類，滿足不同投資者的需求。中國債券市場將會面臨發展的黃金時期。

5.人民幣國際化為股票市場發展帶來機遇

人民幣國際化為股票市場帶來了資金和投資者。首先，人民幣國際化帶來資本的跨境流入，資金的湧入會推升股票市場的上漲，不僅有利於上市企業的進一步融資，也有利於境內投資者獲得更高的投資收益。另外，跨境資本流動管道的通暢也為境內資金的境外配置提供了可能，對國內股票市場的配置可能會減少。在與國際競爭的過程中，制度成本和投資收益便是至關重要的因素。人民幣國際化會倒逼股票市場的改革，向更成熟有效的股票市場學習，更好地發揮價值發現和資源配置的功能。其次，國際化投資者的引入也會增加投資主體的多樣性，在弱化單邊投機行為的同時增強了對不同類型股票的交易和配置，有利於境內的股票市場更加理性地進行投資，更好地發揮價值發現和資源配置的功能。

6.人民幣國際化為外匯市場發展帶來機遇

人民幣國際化之後，對人民幣的使用需求會出現顯著的提升，會客觀帶動人民幣匯率市場的繁榮。在靈活高效的匯率形成機制下，更加豐富的市場參與主體和更大的日均交易量有利於人民幣均衡匯率水準的發現，更好地發揮引導資源配置、平衡國際收支的作用。同時，對人民幣計價資產的需求和人民幣使用範圍的提升，帶動了相關外匯產品的發展，推出多樣式匯率工具，為居民和金融機構的匯率風險管理提供必要手段，在增強金融體系抵禦風險能力的同時繁榮了人民幣外匯市場。

3.4.4 政策建議：循序漸進推動金融市場發展

1.促進國家經濟增長，提升國家綜合實力

從實證結果來看，一個國家的國內生產總值占世界國內生產總值的比重仍舊是決定一個國家的貨幣國際化程度的最重要的指標，不僅表現在顯著性水準，更體現在對貨幣國際化的解釋程度上。從文獻也可以看到，貨幣發行國的經濟總量規模、市場規模和貿易規模是決定一個貨幣能否成為國際貨幣的最重要的因素，所有關於貨幣決定因素的文獻都無法忽視這一點。中國在推進人民幣國際化的過程中，更要重視國家經濟規模的基礎性支撐作用。通過政治改革、經濟改革激發市場的內在發展活力，推動中國經濟向更高層次的水準發展。這樣才能為人民幣國際化戰略營造良好的國內經濟環境、提供更好的經濟基礎保障。

另外，中國的經濟總量已經處於世界前列，但是總體的國際競爭力還有待加強。中國在經濟發展的過程中，應該兼顧綜合實力的發展，各個領域齊頭並進，科技、教育、文化、體育、軍事等多個展現中國內在競爭力的領域共同發力，提升中國在國際舞臺上的力量。一國貨幣的國際化過程必然是要以其他國家貨幣的國際使用程度下降為代價，此時在國際談判舞臺上的政治話語權是確保貨幣國際化順利推進的關鍵。因此，中國在推進人民幣國際化戰略的過程中，國內的經濟發展仍是重中之重，在經濟平穩較快發展的同時應該兼顧其他領域國際競爭力的提升，整體上提升中國的國際競爭力，加大在國際市場上的話語權。

2.保持宏觀經濟穩定，維持內外價格均衡

實證結果顯示，國內通貨膨脹的高企會降低一個國家的貨幣國際化水準。在現代社會，持有一國貨幣進行交易一方面是為了滿足交易的便利性，另一方面是對這個貨幣有信心，這就是穩定的幣值和購買力水準。貨幣發行國內部長期穩定的通貨膨脹水準，貨幣長期穩定的實際有效匯率水準都可以顯著提升使用者對該貨幣的信心，提升這個貨幣的使用規模和使用範圍，從而提升其國際化程度。中國應該繼續將穩定物價作為貨幣政策的重要目標之一，並在匯率市場上實行有管理的浮動匯率制度，維持匯率市場的穩定。

另外，從2008年國際金融危機的例子中可以看到，對於美元這樣一個國際貨幣市場中的霸主，也會因為國內經濟危機的發生而出現國際化使用規模的顯著下滑。這表明國內宏觀經濟穩定，不出現大規模的經濟危機是貨幣國際化過程中的關鍵。一個國家貨幣的國際化過程是一個長期的過程，需要發行國的經濟體長期的經濟增長和經濟穩定，因此在經濟發展的過程中要重視風險的把控和釋放，加強宏觀審慎監管，維持中國宏觀經濟的長期平穩發展。

3.建設國際金融中心，完善市場制度建設

之前的討論提到，一個國家的貨幣國際化過程必須依靠一個成熟深度的金融中心。其中，最基礎的是國際外匯市場，需要人民幣的國際清算中心來對世界範圍內涉及人民幣計價交易的活動進行清算。只有人民幣清算活動的高效運轉，才能推動人民幣在區域和國際貿易中充當計價貨幣和結算貨幣，真正將中國的市場規模優勢轉化為人民幣的國際使用規模。另外，一個成熟的金融中心可以更好地經營人民幣計價的金融資產的交易、定價、配置和管理，匹配投資者和籌資者，降低人民幣計價資產的發行成本，活躍人民幣計價資產的市場交易，發揮價值發現功能，優化資產配置結構，提升人民幣計價資產的吸引力，抬高人民幣計價資產在國際金融市場中的地位。

此外，制度建設在提升人民幣國際化水準中有重要作用。美國有適合金融業發展的制度環境，歐元區長期致力於維持物價穩定並且成效顯著，一個國家貨幣的國際化進程和方式與這個國家的制度是密切相關的。中國是趕超型經濟體，同時也是一個發展中國家，中國的貨幣政策承擔著多重職責，雖不能像發達經濟體一樣單一釘住通貨膨脹，但也要通過預期管理和多重貨幣政策工具來維持中國的物價穩定和匯率穩定。完善金融市場的制度建設，提升整體金融市場的內在穩定性，良性循環，促進人民幣國際化戰略。

4.深化金融市場開放，連接國際資本市場

一國貨幣的國際化意味著使用規模和使用範圍的擴大，使用的便利性必須滿足，貨幣的可兌換性是一個國家的貨幣成為國際貨幣的前提。無論是計價貨幣職能、交易貨幣職能，還是儲備貨幣職能，都需要貨幣可兌換程度的提升來確保交易的順利進行，發揮國際貨幣的職能。中國目前在貿易方面已經實現了可自由兌換，但在資本項目上，尤其是對於非居民的限制還非常多，這不利於人民幣在中國境外的交易和流通。中國應該在維持國內宏觀經濟穩定的情況下，適時漸進開放資本帳戶，提升人民幣的可兌換性。

另外，金融市場的開放是一個國家貨幣國際化的基礎條件，深度和發達的金融市場才是保證一個國家的貨幣成為國際貨幣的重要條件。發達的金融市場不僅可以自我發揮價值發現、資源配置和風險分散的功能，還可以連接國際金融市場，提升交易的便利性和資產配置的分散化。

5.短期重視貨幣市場，中期發展債券市場

結合日圓、德國馬克、歐元國際化進程的例子，在對多個國際金融市場進行實證分析中可以看到，國際貨幣市場是短期提升一國貨幣國際化程度的重要突破口。國際貨幣市場是短期融資市場，期限短風險低，主要是為了應對流動性管理的需要。正是國際貨幣市場的這些特點，使得流動性一般、短期較高收益的新型國際化幣種有很強的競爭力，在政策推動的情況下，滿足一般流動性管理的較高收益的產品更受市場的歡迎。這也是日圓、歐元在國際化初期最先推動的國際金融市場。

國際貨幣市場是進行資金流動性管理的短期市場，對貨幣的國際化有正向影響，但是遠不如國際債券市場。在國際貨幣市場有一定的份額後，拓展在國際債券市場中的份額是發展國際金融市場的下一個突破口。國際債券市場是長期融資市場，是最重要的國際金融市場。在國際債券市場中主要是政府、中央銀行和大型金融機構，在推動人民幣在國際債券計價時，開始階段需要政府積極推動，並在債券發行的期間維持良好的國內經濟穩定，積累良好聲譽。

6.推動多層次股權市場，形成人民幣計價市場

在實證結果中看到上市公司的數目可以提升貨幣國際化的水準，發展多層次的股權融資市場，不僅讓資質好的大企業有股權交易的場所，其他中小型、創新型企業也可以參與股權的交易融資。股權融資是一種長期融資市場，對貨幣的國際化有長時期的積極影響，多層次的股權融資市場一方面增加了資本市場深度，也加強了市場對人民幣融資的認識，豐富了人民幣計價資產的規模和範圍。

另外，國際金融市場是一個大整體，不同子市場之間是相互聯繫的管道。債券市場和股權融資市場是最重要的融資和投資市場，但是如果沒有國際貨幣市場提供流動性的支援和國際外匯市場提供貨幣的交易和清算，國際債券市場和股權融資市場也不可能繁榮發展。不同市場的聯合是金融市場深度發展的標誌，也是提升人民幣國際化的重要手段。股權和債券的結合產品，權益掛鉤債券產品是推動國際化發展最有力的金融產品。貨幣市場同外匯市場的傳導機制的通暢，建立利率—匯率聯動機制，可以有效地穩定通脹和匯率。中國在各類國際金融市場中發展到了一定階段，要重視市場之間的聯繫，深化金融市場發展，推動人民幣國際化。

第四章

發揮直接投資對人民幣國際化的槓桿作用

直接投資是與實體經濟發展關係最緊密的國際金融活動。經過改革開放近40年的經濟社會發展，中國已經從一個純粹吸收外資的國家，轉變成為一個重要的對外投資大國。吸收外資有利於引進國外的先進技術，鞏固中國與西方發達國家的貿易關係；對外投資有利於中國跨境優化配置資源，進行國際產能合作，促進貿易多元化。我們的研究發現，中國對外投資的經濟效益遠高於吸收外資。因此，中國加強對外投資，尤其是加強「一帶一路」沿線國家的對外投資，能夠增強中國的綜合經濟實力，帶動貿易人民幣結算和中資金融機構國際化，在推動人民幣國際化進程中發揮巨大的槓桿作用。

4.1　中國已成為全球重要的直接投資大國

4.1.1　繼續保持發展中國家最大的外資吸收國地位

我國創造了30多年經濟高速增長的奇跡，吸收外資長期保持較快增長態勢，已經成為發展中國家中最大的外資吸收國。根據聯合國貿易和發展組織發佈的《2016年世界投資報告》，2015年全球直接投資活躍，發達國家吸收外資增長迅速。在發展中國家，中國吸收外資金額遙遙領先，吸收外資流量達1 356.1億美元，與上年相比增長了6%。2014年和2015年世界前十大外資流入地區見圖4—1所示。

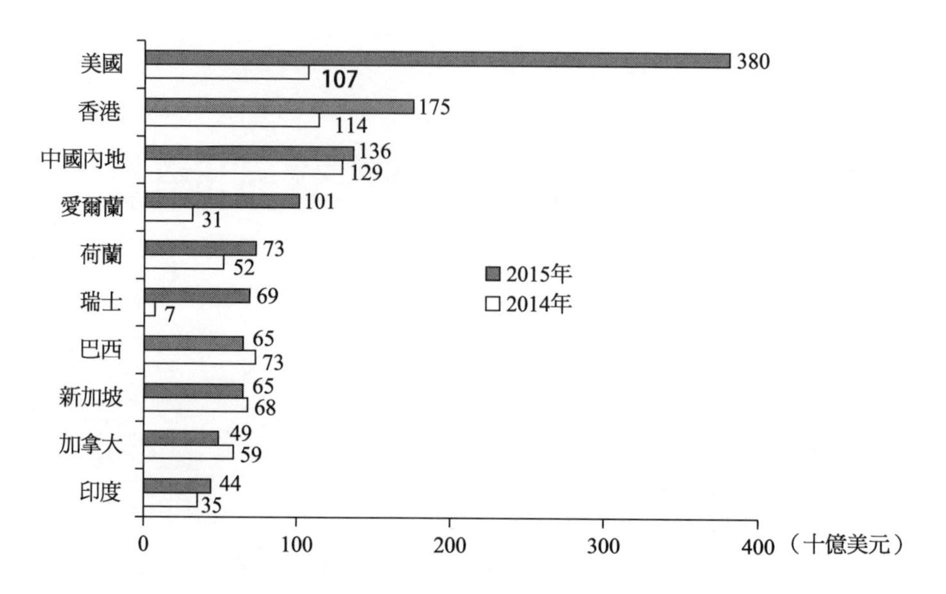

圖4—1　2014年和2015年世界前十大外資流入地區

資料來源：聯合國貿易和發展組織。

吸收外資是貫徹落實我國改革開放政策的重要實踐。我國吸收外資的過程可以分為三個階段。第一階段為起步階段（1978—1991年），中國經濟處於從計劃經濟轉向市場經濟的轉軌時期，受到收入水準低和信貸配給的制度約束，資本短缺、技術落後成為經濟增長的桎梏。我國設立了經濟特區，開放沿海城市，有計劃地吸收外資。在該階段發達國家普遍認為中國的國家風險較高，投資者大多持觀望態度，外資流入規模較小，年均30億美元左右。第二階段為快速增長階段（1992—2007年），鄧小平同志南方講話堅定了中國改革開放的信念，指明了前進的方向，打消了國際社會的各種猜忌和顧慮。各級政府以發展生產力為硬道理，因地制宜完善外資保護制度，制定大量優惠政策，利用土地和廉價勞動力優勢，吸引發達國家的直接投資，發展勞動密集型產業，積極參與國際分工。吸收外資邁上新臺階，1992年吸收外資突破百億美元大關，並一路以每年增長兩位數的速度上升，1996年外資流入額就超過了400億美元，成為主要的資本吸收國。2001年中國加入WTO，全方位深度融入全球經濟，我國經濟的高速增長、投資環境的改善以及巨大的市場前景為外國投資者提供了前所未有的商機，此後幾年，外資流入額的增速高達30%。2002年我國超過美國，成為世界上吸收外資總量最多的國家。這一階段，我國引進外資主要發展的是勞動密集型產業，通過「三來一補」和加工貿易成為「世界加工廠」，「中國製造」走向世界的各個角落是吸收外資的一大成果。第三階段為穩定發展階段（2008年至今），美國雷曼兄弟公司破產引發全球金融海嘯，隨後歐洲爆發主權債務危機，西方發達國家陷入二戰以來最嚴重的經濟蕭條中，中國金融市場開放度不高，較少受到金融海嘯的直接衝擊，此外，我國政府制定並迅速實施防範金融危機蔓延的4萬億元經濟刺激計畫，開展大規模的基礎設施建設，推動十大戰略新興產業發展，使得中國成為世界經濟增長新的引擎。因此，發達國家的資本大規模流入中國，2008年流入金額924億美元，比上年增長24%，我國吸收外資金額在2010年首次突破千億美元大關。經過十幾年的發展，我國吸收外資就實現從100億美元到1 000億美元的跨越（見圖4—2）。

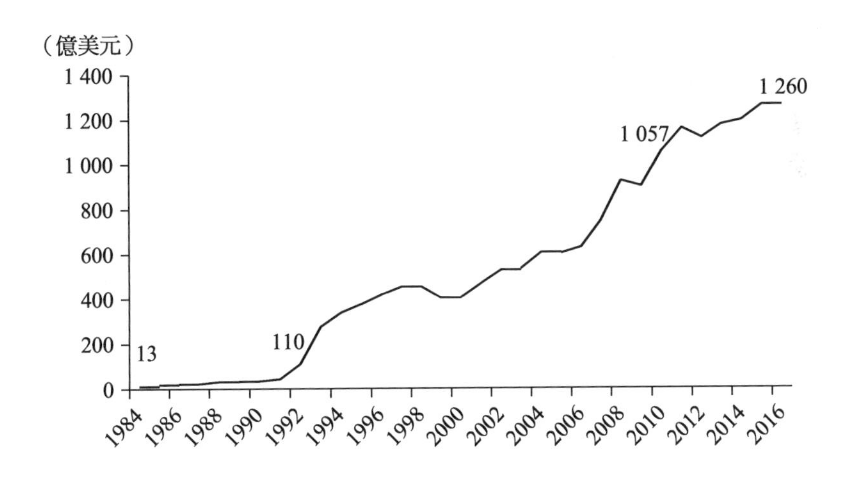

圖4—2　1984—2016年中國實際利用外資規模

資料來源：商務部。

21世紀伊始，金磚國家被普遍認為是成長前景最好的新興市場國家，也是發達國家外資流入的主要目標國。在金磚國家中，中國吸收外資數量大幅領先於其他國家。例如，2015年我國吸收外資數量達到1 356.1億美元，超過了其他4個金磚國家吸收外資數量的總和（見圖4—3），在發展中國家吸收外資金額排名中位列榜首。

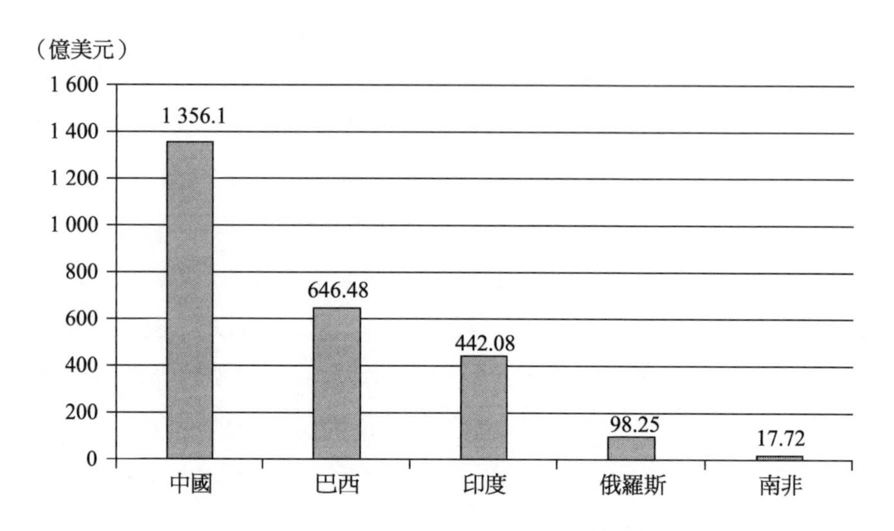

圖4—3　2015年金磚國家吸收外資金額

資料來源：聯合國貿易和發展組織。

伴隨我國經濟的高速增長，工資薪酬、土地價格也快速上升，市場要素成本的大幅增長削弱了我國勞動密集型製造業的國際比較優勢。同時，世界經濟低迷降低了對我國出口品的需求，導致部分行業產能過剩，迫使我國進行艱難的產業結構調整。尤其是2013年中國經濟進入降速換擋轉型的新常態後，傳統的低端製造業市場逐漸萎縮，高新技術、高端製造業及勞動附加值較高的產業成為吸引資本的重點領域。由於我國大力推動「大眾創新、萬眾創業」，加大研發經費投入，吸收先進技術的能力顯著提升，這就要求外資帶來更高的技術，否則就難以在我國市場生存與發展。事實上，我國外資流入的領域和結構已經發生了較大變化，圖4—4展示了1997—2015年期間我國吸收外資最多的四個行業（即製造業、房地產業、金融業及批發和零售業）的占比變化。不難發現，2005年之前外資主要流入製造業，占比超過80%，而且呈不斷增加趨勢，但2006年以後製造業占比開始下降，外資大舉投向我國增長最快的房地產業，房地產業占比從2005年的不到10%快速增長到2014年超過30%。值得注意的是，在人民幣國際化高歌猛進特別是人民幣加入SDR後，我國金融市場開放度進一步擴大，金融業成為外資流入的熱點，2015年金融業吸收外資增速最快，占比快速上升，標誌著生產性服務業開始成為吸收外資的重點行業，我國外資流入的結構正在多元化和優化。

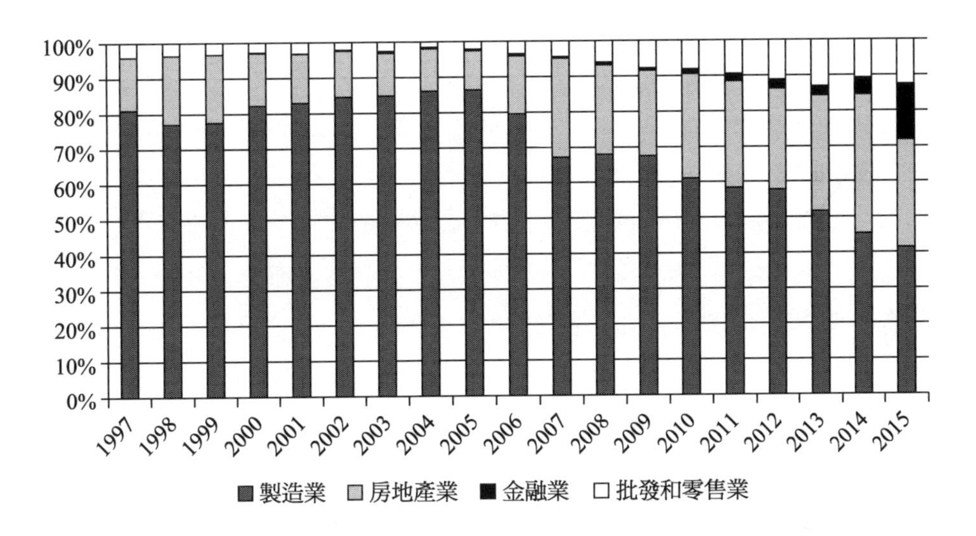

圖4—4　1997—2015年吸收外資前四大行業占比

資料來源：國家統計局。

我國之所以成為發展中國家最大的外資吸收國，原因在於除了長期擁有廉價勞動力優勢外，我國還有其他發展中國家無法比擬的其他優勢：第一，中國社會政治穩定，將改革開放作為基本國策和發展路徑，對外開放領域不斷拓寬，投資環境穩步改善；第二，中國文化高度重視教育，培育了大批受過高等教育的高素質勞動力，每年高校畢業生達到400萬～500萬人，高品質的勞動力供給為我國積累了經濟轉型升級和高速發展所需的人力資本；第三，中國實現了30多年的高速增長，人均收入的提高以及中產階級的擴大，使得中國具有多元化的旺盛的需求和廣闊的市場前景，能夠為投資者提供夢寐以求的機會；第四，中國具有社會主義的制度優勢，電力、交通、通信等現代基礎設施發展迅速，部分設施服務水準已達到甚至超過發達國家水準，為經濟長期可持續發展奠定了良好的物質基礎。

4.1.2 成為新興的對外投資大國

經濟全球化是一個「引進來」和「走出去」有機結合的過程。隨著國民收入、出口能力以及外匯儲備的不斷增加，過去長期制約我國經濟發展的「儲蓄缺口」和「外匯缺口」逐漸消失，高儲蓄、貿易收支順差為我國對外投資準備了必要條件。為了深度融入經濟全球化浪潮，在全球範圍優化配置資產，2000年我國開始實施「走出去」戰略，鼓勵企業對外投資。自2008年全球金融危機以來，發達國家經濟復甦緩慢，新興經濟體增速回落，世界經濟整體復甦疲弱乏力，投資增長速度放緩，我國對外直接投資發展卻勢不可當，對外直接投資存量連年高速增長，由2006年的906.3億美元增長至2015年的10 978.6億美元（見圖4—5），平均每年增速高達31.94%，跨入全球重要的對外投資大國行列。對外直接投資的重大進展表明，我國已從改革開放初期不成熟的債務國發展為今天成熟的債權國。

圖4—5　2006—2015年中國對外直接投資存量

資料來源：國家統計局。

根據商務部、國家統計局和國家外匯管理局聯合發佈的《2015年中國對外直接投資統計公報》，在對外直接投資流量方面，2015年我國對外直接投資流量達1 456.7億美元，超過了我國吸收外資的規模，占全球流量的9.9%；相比於2014年的1 231.2億美元，同比增長了18.3%，排名位居世界第二（圖4—5）。儘管2015年我國對外直接投資存量同比增長了24%，規模名列世界第八位（圖4—6），然而，我國對外投資底子薄弱，起步較晚，與那些老牌投資國家和地區相比仍然有較大的差距。在2015年全球對外直接投資存量25.04萬億美元中，我國僅占全球存量的4.4%，遠低於我國經濟總量的全球份額，對外直接投資仍有巨大的發展空間。

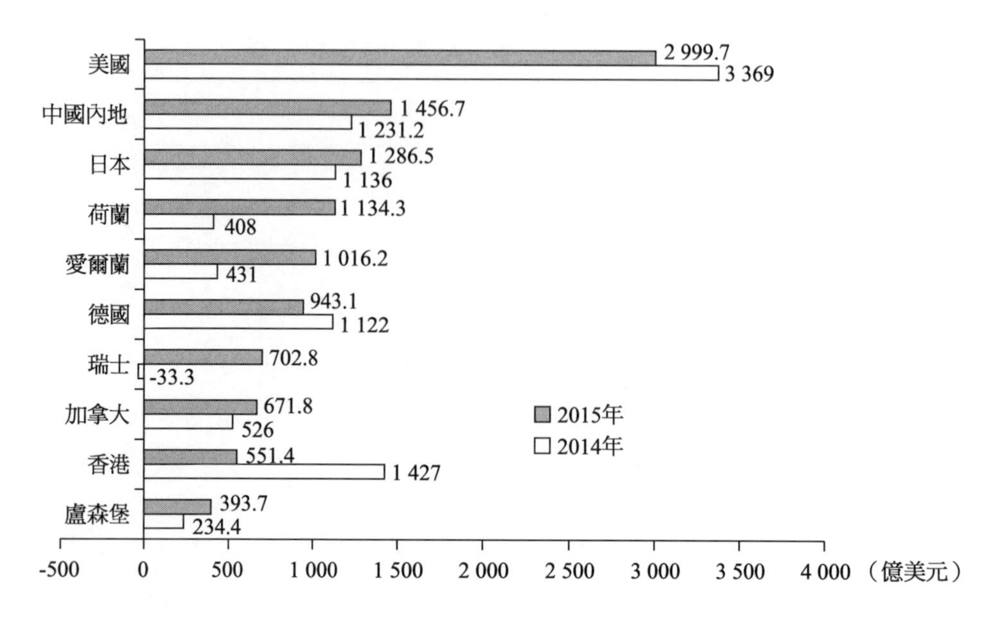

圖4—6　2015年對外直接投資流量世界前十大經濟體

資料來源：商務部，國家統計局，國家外匯管理局。

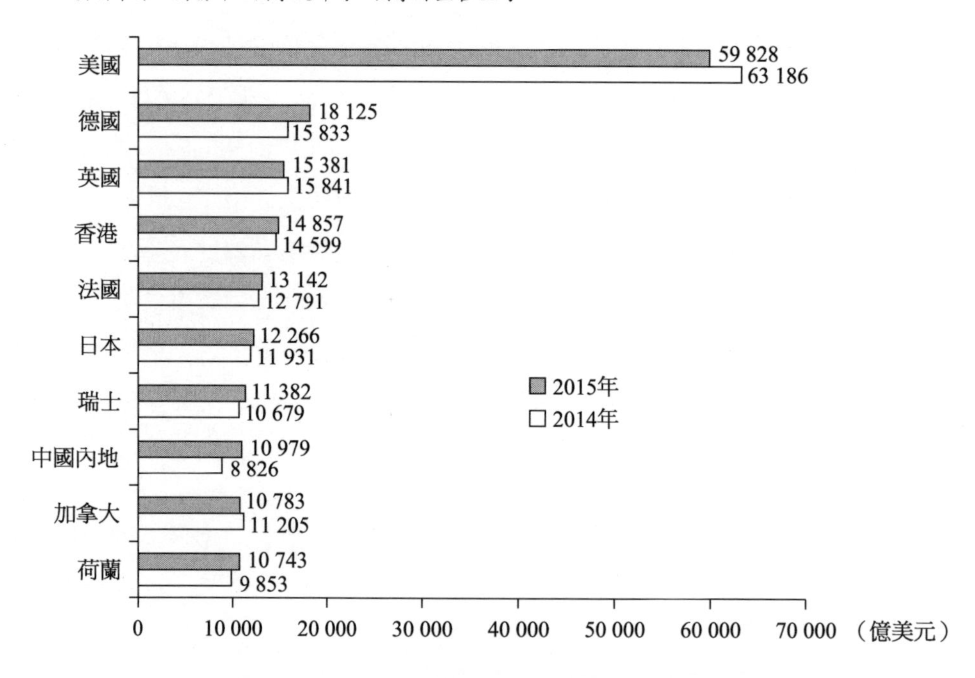

圖4—7　2015年對外直接投資存量世界前十大經濟體

資料來源：商務部，國家統計局，國家外匯管理局。

我國對外直接投資可以劃分為三個發展階段。第一個階段為起步階段（1980—2000年），我國處於經濟體制轉軌期，受到外匯資金短缺、技術落後等因素的約束，企業對外直接投資規模比較低，累計對外直接投資不足300億美元。第二階段為快速發展階段（2001—2007年），2000年我國首次提出「走出去」戰略並上升為國家戰略，2001年我國加入WTO，打開了自由貿易的大門，兩者極大地推動了我國對外直接投資的步伐。這一階段對外直接投資主要服務於對外貿易，行業多分佈於門檻並不高的租賃和商務服務業以及批發和零售業。第三階段為超常規發展階段（2008年至今），受到2008年全球金融危機的影響，海外資產價格普遍偏低，為我國企業到海外抄底、優化資源配置提供了大好機遇。歐債危機爆發後，中國企業抓住機遇擴大了對歐洲國家的投資，通過併購獲得一些國際品牌、國內急需的技術以及國外高端服務。以2013年「一帶一路」倡議的提出為契機，我國與沿線國家共同進行基礎設施建設、國際產能合作，推動了對外直接投資的迅猛發展，採礦業、製造業成為對外直接投資的重點領域。2003—2015年中國對外直接投資（ODI）前六大行業趨勢圖如圖4—8所示。

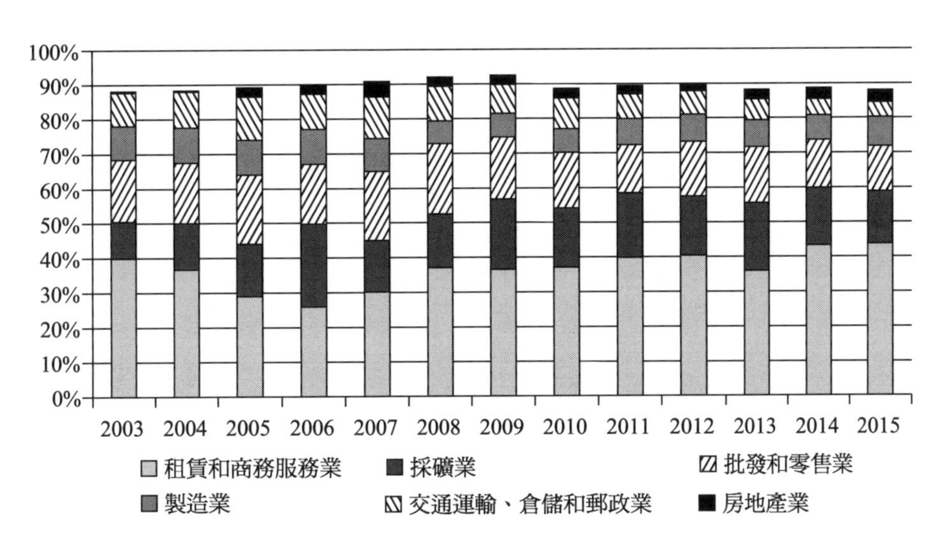

圖4—8　2003—2015年中國ODI前六大行業趨勢圖

資料來源：國家統計局。

我國對外直接投資的國別（地區）結構具有顯著的地域特色（圖4—9）。具有地緣優勢的亞洲各地區是我國對外直接投資的主要目的地，大多數年份在對外直接投資總額中的占比超過70%，其中香港是內地對外直接投資的重要中轉地。我國實行五位一體的新發展理念後，合理利用資源、生態友好發展被放在重要的地位，與資源豐富、經濟互補性強的拉丁美洲國家的合作空間日益擴大，拉丁美洲逐步成為我國對外直接投資的第二大目的地。發達國家聚集的歐洲和北美等地，我國的對外直接投資一直較少，但歐洲主權債務危機爆發後，尤其是我國實施供給側結構性改革後，出於補短板的需要，我國通過跨境併購，加大了引進技術、提高品質和獲得品牌的步伐，對歐美發達國家的直接投資有明顯上升的趨勢。

中國對外直接投資行業分佈廣泛，具有多元化的趨勢。在相當長一段時期，我國對外直接投資的目的主要是，保障生產所必需的原材料和能源供給，提供對外貿易所必需的商務服務和行銷網路。自「一帶一路」倡議提出以來，製造業成為我國優勢產能向國外轉移、進行國際產能合作的重點，在對外直接投資中製造業的占比開始提升。根據國家統計局的資料，2015年我國超過70%的對外直接投資集中在租賃和商務服務業、採礦業、批發和零售業，製造業的份額增加到8.37%（見圖4—10）。

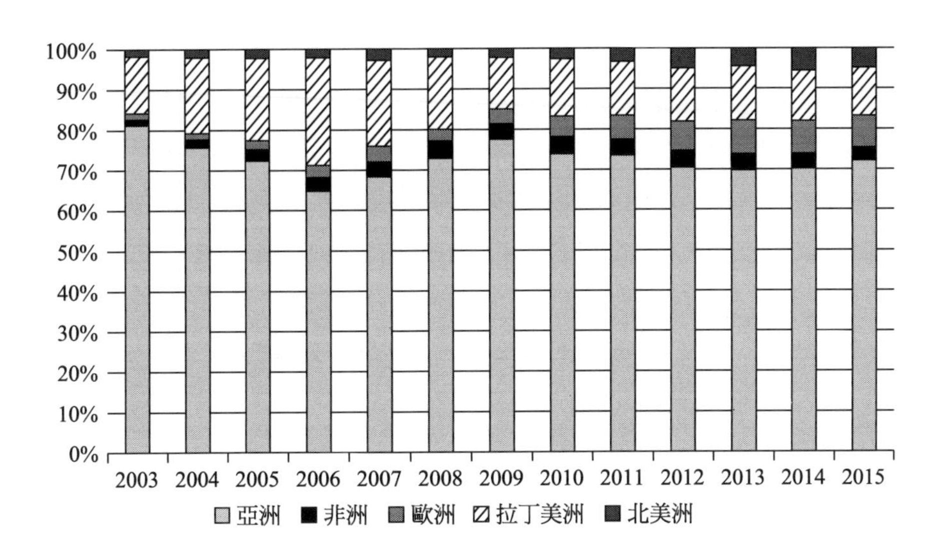

圖4—9　2003—2015年中國ODI國別（地區）結構

資料來源：國家統計局。

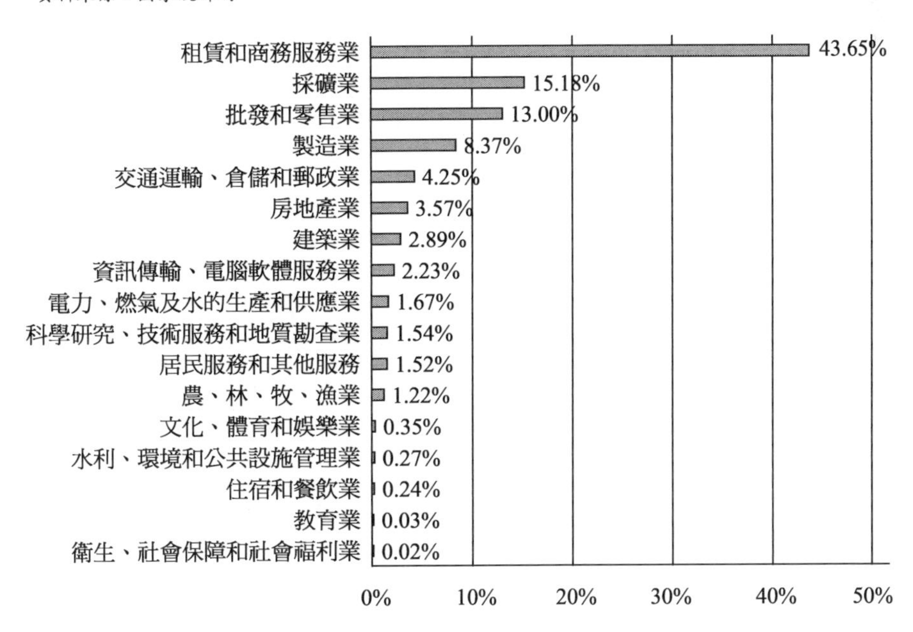

圖4—10　2015年中國對外直接投資累計淨額行業分佈

資料來源：國家統計局。

近年來我國對外直接投資規模不斷擴大，增速顯著超過吸收外資的水準。2015年，我國實際使用外資金額1 356億美元，同比增長6%，位列全球第三位。中國對外直接投資（ODI）為1 457億美元，較同年外商直接投資（FDI）高出101億美元，首次實現直接投資項下資本淨輸出（見圖4—11），我國在國際投資格局中的地位已經從單向引資大國演變為雙向投資大國。伴隨著我國綜合國力的穩步提升以及「一帶一路」倡議和人民幣國際化的不斷推進，「貿易順差＋資本輸出」將成為我國實現國際收支平衡的基本模式。因此，我國對外直接投資將會繼續增長，資本淨輸出將成為新常態。

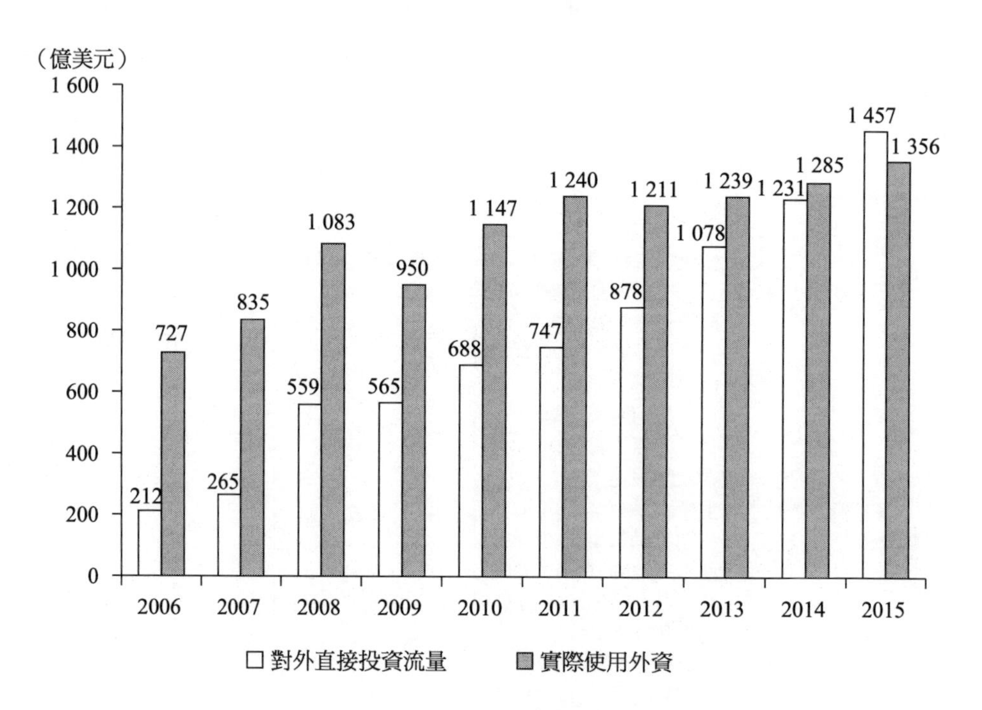

圖4—11　2006—2015年中國雙向直接投資對比圖

資料來源：國家統計局。

4.1.3 「一帶一路」沿線國家成為新的投資熱點

2013年習近平總書記提出的共建「一帶一路」倡議得到沿線國家的積極回應，為對外投資開闢了新的發展空間，基礎設施互聯互通和國際產能合作成為我國對外直接投資的熱點。受地理區位、資源稟賦、發展基礎等因素影響，我國經濟發展、對外開放總體呈現東快西慢、海強陸弱的格局。「一帶一路」將構築我國新一輪對外開放的「一體兩翼」，在提升向東開放水準的同時加快向西開放步伐，助推內陸沿邊地區由對外開放的邊緣邁向對外開放的前沿，進而形成海陸統籌、東西互濟、面向全球的開放新格局。

「一帶一路」沿線國家，總人口數約44億，經濟總量約21萬億美元，分別約占全球的63%和29%。這些國家經濟發展參差不齊（見圖4—12），資源稟賦各具特色，互補性強，開展互利合作的前景十分廣闊。制約沿線大多數發展中國家經濟發展的一個重要因素是基礎設施落後。根據亞洲開發銀行預測，未來10年，亞洲基礎設施投資需要8.22萬億美元，即每年需要新增投入8 200億美元基礎設施資金，而其自身只能提供4 000億美元的資金，投資缺口巨大。

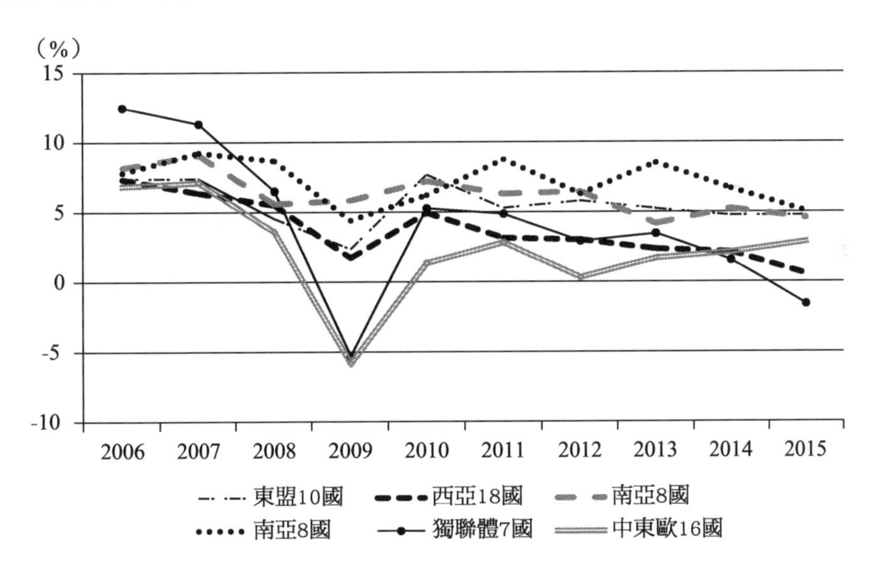

圖4—12　2006—2015年「一帶一路」國家GDP增長率

資料來源：世界銀行。

「共商、共建、共用」是我國《推動共建絲綢之路經濟帶和21世紀海上絲綢之路的願景與行動》的準則，我國明確提出將基礎設施互聯互通作為「一帶一路」建設的優先領域。通過在「一帶」上建設六大國際經濟合作走廊，即新亞歐大陸橋、中蒙俄、中國—中亞—西亞、中國—中南半島以及中巴、孟中印緬經濟走廊；在「一路」上從中國沿海港口過南海到印度洋，延伸至歐洲，以及從中國沿海港口過南海到南太平洋加強互聯互通合作。

專欄4—1

加強國際產能合作，「一帶一路」助力供給側結構性改革

我國經濟進入減速換擋的新常態後，傳統驅動力減弱，結構性失衡突出。為了保持經濟穩健增長，政府及時推出供給側結構性改革，明確去產能、去庫存、去槓桿、降成本、補短板的改革任務和目標，以期化解結構矛盾，提高經濟效益。

經濟結構性失衡的主要表現是供需結構性失衡。我國生產供給體系產能十分強大，但大多數只能滿足居民中低端、低品質、低價格的基本生活需求，難以滿足居民日益升級的多層次、高品質、多樣化消費需求。產能結構性過剩較為嚴重，加強國際產能合作是緩解這一矛盾的有效途徑和重要方向。

2013年，習近平總書記提出「一帶一路」倡議，宣導加強中國與「一帶一路」沿線國家的互聯互通，擴大雙方的投資與貿易，謀求經濟的共同發展，實現互利共贏。長期以來，「一帶一路」沿線廣大發展中國家基礎設施落後，建設資金匱乏，製造能力相對薄弱，經濟發展受到

嚴重制約。我國擁有較強的基礎設施建設能力和富餘的工業產能，正好可以與這些國家實現互補，共同發展。「一帶一路」倡議為帶動我國直接投資，輸出富餘產能提供了指引，也為沿線國家改善國內經濟發展環境獲取投資和技術搭建了平臺。

「一帶一路」倡議不僅是實現國際產能合作、加強南南合作的新篇章，也是加速國內供給側結構性改革的重要途徑。通過與「一帶一路」沿線國家開展產能合作，能夠加快去產能的步伐，為國內產業轉型升級騰出空間，促進新舊增長動能轉換。此外，與「一帶一路」沿線國家產能合作還可以帶動雙邊貿易的擴大，為我國經濟發展增添新助力，為供給側結構性改革提供新抓手。

值得一提的是，擴大「一帶一路」沿線國家的對外直接投資，還有利於推動人民幣國際化。例如，在沿線國家大量開展的工程總承包（EPC）專案中，國外業主指定我國公司負責建設專案的設計、設備採購及工程施工，甚至建設資金也由我國公司負責安排，從資金借用還統一的風險管理原則出發，此類投資專案使用人民幣計價結算，對境內外企業而言都具有便利性和經濟合理性，可為擴大人民幣的國際使用範圍提供新的平臺。

「一帶一路」上的投資熱點覆蓋了多個領域，從諸如港口的基礎設施到囊括諸多行業的工業園區，再到主要方向為能源電力的大湄公河次區域合作，對外投資取得了豐碩成果。中巴經濟走廊已成為中國同周邊互聯互通的旗艦專案。瓜達爾港作為重大基礎設施項目，是中巴兩國簽署的20多項合作協定中的重中之重，2016年11月13日，巴基斯坦總理謝里夫前往俾路支省主持了由中國投資的瓜達爾港開航儀式。該港口投入使用，使得我國從西亞進口的原油通過石油運輸線縮短了85%的路程，大大節省了進口成本費用。在新亞歐大陸橋上，中國與白俄羅斯共同建設以高新技術企業為主體的中白工業園，已有華為、中興等15家公司首批入駐園區，投資金額超過20億美元。在大湄公河次區域，我國宣導「亞洲命運共同體」建設新理念，加大投資，推動各領域合作。以打造能源互聯網為抓手，加快推進電力、油氣、新能源等方面的合作，中國南方電網與相關國家電力公司建立了周邊國家電力企業高層溝通聯絡機制。

實際上，近十年來中國對「一帶一路」沿線65個國家和地區的投資增長迅猛（見圖4—13），東盟10國、西亞18國、南亞8國以及獨聯體7國直接投資存量增長超過10倍。「一帶一路」倡議提出後，得到了沿線各國的積極回應，它們紛紛制定與之對接的發展計畫。隨著一批重點工程、重點專案的開工建設，沿線國家在中國對外直接投資中的地位變得越發重要。我國在沿線20多個國家建立了56個經貿合作區，累計投資超過185億美元，為東道國增加了近11億美元的稅收和18萬個就業崗位。我國對「一帶一路」沿線國家的投資存量總額占比也由2006年的5.27%提高至2015年的10.14%（見圖4—14）。與投資、貨幣流通規模擴大相對應的是，「中國製造」「中國建造」「中國服務」受到越來越多沿線國家的歡迎，沿線國家的產品、服務、技術、資本源源不斷地進入中國。

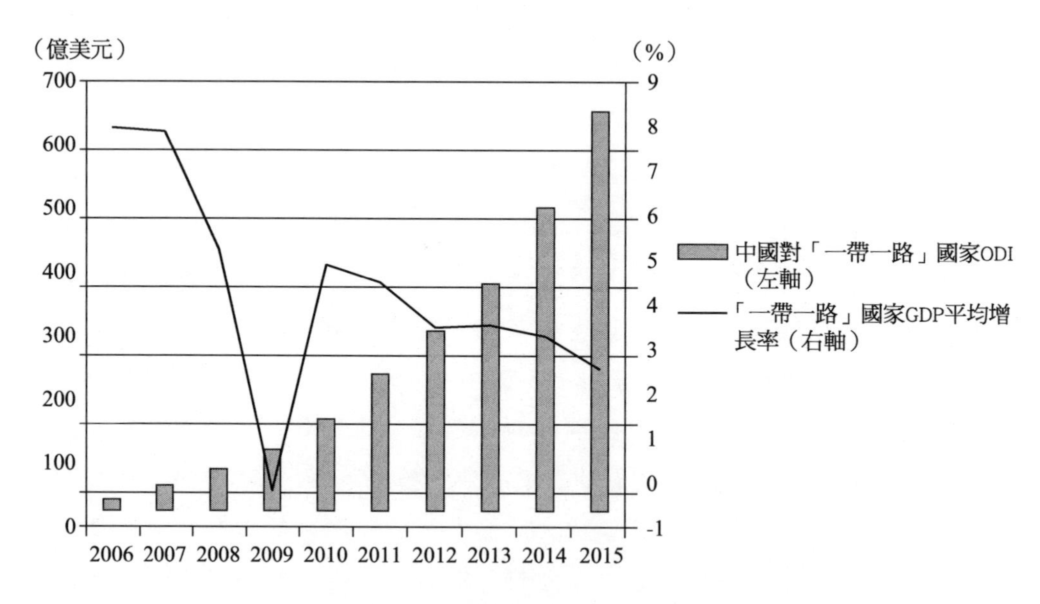

圖4—13　中國對「一帶一路」國家ODI與各國GDP平均增長率

資料來源：世界銀行、Wind。

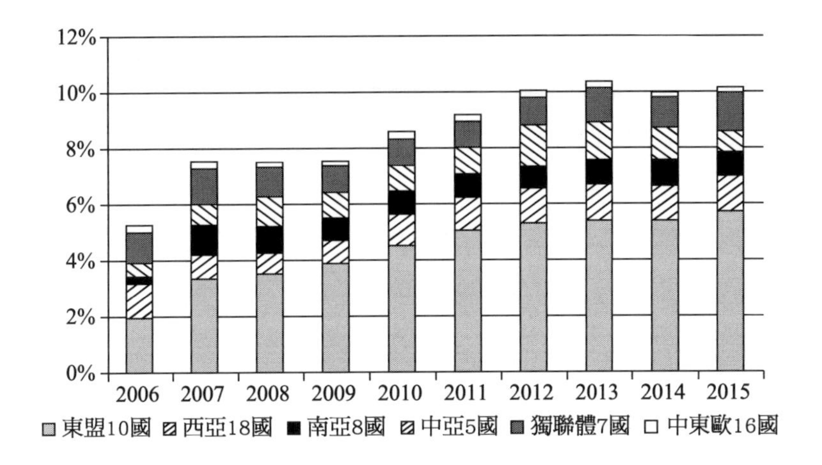

圖4—14　2006—2015年中國對「一帶一路」沿線國家*投資占比

* 東盟10國：新加坡、馬來西亞、印尼、緬甸、泰國、寮國、柬埔寨、越南、汶萊和菲律賓；西亞18國：伊朗、伊拉克、土耳其、敘利亞、約旦、黎巴嫩、以色列、巴勒斯坦、沙烏地阿拉伯、葉門、阿曼、阿拉伯聯合大公國、卡達、科威特、巴林、希臘、賽普勒斯和埃及的西奈半島；南亞8國：印度、巴基斯坦、孟加拉、阿富汗、斯里蘭卡、馬爾地夫、尼泊爾和不丹；中亞5國：哈薩克、烏茲別克、土庫曼、塔吉克斯坦和吉爾吉斯；獨聯體7國：俄羅斯、烏克蘭、白俄羅斯、格魯吉亞、亞塞拜然、亞美尼亞和莫爾達瓦；中東歐16國：波蘭、立陶宛、愛沙尼亞、拉脫維亞、捷克、斯洛伐克、匈牙利、斯洛維尼亞、克羅埃西亞、波黑、黑山、塞爾維亞、阿爾巴尼亞、羅馬尼亞、保加利亞和馬其頓。

資料來源：國家統計局。

4.2　直接投資夯實人民幣國際化的經濟基礎

4.2.1　人民幣國際化必須具備的條件

現代貨幣是信用貨幣。信用貨幣在一國國內以及國際範圍內的流通、使用完全取決於人們對該貨幣的信心，也就是對該種貨幣償付能力的信心。一國貨幣能否成為國際貨幣，關鍵在於該國是否具備足夠重要的國際經濟、貿易地位，以及該國政府是否具備良好的宏觀管理能力，能夠保證幣值的相對穩定。

歷史上，英鎊、美元、德國馬克、日圓乃至歐元等能夠成為主要國際貨幣，在其背後都有整體經濟實力的強大支撐。這一特徵在美元國際化進程中表現得最為突出。美國GDP在1872年超過了英國，到第二次世界大戰結束後其GDP 規模已經達到了全球的 60%。伴隨著美國經濟的持續強勁，美元成為全球市場上最重要的貿易計價貨幣、投資交易貨幣，同時也是世界各國官方儲備資產的主要構成幣種。次貸危機後，美國經濟實力有所削弱，但在全球所占比重至今仍然遙遙領先於其他國家和地區（見表4—1）。根據IMF官方統計，2016年第三季度全球儲備資產中，美元所占比重達44.82%，歐元占比為 14.37%，英鎊和日圓占比分別為 3.18%和 3.17%。由此可見，儘管一國貨幣在國際範圍內的實際使用程度總要受到各種各樣因素的影響，但都離不開強大的經濟實力這樣一個根本性的前提。

儘管人民幣在國際金融市場交易中份額很小，在國際貿易結算和官方儲備中作為國際貨幣使用的程度也比較低，但是 2015 年中國實際GDP 在全球經濟中所占比重已經達到14.84%（見表4—1），與歐元區大體相當，位列世界第二大經濟體，強大的經濟實力構成人民幣國際化堅實的基礎。

表4—1　中國與美國、歐元區、日本和英國的實際 GDP 占世界份額比較（%）

國家	1990	2000	2005	2010	2011	2012	2013	2014	2015
中國	1.64	3.75	4.94	9.27	10.35	11.46	12.51	13.33	14.84
美國	26.39	30.51	27.36	23.6	21.21	21.63	21.74	22.12	24.32
歐元區（16 國）	26.07	19.52	22.4	21.3	18.52	16.83	17.09	17	15.55
英國	4.57	4.53	4.97	3.64	3.57	3.54	3.54	3.81	3.85
日本	13.84	14.58	10.06	8.7	8.41	8.31	6.72	6.17	5.91

資料來源：世界銀行世界發展指數資料庫。

在全球化的世界經濟格局下，貿易規模是衡量一個經濟體對外開放程度的指標，同時也反映出該國在國際經濟貿易體系中的地位。對外開放程度越小的經濟體，越是傾向於自給自足，該國貨幣完成國際化的必要性和可能性也越低。相反，對外貿易規模越大，說明一國參與國際經濟活動的程度越高，用該國貨幣進行結算，則能更大程度地節約交易成本，繁榮國際貿易。本質上，貨幣國際化其實就是本國貨幣的對外供給，是與國際貿易相對應的貨幣轉移過程。從這個角度看，對外貿易不斷發展必然會提出本國貨幣國際化的要求。例如，英鎊國際化的時候，英國國際貿易約占世界貿易總額的 25%。美元、德國馬克、日圓國際化之初，各國貿易占世界貿易總額的比例也分別達到 15%、10%和10%。

值得注意的是，國際貿易對於一國貨幣國際化的意義甚至遠遠超過經濟實力的影響。例如：美國GDP在1872年就超過了英國，但是1915年其貿易規模才升至世界第一位，而美元國際化進程也直到這時才真正奠定了基礎。此後，美國在接近一個世紀的漫長時間裡一直保持了世界最大貿易國的顯赫地位，同時也成就了美元自布列敦森林體系以來在全球經濟金融領域的國際貨幣霸權。由圖4—15不難看出，自從加入WTO以來，我國對外貿易規模表現出持續快速增長的勢頭。2009年，中國取代德國，成為僅次於美國的世界第二大貿易國。2013年，中國貨物進出口總額為4.16萬億美元，在全球貿易份額中占比11.03%，其中出口額2.21萬億美元，進口額1.95萬億美元。2013年中國首次超越美國，成為世界第一貨物貿易大國。從貿易規模看，人民幣國際化已經具備了比較充分的客觀條件。

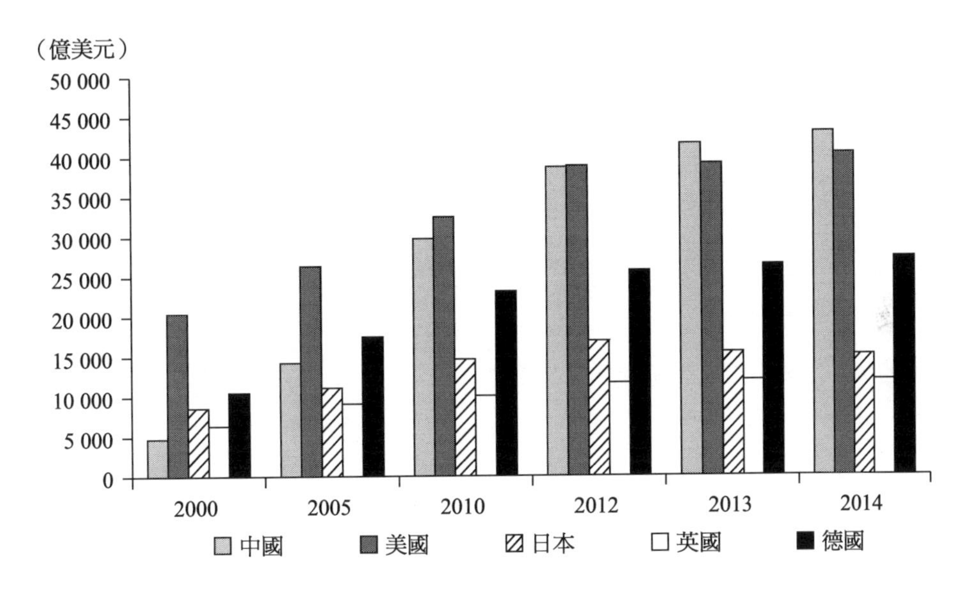

圖4—15　主要國家貿易規模比較

資料來源：《國際統計年鑒》（2015）。

實現人民幣國際化，不僅依賴於雄厚的經濟基礎和主要的國際貿易地位，還離不開制度完善和高效的宏觀管理，更離不開國內外市場上廣大金融機構和企業的積極參與。我國經濟發展進入新常態後，針對複雜的國際國內形勢變化，政府提出了統籌協調發展的觀念，推動供給側結構性改革，在上海、重慶等中心城市進行自貿區試點，提高對外開放水準，同時還完善了人民幣匯率形成機制，繼續推動資本帳戶有序開放，將守住不發生系統性金融風險作為政府工作的重點，確保我國經濟實現中高速增長，金融風險處於可控狀態，實踐證明，我國充分滿足了人民幣國際化所需要的條件，只要我們堅持貿易結算和金融交易雙輪驅動，水到渠成，人民幣國際化就會朝著我們預期的目標發展。

4.2.2 直接投資是經濟可持續發展的重要保障

外商直接投資對東道國經濟增長的影響主要通過資本積累效應、技術溢出效應、貿易效應等管道實現。積極利用外資，引進先進的技術、設備和管理，有利於縮短我國與發達國家的技術差距，推動經濟快速發展。根據聯合國貿易和發展組織的資料，1978—2015年我國利用外資年均增長率達20.13%，與外商直接投資迅速增長相伴的是我國經濟持續高速增長，1978—2015年我國國內生產總值年均增長率達11.27%。毫無疑問，外商直接投資的迅猛發展對我國經濟持續高速增長做出了重大貢獻。

資本積累效應是指FDI可以通過增加東道國的資本，刺激東道國國內投資，拉動東道國國內總需求，從而促進東道國經濟增長。根據國家統計局統計，我國實際利用外商直接投資金額從2006年的670.76億美元增長至2015年的1 262.67億美元，占全社會固定資產投資的比例從2006年的4.56%降至2015年的1.39%。由此可知，儘管外商直接投資為我國固定資產投資提供了一定的補充，但是資本積累效應呈下降趨勢。

技術溢出效應是指FDI給東道國帶來了新設備、新產品、銷售戰略以及經營經驗等技術。國內企業通過「幹中學」，提高自身的技術水準、生產力和市場競爭力。此外，由於外資企業往往擁有更高的技術和管理經驗，隨著外資的引入，還會產生「鯰魚效應」，加劇競爭和優勝劣汰，國內企業為了維持市場份額，不得不加大研發投入，或從國外進口技術，填補與外資企業技術的差距。例如，開放國內市場後，跨國公司的大舉進入迫使我國的國有企業加快了經營體制改革和技術進步的速度，夯實了我國經濟增長的微觀基礎。此外，資訊、電腦、移動通訊等行業也獲得了外資的技術溢出效應，華為、中興、阿里巴巴等本土企業已經走向國際中心舞臺，從一個跟隨者蛻變成為領跑者。隨著經濟結構轉型升級和供給側改革的深化，我國利用外資出現了一些新的特點。一是綠色投資比例提高。與以前主要投資於製造業、房地產業相比，金融、軟體、醫療、保健、健康養老設施的外商投資明顯增加。二是高技術含量和高附加值投資比例增加。中國大力普及資訊技術的運用，降低網路費用，宣導「互聯網＋」技術改造傳統行業，而且鼓勵大眾創業、萬眾創新，各級政府都採取措施鼓勵研發投資，著力提高技術水準和技術吸收能力，實際上提高了外資進入中國市場的技術門檻。外商投資結構的改善將帶來更大的技術溢出效應，有利於增強我國經濟的創新驅動能力。

貿易效應是指外資企業通過進口原材料或對外出口產品拉動東道國對外貿易增長，根據國家統計局資料，外商投資企業進出口總額從2006年的10 363億美元增長至2015年的18 335億美元，年均增速達5.87%（見圖4—16）。外商投資企業的貿易一直保持順差，帶來了相當規模的國外轉移收入，為我國居民的收入增長做出了貢獻。

對外直接投資對母國經濟增長的貢獻主要體現在生產要素配置效應、產業結構優化效應以及資本積累效應等方面。擴大對外投資，對我國經濟發展將產生積極的影響。從生產要素配置視角看，對外直接投資在一定程度上彌補了我國人均自然資源不足的短板，充分利用高儲蓄、資本相對富裕的優勢，跨境優化生產要素和資源配置，為經濟可持續發展提供了更多保障。例如，我國是石油、天然氣等能源和大宗商品的進口大國，對外依賴程度較高，通過對外直接投資對國外資源進行開發和利用，可減少國際市場價格波動的不利衝擊，建立相對穩定的資源供應管道，突破資源瓶頸以確保經濟穩定增長。

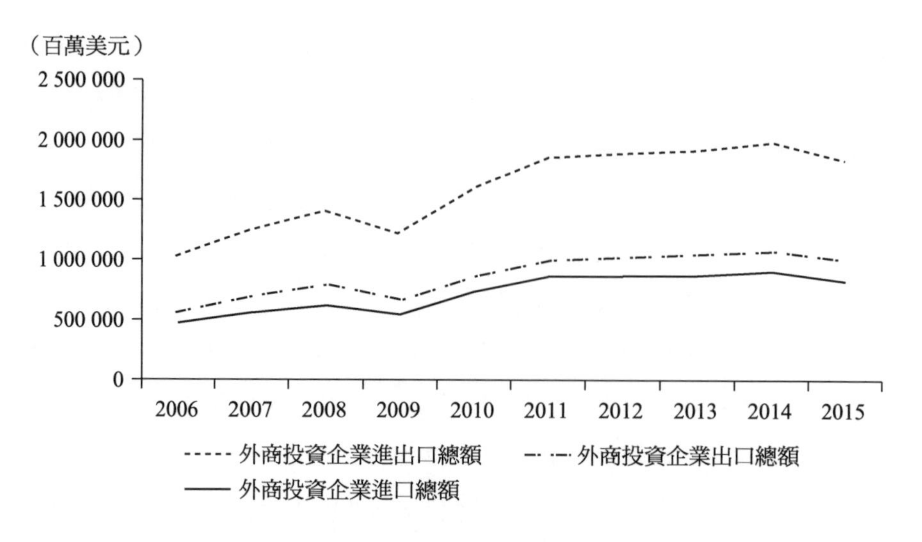

圖4—16　2006—2015年外商投資企業進出口情況

資料來源：國家統計局。

專欄4—2

史上最大海外礦業併購：五礦收購拉斯邦巴斯

2014年7月31日，由中國五礦集團公司所屬五礦資源有限公司牽頭組成的聯合體正式接手瑞士大宗商品交易巨頭嘉能可旗下的祕魯拉斯邦巴斯（Las Bambas）銅礦，以大幅高於預估價的105億美元順利完成股權交割，從而實現了中國金屬礦業史上的最大海外收購交易。此次收購極大地推進了中國五礦國際化、資源化進程，也將為中國五礦打造世界一流的金屬礦業集團奠定堅實基礎。可以說，此次收購是五礦集團歷史上的重要里程碑。

拉斯邦巴斯銅礦是世界級的優質銅礦資產，礦區海拔4 000米，包括四個礦山，資源儲量巨大，已查明銅超過1 000萬噸，並伴生大量的鉬、銀、金礦。該項目預計2015年投產後，前五年平均每年可生產約45萬噸銅精礦，超過目前中國五礦銅產量的兩倍，相當於2013年中國進口銅的12.5%。此規模是世界上最大的銅礦山——智利的埃斯科迪達銅礦產能的一半左右。作為全球最大在建銅礦之一，拉斯邦巴斯項目將幫助中國五礦成為全球最大的銅生產商之一。

此次收購交易將對中方和祕魯兩國產生深遠影響。就中方而言，收購拉斯邦巴斯銅礦可以有效緩解國內的銅礦需求缺口問題，同時獲得了一定的銅礦議價能力和定價話語權。以2013年為例，國內銅產量大約在665萬噸，產能在900萬噸左右，而國內每年將至少有200萬噸的銅礦需求缺口，因此必須依靠進口來加以彌補。此次收購成功將有效彌補我國的銅礦需求缺口，緩解對進口銅礦的過度依賴。就祕魯而言，拉斯邦巴斯銅礦作為目前祕魯國內金額最大的投資項目，將使祕魯一躍成為世界第二大銅生產國。在祕魯經濟財政部制定的2015—2017年多年度宏觀經濟規劃中，拉斯邦巴斯銅礦被認為將為祕魯國內生產總值增長貢獻1個百分點。中央儲備銀行也認為拉斯邦巴斯專案將推動祕魯金屬礦業產值增長率從2015年的10.7%上升至2016年的12.3%。此次收購交易將帶動我國礦產企業在祕魯的資源開發投資，並進一步促進我國和祕魯在其他領域的貿易投資合作，從而實現互利共贏發展。

2016年1月28日，中國五礦旗下的五礦資源有限公司發佈公告，拉斯邦巴斯銅礦正式投產運營。3月20日，銅礦建成投產後第一批裝運的1.133萬噸銅精礦順利抵達南京港。

產業結構優化效應具體表現為，對外投資可以加速供給側改革。一方面，開展國際產能合作，對外轉移具有比較優勢的富餘產能，有利於加速「去產能、去庫存」，為我國產業結構的優化和升級讓出資源和空間。另一方面，開展併購投資，獲取國外的先進技術、品牌，通過逆向技術溢出效應將國外的某些高新技術、養老服務產業移植到國內，促進我國加快技術創新，提供高品質的產品與服務，加快「補短板」進程。例如，2015年3月27日，在哈薩克總理馬西莫夫訪華期間，作為推進產能合作的一項重要內容，中哈兩國簽署了100萬噸/年綜合鋼廠項目合資公司備忘錄。這是在國家實施「一帶一路」倡議，推進國際產能合作的開局階段，中國首次向中亞國家整體「出口」鋼鐵產能，從而為我國輸出優質優勢產能樹立了一個新的「樣板」。2016年1月15日，青島海爾以54億美元現金收購美國家電市場份額最大的通用電氣公司家電業務相關資產，完成了中國家電業有史以來最大的海外併購，通過整合國內外市場，有利於增強海爾的全球競爭力，提升其國際化水準。

對外投資的資本積累效應體現在拓寬了我國運用國外資本的管道，增強了資本配置其他生產要素的能力。我國企業既可以通過發行股票、債券，或者進行金融租賃、銀行貸款和專案抵押貸款等管道從東道國籌措發展所需資金，也可以運用實物資產（如機器設備、零部件和原材料等）和無形資產（如專利和商標等）等形式創辦合資企業，擴大經營規模，優化資本結構，實現資本積累和良性發展。

根據以上分析可知，通過不同管道和影響機制，外商直接投資和對外直接投資都會在一定程度上對經濟增長產生影響。縱觀當前的研究，大都是單獨分析外商直接投資的經濟效應，或者單獨分析對外直接投資的經濟效應，很少針對同一個經濟主體將二者進行綜合分析。我國既是直接投資吸收大國，又是對外投資大國，有必要將二者納入同一個分析框架，對比分析二者對我國產生的經濟效應差異，以便更好地發揮直接投資的積極作用。為了直觀地反映直接投資與我國經濟增長之間的關係，我們利用1982—2015年對外直接投資（ODI）、外商直接投資（FDI）和國內生產總值（GDP）三個變數的年度資料，通過建立協整模型，分析外商直接投資和對外直接投資對我國經濟增長的促進作用。實證研究結果表明，在其他因素不變的情況下，無論外商直接投資還是對外直接投資，長期內均對我國經濟增長發揮了促進作用。外商直接投資每增加1%，國內生產總值將增加0.25%；對外直接投資每增加1%，國內生產總值將增加0.5%。就長期而言，對外直接投資產生的經濟效應顯著大於外商直接投資，因此，從增加我國經濟增長動力角度看，儘管吸收外資必不可少，但是應該更多地鼓勵對外直接投資。

4.2.3 直接投資是鞏固貿易地位的必要手段

自20世紀80年代以來，國際貿易格局發生了巨大變化，發展中國家及新興經濟體大幅取消管制措施，促進貿易自由化，積極參與國際分工，經濟實力持續增強。伴隨國際範圍內的產品內分工模式的深化，在跨國公司的主導和推動下，新興工業化國家也因積極承接由發達國家轉移出的資本密集型、熟練勞動密集型產業而整體崛起，包括中國在內的廣大發展中國家也先後融入了全球生產網。當前在世界前十大製造業大國中，新興經濟體已占半數，貿易額也持續增加。進入21世紀後，以金磚國家為代表的新興經濟體異軍突起，經濟總量和貿易規模快速擴大，對美、歐、日市場主導全球貿易流向的傳統格局形成顯著影響和挑戰（見圖4—17），促使世界經濟和國際貿易格局，進入了新一輪調整之中。

根據《2016年世界投資報告》，世界上約有550多家跨國公司，其海外分支機構達15 000餘家。2010—2015年的5年間，跨國公司海外分支機構的總資產從78.63萬億美元增長至105.77萬億美元，國外子公司的銷售額從22.57萬億美元增長至36.67萬億美元，出口額從6.32萬億美元增長至7.8萬億美元，占全球貨物貿易出口額比例從41.3%增長至47.33%。作為對外直接投資的物質載體，跨國公司隨著對外直接投資的發展而日益壯大，其國際地位和影響力也獲得了空前提升。跨國公司不僅是經濟全球化的主要載體、科技全球化的重要推手，也是國際貿易的引擎，帶動了國際貿易的快速增長，正在超越國家成為世界經濟活動的主宰。中國內地與香港和新加坡直接投資及進出口總額如圖4—18和圖4—19所示，可見進出口總額相比十多年前有明顯增加。

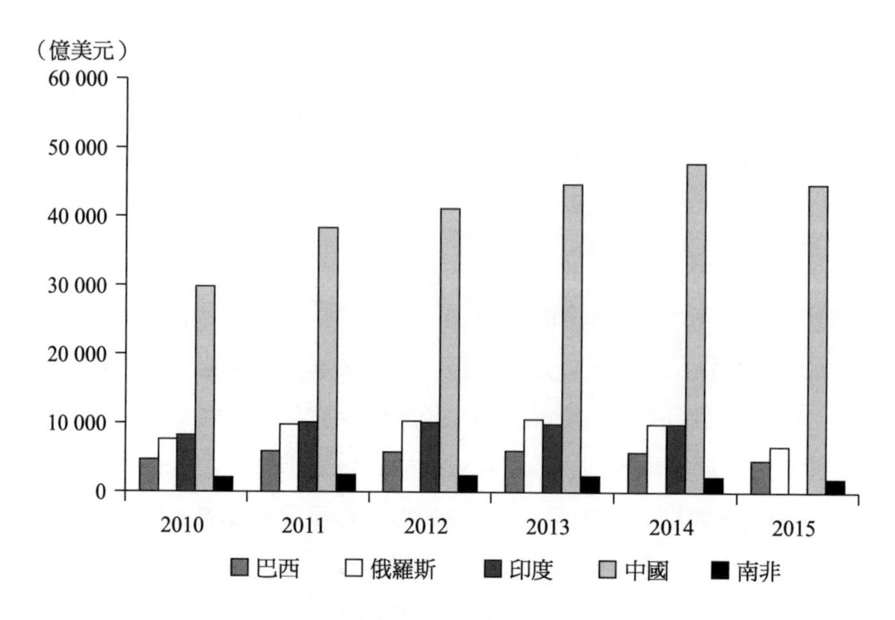

圖4—17　金磚國家貨物和服務進出口總額

資料來源：《金磚國家聯合統計手冊2016》。[1]

1　《金磚國家聯合統計手冊 2016》中印度 2015 年貨物和服務進出口總額缺省。

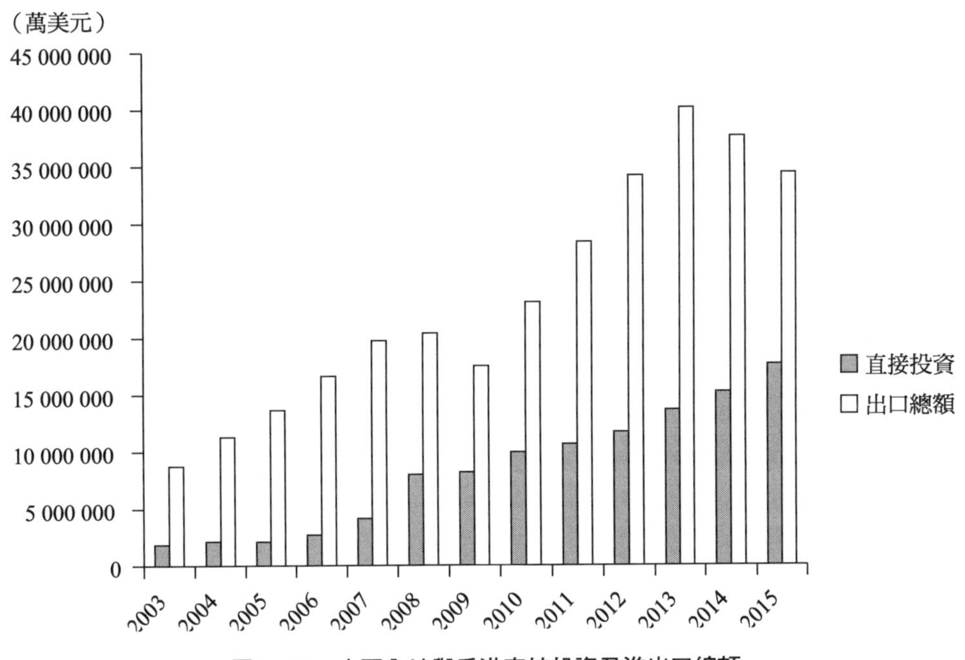

圖4—18　中國內地與香港直接投資及進出口總額

資料來源：Wind。

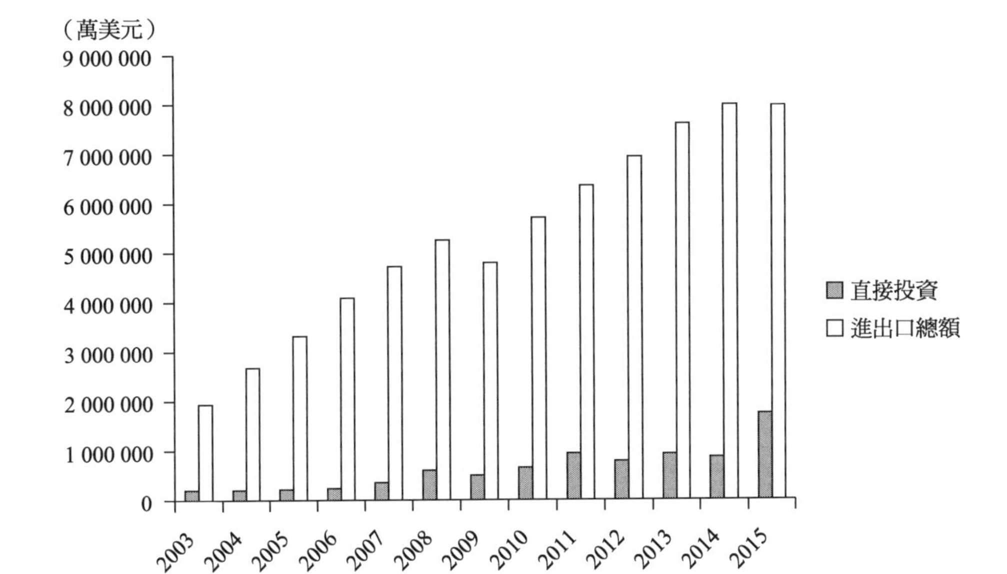

圖4—19　中國與新加坡直接投資及進出口總額

資料來源：Wind。

理論上講，直接投資具有貿易效應，可以促進投資國與被投資國的貿易發展。換言之，外商投資金額與外商投資企業進出口總額之間具有正相關關係。為了深入分析外商直接投資和對外直接投資的貿易效應，我們選取中國與世界上44個國家2003—2015年的雙邊貿易額，基於Tinbergen（1962）的貿易引力模型，研究中國對東道國直接投資、東道國對華直接投資對雙邊貿易的影響，實證分析結果表明，中國對東道國直接投資（ODI）每增長1%，雙邊貿易額就會增長0.02%；而東道國對華直接投資（FDI）對雙邊貿易的促進作用或影響卻不顯著。通過對比可以發現，我國ODI的貿易效應明顯大於FDI，如果要推動雙邊貿易發展，就應該大力發展對外直接投資。顯然，對外直接投資已經成為擰緊中國與其他國家的經濟紐帶，擴大對外直接投資規模，有利於鞏固我國的貿易地位，從而為人民幣國際化構築穩固的發展平臺。

4.3 直接投資推動人民幣國際化的具體路徑

4.3.1 提高人民幣的投資使用比例

在新的歷史發展階段，擴大對外直接投資既是中國經濟穩健發展的內在要求，也是推動經濟全球化及人民幣國際化的重要路徑。2016年中國對外投資流量達到1 701.1億美元，位居世界第二，而且對外承包工程新簽合同金額超過5 000萬美元的專案達到815個。在如此大規模的對外投資中，東道國對相當數量的項目是願意接受人民幣的，只要企業積極主動選擇使用人民幣作為投資貨幣，就有可能直接提升人民幣在全球直接投資中的使用比例。

在對外直接投資中企業使用人民幣至少有兩大優勢，一是可以在國內熟悉的制度、環境下更便捷地獲得充裕的資金供給，增加資本可獲得性和市場競爭力；二是避免匯率風險和價格波動，尤其是那些主要以中國為供求市場的直接投資專案，原材料、中間產品投入或產品銷售收入以人民幣計價和結算，可以減少匯兌環節，降低匯兌風險或價格波動性，形成使用人民幣投資的強烈動機。當然，被投資國接受人民幣的主觀意願，海外子公司的市場策略，使用國際貨幣的習慣，也是影響人民幣作為直接投資計價貨幣選擇的重要因素。

在《人民幣國際化報告2015》中我們曾詳細論述了「一帶一路」倡議與人民幣國際化的相輔相成關係，得出了基礎設施、產業園區建設、大宗商品交易、電子商務可成為人民幣國際化重要突破口的結論。「一帶一路」沿線大多數國家基礎設施薄弱、建設資金缺口巨大，而中國基礎設施建設能力強大、資本相對富裕，具備對外投資的充分必要條件。中國可以運用自身的比較優勢，在沿線國家迫切需求的基礎設施項目建設中，合理地提供資金、設備技術、管理和勞務，在符合雙方利益的前提下，盡可能使用人民幣投資，有利於控制建設成本、降低匯率風險，提高項目的經濟效益。除了基礎設施投資外，中國為基礎設施項目建設提供的多種形式的資金支援，如銀團貸款、發行債券甚至提供政府援助等，也應該儘量遵循借用還貨幣統一原則，以便最大限度減少匯率風險。

基於「一帶一路」沿線國家存在較高的經濟互補性和供求匹配度，擴大國際產能與裝備製造合作是實現互利共贏的有效途徑。具體而言就是要建設國際產業園區，培育生產和貿易基地。中國在國內產業園區建設方面積累了豐富的經驗，合作共建國際產業園區可以全方位推動中國與東道國的深層次合作，發揮產業聚集優勢，構建以投資促進資源優化配置、帶動進出口貿易的新格局，為中國企業批量走出去提供理想平臺。在「一帶一路」沿線國家產業園區建設中，可引導市場主體理性選擇和使用人民幣，推動人民幣跨境資本運用及結算運用，形成人民幣全球使用的交易網路，將從各個方面形成合力、共同推動人民幣的境外使用。

4.3.2 提高貿易人民幣計價結算份額

跨境貿易人民幣計價結算是實現人民幣國際化戰略的基石。隨著經濟結構的調整和貿易轉型升級的推進，特別是對外投資規模的擴大，中國正逐步由貿易大國轉變為貿易強國，突出表現為在貿易談判中擁有更大的定價權、主動權，這就為中國的跨國公司選擇人民幣進行貿易計價結算提供了必要條件。

直接投資具有貿易效應，能夠拉動雙邊貿易，擴大貿易的深度與廣度。對外投資大國英國、美國、德國及日本的歷史證明了這一點，這些國家依託規模巨大的對外投資，國際貿易規模一直名列世界前茅，直接投資的貿易效應非常顯著。例如，從2013年開始，中國連續3年成為全球貿易第一大國，但是2015年開始，美國的直接投資倍增，2016年美國的貿易總額就超過中國，重新獲得世界第一的地位。通常，跨國公司在貿易計價結算貨幣的選擇中握有較大的主動權，主觀上更傾向於選擇使用母國本幣，因此，對外投資大國的本幣被廣泛使用於貿易計價結算，並成為主要國際貨幣。

當然，貿易計價結算貨幣的選擇還取決於其他多種因素，如出口產品的可替代性、出口企業的定價權、外匯交易成本及幣值穩定性等。長期以來，中國貿易大而不強，出口產品可替代性較高，出口企業定價權較低，人民幣結算不夠便利，這些因素構成制約貿易人民幣計價結算的瓶頸。對外直接投資規模擴大有利於打破這一瓶頸。隨著中國境外子公司的增加，中國企業對國際生產、貿易的主導權會逐步提高，能夠帶動更多的貿易，並獲得更多的貿易定價權。當中國的跨國公司使用人民幣對外投資或人民幣融資時，選擇人民幣作為貿易計價結算貨幣尤其理所當然。此外，外國的跨國公司以中國作為主要市場，出於降低匯率風險、穩定成本或收益考慮，也樂意選擇人民幣進行貿易計價結算。2008年國際金融危機以來，相對主要國際貨幣匯率的劇烈波動，人民幣匯率保持了基本穩定，為跨境貿易人民幣計價結算創造了有利條件，加上對外投資和跨國公司的壯大，中國貿易總額中人民幣結算的比例連年上升，目前已達到20%。

擴大對外直接投資，主要通過三條途徑提高人民幣貿易計價結算占比：一是拉動貿易。直接投資將投資國和被投資國的資源進行整合，形成供產銷鏈條，有利於增加兩國之間的貿易。由於中國在基礎設施建設、管理方面具有明顯的國際機制優勢，對外進行基礎設施專案投資時，東道國需要大量採購中國產品和勞務，不僅可擴大雙邊貿易，還可帶動更多人民幣計價結算。二是增強產品競爭力，要在沿線國家生存和發展，對外投資企業必須擁有一定的技術優勢，迫使企業加大研發力量，確保自身產品技術含量較高、競爭力較強、較少被當地企業替代，而這樣的產品特點有利於提高企業定價權，中資企業可更多使用人民幣計價結算。三是提高中國在國際產業鏈分工中的地位和主導權。當前的國際貿易主要是跨國公司發起、組織的，擴大對外投資規模，可增加中資企業的貿易主動權，提升其在國際產業鏈中的地位。在投資規模相同的情況下，投資結構是決定跨國公司貿易主導權的關鍵。因此，中國在擴大對外直接投資時，需要有意識地選擇一些特定的專案、行業和國家，鼓勵在國際產業鏈佔據主導地位的企業進行跨境併購，從而實現優化資源配置的目標，為企業主動選擇人民幣計價結算創造更好的條件。

直接投資在推動人民幣國際化進程中可以發揮槓桿效應，不僅自身可以增加人民幣使用份額，還可以帶動數倍於自身規模的貿易人民幣計價結算，是推動人民幣國際化的新生力量。通過擴大對外直接投資，獲得更大的貿易效應，提高了跨國公司的貿易主導權和議價能力，進而夯實人民幣的貿易計價結算功能。

4.3.3 壯大人民幣國際化的金融主力軍

隨著中國對外直接投資規模的不斷擴大，企業跨國經營所需的跨國界、跨市場投融資、結算、資產管理等金融服務需求迅猛增加。為了滿足客戶不斷發展變化的新需求，金融機構尤其各大商業銀行不得不加快國際化步伐，紛紛採取跟隨策略，創新金融服務與產品，提供跨境金融業務，在海外佈局設立更多分支機構。截至2015年年末，中國五大國有商業銀行中，中國銀行擁有海外機構644家[1]，中國工商銀行擁有海外機構404家[2]，中國建設銀行擁有海外機構27家，中國農業銀行擁有海外機構17家，交通銀行擁有海外機構15家，總計1 000多家海外機構覆蓋了全球50多個國家和地區。五大國有商業銀行其他國際化資

1　中國銀行統計資料口徑包含下一級分支機構，如儲蓄所。
2　中國工商銀行統計資料口徑也包含下一級分支機構。

料具體見表4—2：

表4—2　2015年中國五大國有商業銀行國際化資料比較

		中國銀行	中國工商銀行	中國建設銀行	中國農業銀行	交通銀行
海外機構（家）	2015年	644	404	27	17	15
	集團占比	5.54%	2.31%	0.19%	0.00	6.52%
海外人員（人）	2015年	24 983	14 428	567	722	2 199
	集團占比	8.06%	3.09%	0.15%	0.14%	2.40%
海外資產（百萬元人民幣）	2015年	4 830 802	1 818 895	933 340	713 323	701 231
	集團占比	27.01%	8.20%	4.35%	4.01%	9.80%
海外收入（百萬元人民幣）	2015年	93 081	66 605	13 902	18 106	10 000
	集團占比	19.62%	9.55%	2.30%	3.38%	5.16%
海外利潤（百萬元人民幣）	2015年	54 754	206	5 310	3 926	4 093
	集團占比	23.64%	0.07%	1.78%	2.17%	6.15%

注：中國銀行與中國工商銀行海外機構數包含下一級分支機構，如儲蓄所。其他三家銀行只含一級分支機構。

資料來源：各銀行2015年年報資料。

顯然，中國企業的對外直接投資與金融機構的國際化相伴而行，兩者之間具有互相促進、共同發展的合作共贏關係。從實體經濟角度看，對外投資及其拉動的國際貿易增加了跨境支付結算、投融資、現金管理等多元金融需求，為中資金融機構走出去、發展跨境金融業務提供了更加寬廣的市場，也為人民幣離岸業務、離岸市場發展注入了新動力。與此同時，中資金融機構加大對外投資力度，增加海外機構和網點，提供多種多樣的產品及服務，在實現自身業務國際化、收入管道多元化目標下，為中國跨國企業開拓國際市場、贏得競爭力提供關鍵的金融支援，也為金融交易、貿易結算中擴大人民幣的使用範圍創造了必要條件。因此，對外直接投資中必須保持一定比例的金融機構對外投資，使得金融類投資與非金融類投資協調發展，互相促進，以便在促進金融機構國際化發展的同時為實體經濟的國際化經營提供足夠的支撐，發揮人民幣國際化加速器和催化劑作用。

在人民幣國際化的過程中，金融機構是最具活力的推動者，並非被動記錄和提供人民幣跨境業務，而是推動人民幣國際化的主力軍。任何一個主要國際貨幣，都有全球分佈廣泛、發達的離岸市場，這是經濟全球化背景下國際貨幣能夠被便利使用的必要條件。這就意味著，人民幣國際化需要發達的離岸市場，需要國際化程度高的中資金融機構。如果中資金融機構能夠提供高效、便宜的人民幣跨境結算，提供豐富的人民幣投融資產品，提供高品質的離岸人民幣保值增值、資產管理服務，就能吸引更多中外企業在投資和貿易中使用人民幣，在使用主體、使用範圍、使用規模不斷擴大的基礎上，建立起人民幣交易網路，培育使用人民幣的習慣。離開金融機構的積極推動及離岸市場人民幣業務的發展，人民幣國際化的道路將會變得異常艱難。因此，應該鼓勵金融機構對外直接投資，完善人民幣離岸市場的佈局，壯大人民幣國際化的金融主力軍。

值得注意的是，直接投資是一個雙向行為，在鼓勵中資企業「走出去」的同時，還應該鼓勵外資企業來華投資，建立順暢的資本流動機制，尤其是人民幣跨境循環機制。儘管2011年中國人民銀行公佈實施《外商直接投資人民幣結算業務管理辦法》及相關配套細則，為直接投資項下建立人民幣循環機制提供了政策支持，有力地促進了人民幣在外商對華直接投資（RFDI）中的使用，但是仍然存在一些制度障礙，人民幣回流管道不夠順暢。目前制約境外人民幣使用及持有規模的一個重要因素是離岸市場人民幣品種較少，投資管道不足，人民幣資產的保值增值能力較弱。在人民幣國際化進程中，應該拓寬人民幣的使用途徑，鼓勵外商投資更多使用人民幣結算，完善人民幣國際大循環機制，從而增強境外微觀主體持有人民幣的積極性和動機，進一步提高離岸人民幣市場需求，推動更多外資金融機構接受和開展離岸人民幣業務。

專欄4—3

CEINEX——離岸人民幣的投資新管道

2015年10月19日，上海證券交易所、德意志交易所集團、中國金融期貨交易所在北京就共同成立合資公司簽署了三方股東協議，國務院總理李克強和德國總理默克爾共同見證了協議的簽署，標誌著中歐國際交易所股份有限公司（China Europe International Exchange AG，CEINEX，簡稱「中歐所」）正式成立。

同年11月18日，中歐所在德國法蘭克福開業，首批上線產品包括ETF（交易所交易基金）和人民幣債券。截至2016年4月，約200個產品在中歐所掛牌交易，產品總交易額為3.37億歐元（約合24億元人民幣），日均交易額約為300萬歐元（約合2 150萬元人民幣）。

中歐所定位於在歐洲打造離岸人民幣資產的交易和定價中心，滿足投資者對人民幣的融資和投資需求，打造綜合風險管理服務平臺，是境內資本市場在境外的重要延伸和補充。初期主要上市以人民幣計價和結算的證券現貨產品，待條件成熟後再上市金融衍生品。

中歐所在繼續推動中國資本市場對外開放與人民幣國際化的進程中具有重要的戰略意義。隨著中國和歐洲經濟的日益融合，中歐所將為中歐企業提供更便捷的金融服務，滿足境外投資者對人民幣證券產品的投資需求。同時，作為人民幣國際化進程的重要一步，中歐所的成立標誌著歐洲離岸人民幣證券市場正式開始運行，離岸人民幣有了新的投資管道，極大地推動了歐洲離岸人民幣市場的建設。

中國金融市場不夠成熟，金融機構國際化程度不高，商業銀行境外分支機構規模有限且佈局不盡合理，境外人民幣缺乏正規的保值增值途徑，這些都是制約人民幣國際化的不利因素。中歐所的成立實際上彌補了上述短板，通過與德國金融機構、基礎設施提供者合作，有利於推進離岸人民幣業務的跨越式發展。

人民幣國際化需要貿易結算、金融交易雙輪驅動。人民幣加入SDR前主要依靠貿易結算驅動，人民幣加入SDR後金融市場的交易需求大幅提高，在中國實施資本帳戶有序開放的情況下，加大人民幣離岸市場建設，通過中歐所提供特定的人民幣金融產品和金融服務，構建風險可控的人民幣循環管道和機制，有利於提高人民幣在歐洲地區的接受程度和使用頻率，提高人民幣資產影響力。

中歐所的成立和順利開業是推動人民幣國際化的關鍵一步，為歐洲離岸人民幣市場的建設提供了有益探索。下一步應進一步研究和完善產品系列，為投資者提供更豐富的產品和更便捷的服務，連接境內外資本市場，促進中國金融及實體經濟的發展。

4.4　直接投資推動人民幣國際化面臨的挑戰

4.4.1　國家風險和法律約束

首先，國家風險較高，抑制直接投資規模擴大。「一帶一路」沿線國家是目前中國對外直接投資的主要目的地，也是人民幣國際化的重要突破口。沿線64個國家大多是新興經濟體和發展中國家，政治、經濟、文化、宗教差異較大，客觀上存在不容低估的三大風險，即地緣政治風險、宗教民族風險和經濟金融風險。在許多國際機構投資者眼中，相當數量的沿線國家屬於需要審慎對待的高風險國家。的確，「一帶一路」沿線國家異質化程度非常高，政治、經濟、文化、宗教差異較大，近30年來常常處於宗教、民族、種族衝突的暴風中心。此外，自美聯儲宣佈退出量化寬鬆政策以來，不少沿線國家出現了資本外流、貨幣大幅貶值現象，經濟金融更加脆弱，加上長期困擾這些國家的貿易逆差較大、外匯儲備較低、財政赤字較大等問題，國家風險較高，以至許多國際投資評級機構亮出了紅燈。

21世紀以來，金融危機、種族衝突、局部戰爭不斷，部分「一帶一路」沿線國家表現出很高的地緣政治風險，對直接投資構成嚴重威脅。自身力量無法控制的國家風險將構成中國擴大直接投資的主要障礙，必須高度重視、全面看待、理性評估，從國家層面採取有效措施，建立多元化的國家風險管理機制，盡可能降低國家風險的損失，為企業擴大對外直接投資掃清障礙。

其次，法律約束阻礙直接投資的深入落實。東道國在市場准入、股權限制、環保壓力和貨幣使用等方面的法律法規，往往阻礙直接投資規模擴大以及人民幣的使用。自全球金融危機爆發以來，許多國家保護主義思潮氾濫，出現了逆全球化趨勢。即使是在美國這樣的號稱自由的國度，也選出了具有強烈保護主義色彩的川普總統，強調優先考慮美國利益，在一些行業、地區設置更高的外資准入門檻，還制定了一些專門針對中國直接投資的限制條款，加大了中國進入美國的投資難度。部分「一帶一路」沿線國家貿易保護主義也比較嚴重，例如，印度對中國發起大量反傾銷訴訟，成為近年來對華訴訟最多的國家。1994—2013年間，印度對華反傾銷案件年均增長11%。為了保護本國利益，部分國家還在法律中直接限制外資股權比例，對於中國企業而言，准入限制導致無法形成理想的或完整的產業鏈，對外投資的整體規劃也難以實現，而控股限制使其無法掌握跨國企業的經營管理權，貿易定價權和貿易貨幣選擇權也會大打折扣。此外，綠色發展已經成為一種全球共識，世界各國無論發達國家還是發展中國家都越來越重視環保問題，在投資、經營、貿易、金融等諸多領域，保護生態環境正在成為一種行為準則，環保成本大幅增加，無疑會對中國的資源類投資、國際產能與裝備合作形成較大壓力，容易捲入資源控制權爭奪戰，還要面對當地環保組織的反對。例如，21世紀初期中國五礦、中鋼集團在併購澳洲當地礦產資源企業時，就受到交易金額、併購股權（限制持股比例不超過49.9%）、併購資源區位等多方面的限制，險些全盤皆輸。一些國家習慣於使用傳統的國際貨幣，對直接投資貨幣選擇進行限制，排斥人民幣投資，使得人民幣計價結算面臨法律障礙。

再次，社會文化差異導致直接投資面臨較大的本土化困難。綠地投資、併購並非對外投資的結束，而是對外投資的開始，因為對外投資後續的資源整合、實現本土化經營才是對外投資成功的關鍵。由於社會意識形態、公司管理方式、生態民俗等多方面的差異，併購或綠地投資企業面臨著許多嚴峻的考驗。以2004年上海汽車工業（集團）總公司併購韓國雙龍汽車公司為例，這是中國汽車行業第一次在海外併購整車企業的案例。雖然併購過程較為順利，上汽公司以5億美元收購其48.9%的股權，後又增持2.01%股權，實現了對雙龍公司的絕對控股。但是在併購之後，由於經營理念、管理方式和文化差異，韓國工會、雙龍的前任高管與上汽公司之間的爭鬥接二連三，致使上汽公司在雙龍國產化、人事裁員調動以及未來發展戰略等關鍵問題上屢次碰壁，發生的三次罷工活動也使雙龍本土化這一重要的企業國際化戰略目標化為泡影。

4.4.2　直接投資大而不強

從直接投資規模看，無論是流量還是存量，無論流入還是流出，中國都名列世界前茅，是名副其實的直接投資大國。但是從直接投資結構看，中國對外直接投資行業分佈不合理，基本上處在國際產業鏈中低端，投資回報率相對較低，難以掌握金融、貿易交易的定價權，具有大而不強的特徵。在2015年對外直接投資累計淨額中，租賃和商務服務業占比達到43.65%，排名第一；採礦業以及批發和零售業緊隨其後，占比超過10%；其後依次是製造業、房地產業以及交通運輸、倉儲和郵政業（見圖4—20（b））。隨著「一帶一路」倡議的開展，基礎設施、國際產能與裝備合作取得了可喜的進展，中國優勢產能向國外轉移，高端製造業輸出勢頭強勁，對外直接投資開始從傳統租賃和商務服務業向製造業、批發和零售業轉移，投資結構有所優化。這反映在2015年對外直接投資淨額中，占比最高的三大行業分別為租賃和商務服務業（29.86%）、製造業（16.46%）、批發和零售業（15.83%），其後依次是採礦業、房地產業以及資訊傳輸、電腦服務和軟體業等（見圖4—20（a））。採礦業在中國對外直接投資中一直佔據比較重要的地位，反映了中國經濟全球化、在國內外優化配置要素和資源的發展新理念。

美國、中國、日本是全球經濟總量最大的前三名國家，美國和日本的對外投資存量遠高於中國，與美國和日本相比，中國的對外投資行業結構很不理想，處於國際產業鏈中低端。儘管在對外直接投資統計上美國、日本的行業分類與中國不同，存在一定的差異，但是仍然足以反映其對外投資的行業結構特徵。在美國對外直接投資中，金融保險業規模最大，占了半壁江山；其次是製造業，占比接近20%。在日本對外直接投資中製造業占比則遙遙領先，接近51%；其次是金融保險業，占比超過16%（見圖4—21）。這樣的對外投資行業分佈，實際上體現了這兩個國家各自的經濟特點：儘管美國是全球製造業、創新能力最強的國家，但是作為主要國際貨幣的發行國，美國金融市場非常發達，美聯儲對國際資本流動具有強大的影響，擁有其他國家無法比擬的金融業競爭優勢，因此對外直接投資以金融保險業為主。日本自20世紀70年代起成為世界加工廠，擁有東芝、三菱等一批世界著名的製造業跨國公司，這些公司科研實力強大，2015年日本獲得專利的數量僅次於美國，日本在新材料、尖端機器人製造等20多個關鍵科技領域具有較大的比較優勢，因此日本的對外直接投資以製造業為主。從美國、日本對外投資的產業分佈中我們不難得到一個重要的啟示，在對外投資時，金融業和製造業要攜手前進，二者之間需要相互支援，應該根據本國經濟的特點，保持一個協調的比例。

對外直接投資大而不強，行業分佈在國際產業鏈的中低端，使得中國的跨國公司的貿易組織能力不強，難以在貿易中掌握定價權，不利於推動人民幣作為貿易計價結算貨幣。因此，在中國擴大對外直接投資中，改善對外直接投資結構至關重要。換言之，供給側結構性改革不僅針對國內，對外直接投資也需要進行供給側改革，以便實現對外直接投資經濟效益最大化，更好地發揮直接投資對人民幣國際化的槓桿作用。對外直接投資既要以中國的優勢行業為主，輸出比較優勢較強的行業，還要在調整國內經濟結構的同時調整對外輸出的產業結構，做大做強中國的對外直接投資。一方面，應該提高對外直接投資中製造業的比例，依託製造業創新能力不斷增強、競爭力不斷提高的優勢，推動國際產能和裝備合作。通過直接投資佔據對外貿易的龍頭，掌握更多的國際營商話語權。另一方面，鼓勵金融機構對外直接投資，增加全球分支機構和網點覆蓋率，增強全球配置金融資源的能力，更好地支援「走出去」的實體企業，發揮金融加速器作用。

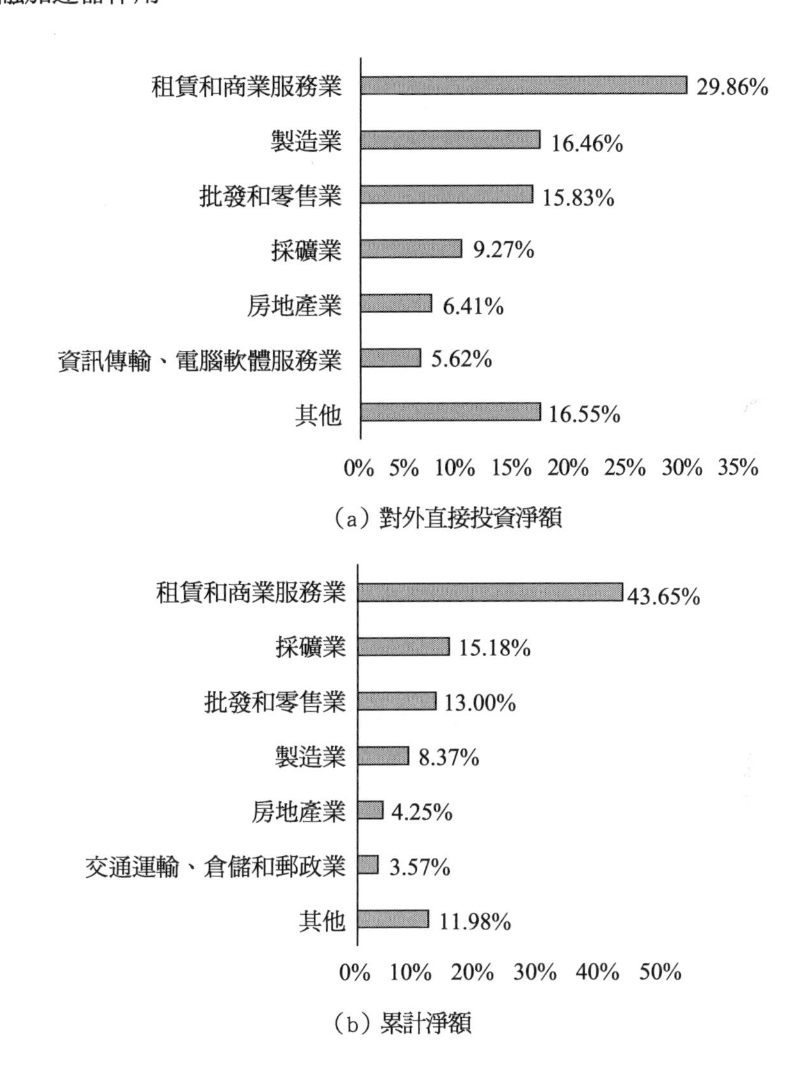

圖4—20　2015年中國對外直接投資淨額、累計淨額行業分佈

資料來源：Wind。

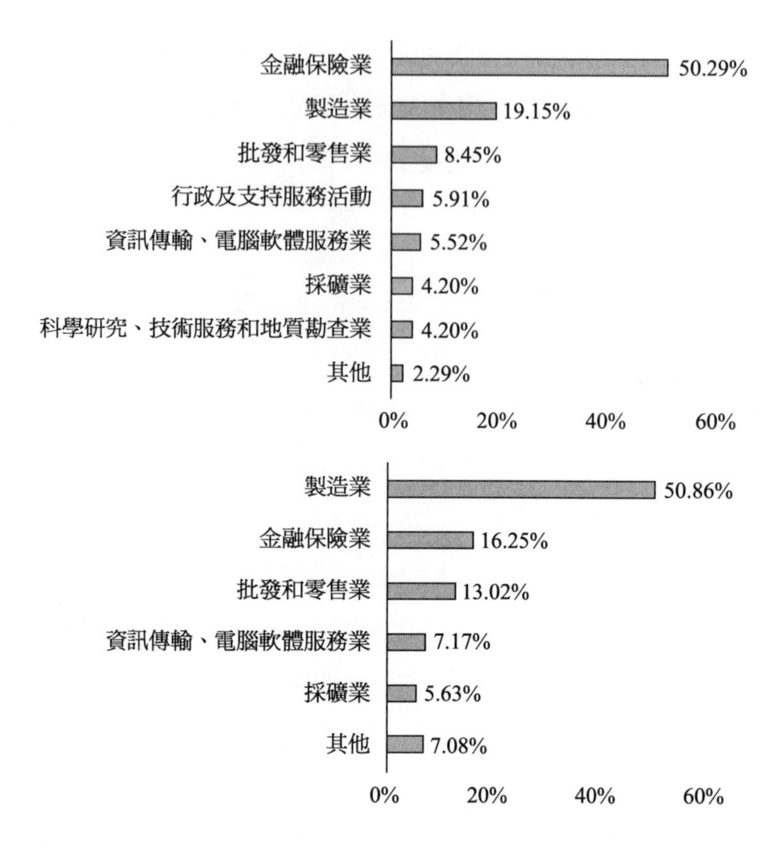

圖4—21　2014年美國（上圖）、日本（下圖）對外直接投資行業分佈

資料來源：OECD資料庫。

此外，從對外直接投資的區域分佈來看，美國、德國、法國、英國等發達國家超過2／3的對外直接投資都是投向政治穩定、開放度高、投資收益穩定的發達國家，歐洲、北美是投資者首選的目標，主要目的是實現產業內、產品內國際分工，獲得更加精細化的比較利益，這與中國的對外直接投資形成鮮明對比。中國對外直接投資的主要目的是服務於貿易、獲得發展所需的資源，主要集中在亞洲，2015年中國對外直接投資流量中亞洲占比達到76.43%，存量中亞洲占比達到72.14%。亞洲集中了主要的新興市場國家，經濟富有活力，成長性好，風險高於發達國家，這樣的對外投資區域分佈有利於中國獲得更高的對外投資收益。由於亞洲國家具有較強的使用美元的習慣，如果中國不能夠儘快完善對外投資結構，不能在對外直接投資中掌握足夠的貿易主導權和定價權，就難以擴大人民幣在直接投資和貿易中的使用規模。

4.4.3 人民幣國際化基礎薄弱

人民幣國際化基礎薄弱主要體現在兩方面：一是人民幣使用的制度和市場不夠健全；二是尚未建立改變國際社會貨幣使用慣性的「網路效應」。

人民幣使用的制度和市場不夠健全，在一定程度上打擊了人民幣的主觀使用動機。與其他主要國際貨幣相比，人民幣客觀上還存在一定程度的自由兌換限制，中國境內缺乏多層次、多元化的資本市場，尤其是外匯市場產品不夠豐富、風險管理功能較弱，不能很好地滿足國際投資者獲得、持有人民幣的需求。1996年中國實現了經常帳戶下的貨幣可自由兌換，並根據經濟發展和風險管理的需要，有序推進資本帳戶開放進程，逐漸放鬆和取消資本管制。目前，由於美元進入加息期，強勢美元引發資本大規模流向美國，人民幣承受著較大的貶值壓力，需要加強短期資本流動管理，例如，強化人民幣兌換的真實性審查，防止匯率過度波動傳染到資本市場、房地產市場，牢牢守住不發生系統性金融風險的底線。增強人民幣使用動機，需要更多開放金融市場，完善多管道的人民幣回流機制。儘管中國大幅開放了債券市場，在股票市場實現滬港通、深港通基礎上推出了債市通，資本市場人民幣跨境循環機制正在逐漸完善，然而，中國匯率、利率市場化改革仍處在攻堅期，債券市場結構不盡合理，期貨等衍生品市場產品種類比較單一，國際化程度不高，相比於歐美等發達國家仍有較大差距。

擴大人民幣使用的一個主要障礙是美元、歐元強大的使用慣性和網路效應。各國在國際經濟往來中使用哪一種國際貨幣，除了經濟考量外，還有歷史文化因素，因此國際貨幣的使用具有很強的路徑依賴，無法輕易改變。要改變一國的貨幣使用習慣，往往需要一兩代人的努力。從國際貨幣發展進程看，英鎊經歷了兩個世紀的時間才戰勝荷蘭盾和法郎，於19世紀70年代成為國際貨幣的主導者；70多年之後經由布列敦森林體系的制度安排，美元才取代英鎊成為世界霸主。自此，即使受到馬克、日圓、歐元的競爭和次貸危機的衝擊，美元的國際貨幣地位仍然無法撼動，在交易媒介、貯藏手段等方面發揮著難以替代的作用。雖然中國的對外直接投資主要集中在亞洲，而且近年來更多投向「一帶一路」沿線國家，從經濟理性看，越南、馬來西亞和新加坡等國家選擇使用人民幣更為有利，但是它們卻習慣於使用美元。強大的美元使用慣性進而形成整個國家的外幣計價結算、儲備增值系統的網路效應，反過來進一步強化美元使用慣性，二者形成良性循環。毋庸置疑，這種良性循環具有排斥其他外幣的特點，抬高了使用人民幣的門檻。因為美元計價結算網路大大降低了人民幣在該國的流動性，較小的規模必然會抬高人民幣結算的交易成本，導致市場力量將人民幣從該國市場中擠出去。歷史經驗表明，要改變人們的貨幣使用習慣，需要時間和耐心，更需要技術進步。也就是說，人民幣國際化註定是一個漫長的過程，需要一代人甚至幾代人的努力。當然，技術進步可以縮短這一過程，當「互聯網+」快速改變我們的商業模式、生活方式和支付方式時，現有國際貨幣的網路效應就會受到毀滅性打擊，借助中國在互聯網金融、電子支付和數位貨幣應用方面的優勢，人民幣有望實現彎道超車，以較短的時間獲得足以支撐人民幣國際化的網路效益。

4.4.4 尚未建立必要的聯動機制

理論上講，直接投資可帶動貿易人民幣計價結算，促進金融機構國際化和離岸人民幣市場發展，但是要發揮直接投資對人民幣國際化的樞紐和槓桿作用，還需要直接投資與貿易、直接投資與金融市場發展、貿易與人民幣結算等多個環節相互協調和無縫對接。目前，以直接投資推動人民幣國際化的有效聯動機制尚未建立起來，主要表現在四個方面：第一，中國「走出去」的企業、金融機構大多各自為政，努力實現自身的盈利目標與戰略發展藍圖，較少將自身的經營與人民幣國際化戰略對接。不同主體之間沒有重視彼此的目標協調，存在步伐不一致、節奏不匹配問題，缺乏業務發展與擴大人民幣使用的頂層設計和制度性安排。第二，外部環境惡劣，中資企業、中資銀行聯手推進對外直接投資和人民幣國際化面臨較大的挑戰。由於「一帶一路」沿線國家風險較高，如果中資企業和金融機構都將人民幣集中投向同一個對外直接投資項目，就無法實現資金來源多元化和風險分散，還容易因雙重中資身份而引起東道國的懷疑和人為阻撓。第三，多頭管理直接投資，缺乏必要的政策協調。中國的直接投資管理涉及外匯管理、行政審批、融資體制和政策支持體系等，具有多頭管理的特點。其中，外匯管理局對外匯來源和外匯投資風險進行審查，商務部[1]、發改委[2]負責行政審批，財政部和國有資產管理部門對境外的國有資產產權進行管理。多部門的分工管理雖然可以提高行政管理的專業性、安全性，卻在一定程度上複雜了行政審批流程，在直接投資推動人民幣國際化問題上，難以實現「1＋1＞2」的協同效應。尤其是，一旦各部門不能夠協同一致推動人民幣跨境使用和離岸人民幣業務，就會產生內耗，延緩人民幣國際化進程。

4.5 對策與建議

為了擴大直接投資，夯實人民幣國際化的經濟和貿易基礎，充分發揮直接投資推動人民幣國際化的槓桿動力，應該採取以下措施。

第一，加強立法和國際法律、政策協調，降低國家風險損失。根據中國直接投資的特點和最新發展趨勢，深入分析和研究「一帶一路」沿線國家的經濟發展需要和國家風險變化，拓寬國家風險管理管道，降低國家風險損失，在國家層面為擴大對外直接投資提供制度保障。政府應該加強立法保護、政策溝通和國際合作，簽訂雙邊和多邊投資協定，保護外資的合法權益和利益，建立國家風險損失賠償機制，努力降低企業直接投資面臨的國家風險。中資企業應該深入研究東道國的國際環境、法律政策，避免引發誤解、觸及對方底線，蒙受不必要的損失。

1 《境外投資管理辦法》，商務部令2014年第3號，2014年9月6日。
2 《境外投資項目核准和備案管理辦法》，國家發展改革委令第9號，2014年4月8日。

第二，改善直接投資結構，提高金融、製造業的對外投資比例。中國的直接投資除了在國際國內兩個市場優化配置資源的功能外，還肩負著實現國際產能與裝備合作、加速供給側改革的重任以及推動人民幣國際化的重任。因此，應該繼續堅定不移地吸收外商直接投資，加大力度引進發達國家的高精尖科學技術和先進管理經驗，借此助推國內經濟轉型和產業升級；同時大力發展對外直接投資，將其與「一帶一路」倡議和國內供給側改革相結合，創造條件、抓住機遇，將製造業作為未來3年擴大對外直接投資的主攻方向。鼓勵金融機構跟隨企業「走出去」，加快國際化步伐，為中資跨國公司提供強大的金融支援，促進對外直接投資結構優化升級。簡言之，必須堅持吸引外商直接投資和對外直接投資的雙支柱並行，實現經濟結構優化、人民幣國際化的同步發展。

第三，大力發展金融科技，運用區塊鏈、互聯網、大資料技術，推動電子商務、電子結算和數位貨幣的應用，通過技術手段改變人們的貨幣使用習慣，利用中國在電子商務、協力廠商支付、手機移動支付方面的優勢，構建人民幣計價結算、支付的新平臺，超越傳統的國際貨幣形成機制與路徑，快速獲得人民幣使用的網路效應。一方面強調金融部門的主力軍作用，適應不同行業、不同組織架構的跨國公司的需要，提供全方位的跨境金融服務，建立安全、普惠的清算結算體系，提高直接投資中人民幣使用的效率和便利性。另一方面進一步深化國內金融體系的改革，形成與跨境人民幣流動規模相適應的市場基礎，加強人民幣貨幣市場、債券市場、外匯市場和衍生品市場的建設，完善國債收益率曲線，建立更為有效、合理的在岸、離岸人民幣市場定價基準，豐富國內金融產品的種類和數量，為人民幣國際化創造更有深度的國內市場環境和更為便利的使用條件。此外，加強與境外金融機構的合作，境內外聯動，也是提升人民幣網路效應的有效路徑。例如，2012年12月，哈薩克人民銀行加入中國銀聯，成為銀聯國際代表中東歐、獨聯體和中亞國家的諮詢委員會成員，這是中國在「一帶一路」建設中企業和銀行相互配合、共同推進人民幣國際化的一大成功案例。截至2016年年底，哈薩克人民銀行、儲蓄銀行、貿易銀行等金融機構發行120多萬張銀聯卡，免除了企業在哈薩克堅戈、美元、人民幣之間進行兌換的麻煩，大大降低了匯率風險和匯兌手續費，使得中資企業和中資銀行贏得了發展的良好環境，能夠事半功倍地發揮人民幣的國際貨幣職能。

第四，加強頂層設計，推動各經濟主體和各部門相互協調，建立直接投資帶動人民幣貿易結算、金融服務的良性互動機制。以直接投資帶動人民幣國際化僅靠非金融企業在實體經濟層面的拉動略顯式微，中資銀行的加入可以提供加速器和潤滑劑，實現良性循環。在中國企業積極主動強化人民幣投資和貿易計價結算動機的同時，金融機構應該努力構建規模足夠大、產品足夠豐富、管道足夠多的金融交易平臺，政府部門也應該進一步完善便利人民幣使用的金融基礎設施和政策。各主管部門之間需要加強配合協作，建立統籌規劃機制，將發展直接投資與推動人民幣國際化有機結合起來，簡化重複性的審批流程、實現多方政策支援的無縫銜接。當直接投資擴大後，尤其是當人民幣成功投出去、貸出去後，進一步發揮人民幣的國際貨幣功能則需要企業、金融機構、政府三方面的配合與協調。

第五章

主要突破口：人民幣債券市場

成熟的債券市場是一國金融體系的基石，它一方面為經濟中的政府、企業和家庭等部門籌措資金提供管道，另一方面為眾多機構和個人投資者提供低風險、高流動性的投資工具，從而實現經濟體中儲蓄向投資的重要轉化。一個成熟的債券市場同時也是傳導中央銀行貨幣政策的重要載體，債券交易價格形成的收益率曲線是經濟體內各種金融產品重要的定價標準，說明金融系統形成完整的資金價格體系。實際上，眾多國家的貨幣政策實施是通過在其債券市場中進行公開市場操作實現的。

債券市場也是構成國際資本流動的主管道之一。一個國家的主權債券、金融機構債券以及高評級公司債券因其低風險、高流動性的特性最易受到非居民投資者的青睞，特別是那些包括保險公司和養老基金在內的注重長期回報的機構投資者。

近年來的一些學術研究[1]將國家主權債券與高等級金融債券視為「安全資產」（safe assets）。一些學者認為，長期以來投資者都存在對「安全資產」較為穩定而巨大的需求。當金融體系無法製造出足夠的安全資產滿足大眾需求之時，經濟體可能會出現嚴重的扭曲，甚至為未來的金融危機播下種子。

對「安全資產」的需求不單來自本國居民，同時也來自非居民投資者。非

1 Gorton, G., S. Lewellen, and A. Metrick (2012). "The Safe-Asset Share," *American Economic Review*, May, 101-106.

居民投資者財富的增長驅動它們進行國際投資分散自身的資產組合風險，國際市場中的「安全資產」自然成為它們的首選。非居民投資者對於國際「安全資產」的需求，在某種程度上可以解釋為何債券市場會成為國際資本流通的主管道之一。

遺憾的是，在當前的國際金融貨幣體系安排下，國際「安全資產」仍是一種全球稀缺的公共物品，它的供給主要是由包括美國、歐元區、日本在內的發達經濟體來承擔。而在這些發達經濟體中，美國提供的「安全資產」又佔據著最主要的地位。歐元區與日本目前面臨人口老齡化，經濟增長乏力，內部改革措施進展緩慢等一系列嚴峻挑戰，因而在提供國際「安全資產」方面受到諸多制約。

如同其他國際公共物品一樣，當「安全資產」過於依賴單一國家提供，極有可能會出現供給缺乏彈性的問題，進一步在全球經濟金融系統的某些部分造成嚴重扭曲。以全球債券市場為例，當美國由於自身經濟週期的原因開始加息之時，其他國家以美元債券形式積累的財富面臨大幅縮水的風險。同時，由於美元債收益率是全球金融體系定價的重要參考價格，美元債收益率的急升不可避免地會影響全球資金價格，對本已疲弱的全球經濟、貿易形成二次打擊，對那些抵禦外來衝擊能力較弱的新興經濟體造成傷害。

20世紀發生的日圓國際化和歐元的誕生，在一定程度都屬於改變國際「安全資產」供給單一化局面的有益嘗試。然而目前歐元區和日本這兩大經濟體各自面臨困境，在未來相當長的一段時間，它們對全球的經濟增長貢獻與美國的差距可能會進一步擴大而不是縮小。這將嚴重制約這兩大經濟體對於國際「安全資產」的供給，令全球「安全資產」稀缺和供給壟斷的情況進一步惡化。

人民幣國際化過程可望在一定程度上令美元「安全資產」獨大的狀況有所改觀。在這個過程中，人民幣債券市場的發展與開放具有獨特的地位。長遠來看，建設和發展人民幣債券市場，有利於優化我國貨幣政策執行框架，可為「一帶一路」倡議提供金融支援。一個開放的、國際化的人民幣債券市場可以擔當向全球提供國際「安全資產」的重要功能，通過為其他國家居民提供儲蓄工具幫助他們更好地積累自身財富和分散投資風險，同時為全球金融體系提供重要的流動性，推動國際貨幣體系改革。

另外，人民幣債券市場的開放和發展，是構建順暢的人民幣環流機制，從而進一步深化人民幣國際化進程的重要途徑。誠然，由於債券市場的對外開放涉及資本帳戶監管的重要變化，監管當局在此方面的嘗試不得不更加謹慎。同時，中國債券市場由於發展時間較短，之前又處於相對封閉的狀態，非常可能在未來開放的過程中伴隨出現已知和未知的風險。從這個意義上講，中國債券市場的開放是人民幣國際化中最具挑戰性的一環。目前考慮到人民幣國際化與匯率改革和資本帳戶有序開放等其他重要金融改革的協調部署，我們建議監管當局不妨以在岸債券市場對外開放為突破口，為人民幣國際化的最終成功打下堅實的基礎。

在具體政策實施方面，我們建議增加國內債券市場開放力度，同時大力建設和發展人民幣國際債券市場。在這一方面應當建立一系列綜合評價人民幣國際化程度的重要指標，包括：（1）海外非居民投資者在人民幣國內債券市場的投資份額占比；（2）人民幣標價債券在國際債券市場中的發行量占比；（3）其他國家持有的人民幣債券在其外匯儲備以及國家主權財富基金中的資產占比。

需要繼續完善國內人民幣債券市場機制建設，建立人民幣國債市場做市商制度，增加短期限國債發行量，完善利率結構曲線，增進債券市場流動性，以此吸引非居民更多參與國內債券市場。還需要儘快改變國內債券市場多頭監管現狀，建立統一的債券市場監管框架，逐漸解決國內企業和機構到國際市場發行和交易人民幣債券的政策障礙。產品創新是做大做強人民幣國際債券市場的關鍵，未來應該重點發展資產支持債券、熊貓債以及包括木蘭債在內的SDR債券等產品。

在岸債券市場的開放和發展應當與離岸市場相互配合協調，儘管近期提高人民幣在全球債券市場金融交易功能的重點在於在岸市場，但是離岸人民幣債券市場的發展和完善仍不可偏廢。我們建議把握我國擴大開放的有利時機，繼續穩步推進資本帳戶項下各項改革，便利境內外企業通過離岸人民幣債券市場籌集資金匯入國內並投向實體經濟；堅持在離岸市場適量發行包括國債在內的高等級人民幣債券產品，借助在岸市場的深度和廣度優勢，引導帶動離岸市場價格向在岸市場靠攏；並借助離岸市場鼓勵境內機構發行SDR債券，進一步擴大SDR在全球金融市場的地位。

5.1 債券市場是國際資本流動的主管道

5.1.1 全球債券市場發展迅速

隨著全球經濟增長與金融深化的進行，全球債券市場在過去近30年的時間裡迅速發展壯大。截至2015年第四季度，國際清算銀行報告的全球債券存量總和已經達88萬億美元。在1989—2015年這段時間裡，全球債券總量的年平均增長率達到8.2%，遠遠超過同期全球GDP的增長率。

全球債券又可細分為國內債券（domestic debt securities）與國際債券（international debt securities）兩種，前者定義為借款人（即債券發行人）在本國金融市場發行的債券，而後者是借款人（即債券發行人）在本國以外的金融市場發行的債券。國際債券又可細分為外國債券與歐洲債券，外國債券是指借款人在其本國以外的某一個國家發行的、以發行地所在國的貨幣為面值的債券。外國債券的發行必須經發行地所在國政府的批准，並受該國金融法令的管轄。在美國發行的外國債券（美元）稱為揚基債券；在日本發行的外國債券（日圓）稱為武士債券。而歐洲債券是借款人在債券票面貨幣發行國以外的國家或在該國的離岸國際金融市場發行的債券。理論上講，歐洲債券的發行無需任何國家金融法令的管轄。

國際清算銀行的資料表明（見圖5—1），無論是國內債券還是國際債券，在1997—2015年這段時間內都得到了飛速發展。國際債券存量的增長勢頭佐證了全球金融市場一體化的進步。在發行的國際債券中，很大一部分是由新興市場國家的政府和企業部門發行的，標誌著它們越來越頻繁地利用國際金融市場滿足其日益增長的融資需求。

全球債券市場受到2008—2009年全球金融海嘯的重創，其增長速度在2008年之後顯著放緩，特別是國際債券。截至2015年年末，國際債券存量水準與其2008年存量水準大致相當，說明2008—2009年全球金融海嘯給國際債券市場帶來的影響是持續性的。

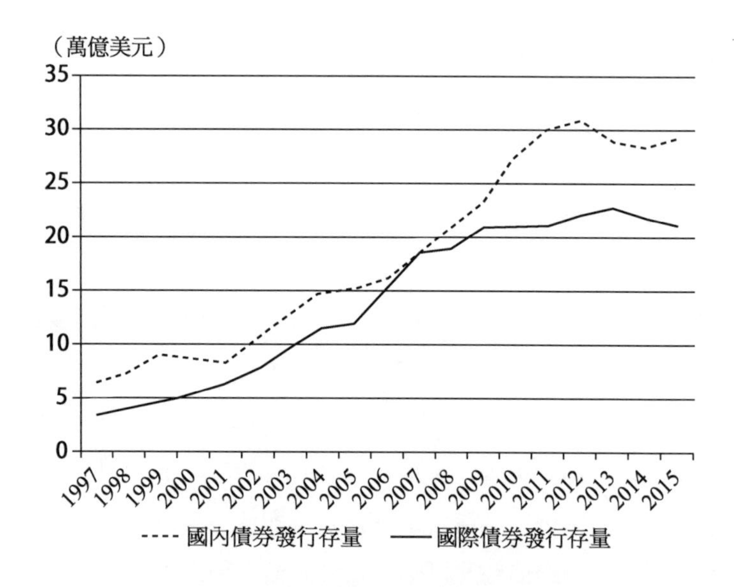

圖5—1　國內債券與國際債券發行存量

資料來源：國際清算銀行。

5.1.2　重要經濟體債券發行

根據可得資料，我們比較幾個重要經濟體的債券發行總量與GDP的比重（見圖5—2）。需要指出的是，發行總量不僅包括經濟體居民在本國金融市場發行的國內債券，也包括它們在海外市場發行的國際債券。例如，美國的債券發行總量就包括美國企業和金融機構在歐洲美元市場發行的債券。

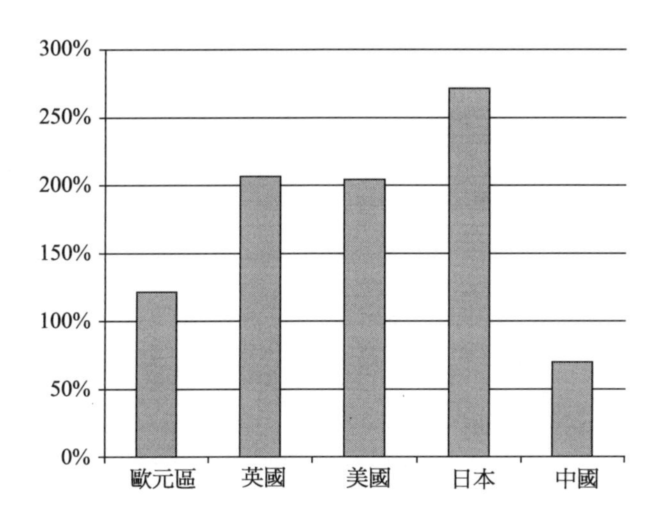

圖5—2　全球主要經濟體債券發行總量與GDP的比重

資料來源：國際清算銀行與IMF WEO資料庫。

在列出的五大重要經濟體中，美國發行人的債券發行總量高達36萬億美元，其絕對數量排名世界第一；緊隨其後的是歐元區，數量達到20萬億美元。以相對GDP規模而言，日本排名第一，債券發行總量為GDP的270%左右，其後是英、美兩國，都在200%以上。歐元區債券發行總量儘管絕對數量排名第二，但是其相對於GDP的比重卻落後於英、美、日三國，其原因在於歐元區的金融體系仍是以銀行為主體，而英、美的金融體系中資本市場的角色更為重要。中國債券發行總量的絕對數量超過英國，但是相對於GDP的比重卻最低，僅占GDP的70%左右。這同時也表明中國的債券市場存在更多的發展空間。

根據發行人性質，債券可以分為政府債券、金融機構債券和非金融機構債券三類。從發行人的性質分類上看（見圖5—3），歐洲、美國和英國的發行人結構更為相似，特點都是金融機構債券與政府債券規模相差不大，而非金融機構債券的份額最小。特別是歐洲，非金融機構債券的份額僅占總體份額的6.5%左右，這也是其以銀行為主導的金融體系所決定的。

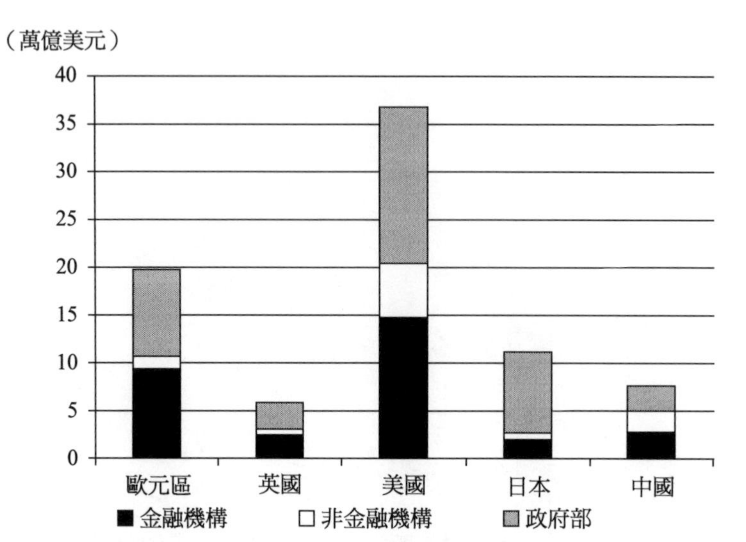

圖5—3　全球主要經濟體債券發行人結構

資料來源：國際清算銀行。

日本和中國的債券發行人結構與英、美、歐存在較大差別。日本是政府債券一家獨大，占總體市場份額達75%。高額的政府負債既與20世紀日本經濟泡沫破滅後的財政刺激有直接關係，也是日本進入老齡化社會的產物。而中國的三類債券發行人結構分配更為均勻，非金融機構債券規模占GDP的20%左右，這一比例僅次於美國。這與近年來中國企業債券市場飛速發展有關。

5.1.3　債券市場是國際資本流動的主管道之一

國際債券市場是國際資本流動的主管道。一個國家的主權債券、金融機構債券以及高評級公司債券因其低風險、高流動性的特性可以被視為「安全資產」。當非居民投資者出於分散自身投資組合風險而進入不熟悉的海外市場之時，這些「安全資產」最易受到它們的青睞，特別是那些包括保險公司和養老基金在內的注重長期回報的機構投資者。非居民投資者對於國際「安全資產」的需求，導致債券市場成為國際資本流通主管道之一。

根據相關資料，我們對1999—2015年期間世界主要經濟體跨境債券類投資與權益類投資進行比較（見圖5—4）。我們採用國際收支表中該經濟體金融帳戶下資本流出入的資料，計算出該經濟體跨境債券類投資與權益類投資數值。鑒於比較目的是觀察兩類資本流動的總體情況，我們使用的資料是這兩類資本流動的流出入總值，而不是淨值。

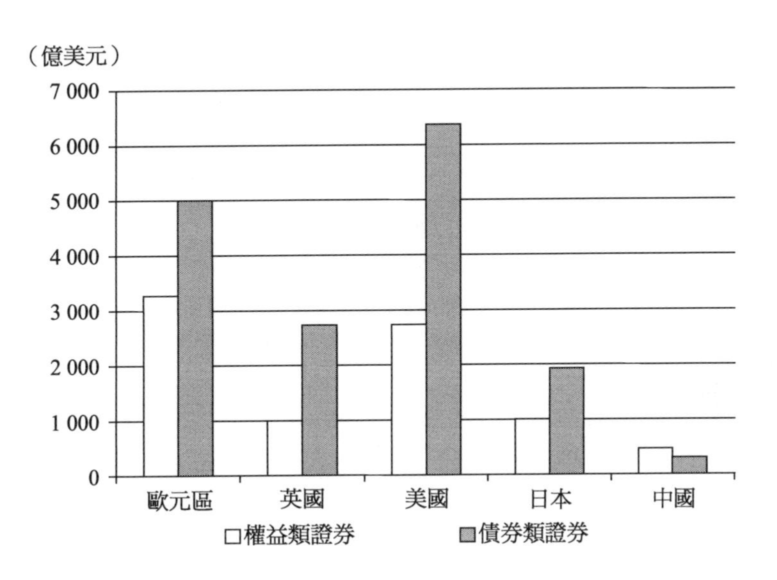

圖5—4　債券類與權益類資本流動的國別比較

資料來源：國際清算銀行。

比較結果顯示，對於英國、美國、日本和歐元區而言，債券類跨境資本流動在1999—2015年期間的平均值遠超同期權益類跨境資本流動的平均值。兩者的相對差距在英國最大，債券類跨境資本流動比權益類跨境資本流動的均值高出173%，歐元區兩者相對差距較小，但是前者仍高於後者50%以上。

這裡唯一的特例是中國，權益類跨境資本流動反而高於債券類跨境資本流動66%。這與中國資本帳戶未實現完全可兌換有關。在逐步開放資本帳戶的過程中，出於對外債問題的審慎顧慮，監管當局對開放權益類投資專案更為進取，無論是QFII 還是QDII專案，在成立之初都是要求以權益類證券為主要投資標的。隨著過去幾年人民幣國際化進程的不斷深入，監管當局開始逐步放寬債券類跨境投資的限制，除了放寬QFII專案中對於債券類投資的限制，還特別推出以人民幣跨境投資為基礎的RQFII項目，其主要投資方向是在岸債券市場。

5.2 加強人民幣在全球債券市場的金融交易功能

5.2.1 國際化貨幣金融交易功能的體現

國際化貨幣在全球市場上金融交易功能的重要體現形式之一是在國際債券市場上成為標價貨幣。事實上，國際債券的標價貨幣集中於以美元、歐元為首的幾種國際化貨幣。截至2015年第二季度的資料顯示（見圖5—5），六種重要國際貨幣標價的國際債券占國際債券總體存量95%以上。按市場份額排名，這六種貨幣依次是美元（42.66%），歐元（39.16%），英鎊（9.62%），日圓（1.95%），瑞士法郎（1.43%）以及加拿大元（0.87%）。

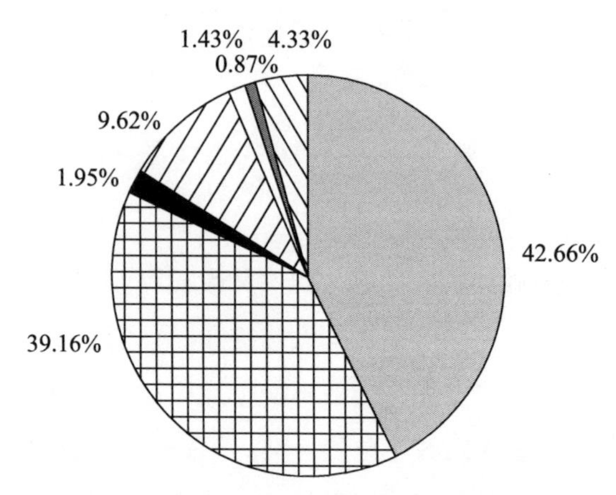

圖5—5　國際債券市場標價貨幣份額

資料來源：國際清算銀行。

國際債券的標價貨幣其實也是主要的國際化貨幣。基本上美元和歐元這兩大國際貨幣處於平分秋色的地位，而緊隨其後的英鎊市場份額只有美元和歐元的四分之一，前三種國際貨幣已經佔據國際債券市場份額的90%以上。

能否在國際債券市場成為標價貨幣本身就構成貨幣國際化的一種測量維度，其背後還包括深層次的原因。從國際債券的發行者角度講，他們通過債券發行得到的資金可以在更廣的範圍內使用，因而只有國際化程度高的貨幣才能承擔標價幣種的作用。而從債券投資者的角度講，他們對國際債券的投資是一種儲藏財富的形式，因此只有被國際廣泛接受的國際化貨幣資產，才能夠吸引足夠多的投資者進行投資。值得重視的是，除了在國際債券市場上發揮標價功能之外，國際化貨幣自身的國內債券市場也具有較高的對外開放水準。如此可以吸引海外投資者在其國內債券市場活躍交易，說明國內債券市場實現交易主體多元化，並在客觀上起到為全球提供「安全資產」的作用。在這個方面，我國在岸市場的開放程度與幾個擁有國際化貨幣的經濟體存在較大差距。以國債市場為例，包括美國、英國、日本和一系列歐元區國家在內，其非居民持有國債比例遠遠超過我國當前水準（見圖5—6）。

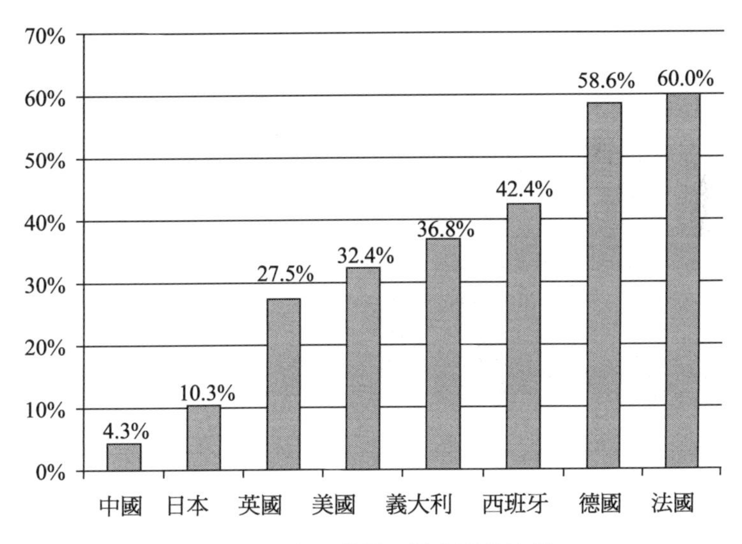

圖5—6　各國非居民持有國債比例

資料來源：Bruegel，ADB與Wind。

各國貨幣當局和主權基金也同樣是全球債券市場的重要投資者。根據IMF的統計資料，截至2016年第三季度，全球外匯儲備總額已達11萬億美元的規模。儘管外匯儲備具體的投資產品並沒有披露，但是根據外匯儲備對投資的高流動性需求，我們認為絕大部分外匯儲備會投資於債券類工具。美國財政部也公佈海外官方持有的美國長期債券工具高達9.5萬億美元（2015年6月數字），也間接證實全球大量外匯儲備投資於全球債券市場。

外匯儲備作為國家重要的外來抵禦風險緩衝機制，它需要在重要關頭發揮國際清償手段的作用，因此外匯儲備投資的資產需要由國際化貨幣標價，特別是債券。IMF的統計資料顯示（見圖5—7），美元標價資產占全球國際儲備比例更是高達63.28%，遠超名列第二的歐元標價資產（20.29%）。

從上面的分析可以推出，人民幣國際化進程的深入和人民幣本身在國際貨幣體系中地位的鞏固離不開其在全球債券市場金融交易功能的強化。可以斷言，人民幣在全球債券市場金融交易功能的欠缺，更大程度上應歸咎於人民幣債券市場之前由於資本帳戶的管制而造成的相對封閉狀態。因此目前存在這樣的可能性，即通過人民幣債券市場的開放和發展，提高人民幣在國際債券市場的份額，進一步鞏固人民幣作為國際性貨幣在全球貨幣體系中的地位。

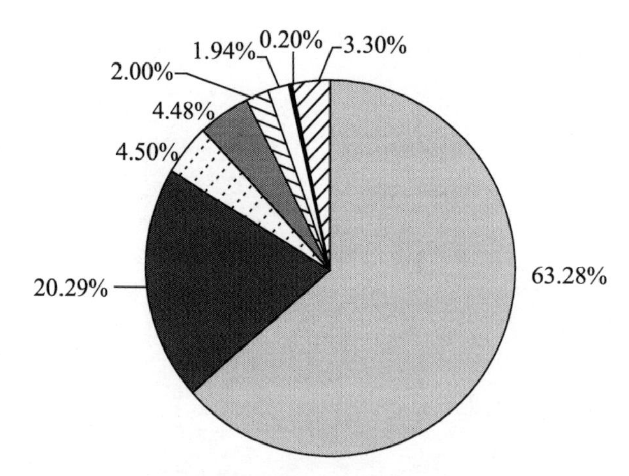

圖5—7　國際儲備標價貨幣

資料來源：IMF COFER資料庫。

特別是，人民幣在2015年加入SDR貨幣籃子為人民幣提升自身在國際債券市場的標價地位帶來一個重要契機。一方面，人民幣入籃有助於增強SDR的代表性和吸引力，擴大SDR使用以緩解依賴單一主權貨幣的內在風險。另一方面，人民幣入籃將進一步提振市場信心，夯實人民幣金融交易與國際儲備職能，為全球經濟增長與金融穩定貢獻力量。

綜上所述，我們應當牢牢把握人民幣入籃這一制度性機遇，通過促進人民幣債券市場的開放和發展，增強人民幣的金融交易功能。在此方面應當建立一系列重要的評估指標：（1）海外非居民投資者在人民幣國內債券市場的投資份額占比；（2）人民幣標價債券在國際債券市場中的發行量占比；（3）其他國家持有的人民幣債券在其外匯儲備以及國家主權財富基金中的資產占比。

5.2.2 人民幣在全球債券市場範圍內實現金融交易功能的途徑

按照債券發行人、投資人以及交易活動發生地點（在岸或離岸），我們將債券交易活動進行分類（見表5—1）。事實上，隨著我國金融體制改革的推進以及資本項目下的逐步有序開放，特別是過去幾年人民幣國際化進程的迅猛發展，表5—1中列出的所有8個類別的人民幣債券交易活動目前都存在具體實踐的例子。

表5—1　債券交易活動的分類

債券發行人	債券投資人	在岸市場	離岸市場
本國居民	本國居民	（1） 性質：國內債券 活動：國內債券投資人在銀行間和交易所市場購買債券	（5） 性質：歐洲債券 活動：本國居民在離岸市場發行點心債和寶島債等；本國居民通過QDII和QDLP（合格境內有限合夥人）等資本開放項目在離岸市場購買

續前表

債券發行人	債券投資人	在岸市場	離岸市場
	外國居民	(2) 性質：國內債券 活動：外國居民通過QFII、RQFII、QFLP、銀行間市場開放等資本市場開放項目購買本國居民發行的債券	(6) 性質：歐洲債券 活動：本國居民在離岸市場發行點心債和寶島債等；外國居民在離岸市場購買
	本國居民	(3) 性質：外國債券 活動：外國居民發行熊貓債；本國居民購買	(7) 性質：歐洲債券 活動：外國居民在離岸市場發行點心債和寶島債等；本國居民通過QDII和QDLP等資本開放專案在離岸市場購買
外國居民	外國居民	(4) 性質：外國債券 活動：外國居民發行熊貓債；外國居民通過QFII、RQFII、QFLP、銀行間市場開放等資本市場開放項目購買	(8) 性質：歐洲債券 活動：外國居民在離岸市場發行點心債和寶島債等；外國居民在離岸市場購買

5.2.3 目前的最優路徑在於促進在岸債券市場開放

長遠來講，人民幣國際化的過程必然要伴隨著上述所有類別交易活動的發展壯大，直至人民幣在全球債券市場取得與其國際貨幣地位相適應的市場份額。然而就目前情況而言，推進在岸債券市場的對外開放、吸引外國居民更積極地參與在岸債券市場的投資和融資活動更具緊迫性，應當成為下一步人民幣國際化的推動重點。這個判斷既與在岸市場和離岸市場目前發展的情況有關，又與我國整體金融體制改革的戰略部署有著重要聯繫。

在人民幣開始其國際化進程以來的大部分時間裡，以香港點心債為代表的離岸人民幣債券市場都處於飛速發展的狀態。不過香港點心債發行規模近年來有所回檔（見圖5—8）。截至2016年9月末，離岸市場共發行人民幣債券1 918支，總發行規模10 174億元，存量規模為5 400億元。其中，共有165家具有中資背景的機構（包括財政部、中國人民銀行、政策性銀行、商業銀行、國有企業和民營企業等）在離岸市場發行479單點心債，發行規模5 636.5億元。

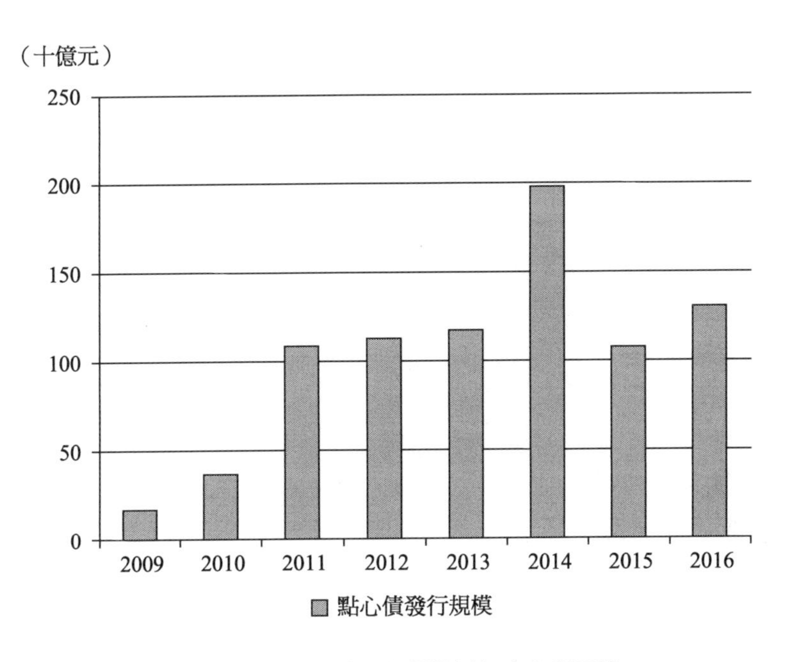

圖5—8　香港點心債發行規模近年來有所回檔

資料來源：香港環亞經濟資料有限公司。

離岸債券市場在人民幣國際化初期的迅猛發展有其深刻的背景原因。首先，人民幣國際化進程是從人民幣跨境貿易結算試點開展起來的，而在當時海外人民幣存量十分有限的條件下，人民幣跨境貿易結算的主要形式是向海外支付人民幣，客觀上增加人民幣的海外存量，而以香港為代表的人民幣離岸市場同時又是國際金融中心，具有成熟完備的金融基礎設施和寬鬆的監管環境，因此人民幣債券市場在這些離岸中心自然發展起來。其次，在2015年「8・11」匯改之前的時間裡，人民幣本身呈現對其他國際貨幣（特別是美元）的單邊升值態勢，因而以債券為代表的人民幣資產在離岸市場大受追捧，離岸市場優惠的發行條件和相對較低的發行成本甚至吸引國內債券發行人去離岸人民幣市場進行融資，因此離岸市場一時間變得非常興旺。最後，在上面兩個市場驅動因素之外，我國監管者對於離岸人民幣債券市場的發展也是抱有樂觀其成的態度，不斷放鬆國內機構和企業去海外發行人民幣債券的限制，同時也在資本項下為海外人民幣回流創造條件，希望通過離岸人民幣債券市場的發展帶動人民幣國際化進程不斷深入。

在岸人民幣債券市場在2015年8月匯率之前的很多開放舉措都是在配合離岸人民幣市場的發展，例如QRFII的推出。而由於監管者對在資本帳戶項下開放持有謹慎態度，因此人民幣在岸債券市場對外開放的主動性舉措在此期間並不太多。

然而在2015年8月匯率改革開始之後，離岸債券市場的發展受到強大阻力。由於人民幣匯率單邊升值的預期被打破，離岸市場投資者持有人民幣債券的興趣陡然下降。更為重要的是，離岸市場與在岸市場之間資本帳戶不完全流通的情況導致離岸市場人民幣流動性受限，而離岸市場缺乏央行扮演人民幣流動性最終提供者角色，從而導致離岸市場人民幣利率波動較大，進一步打擊投資者持有人民幣債券的熱情。不可否認，由於離岸人民幣債券市場是一個高度市場化的產物，因而這種逆境打擊對其影響巨大（見圖5—9）。

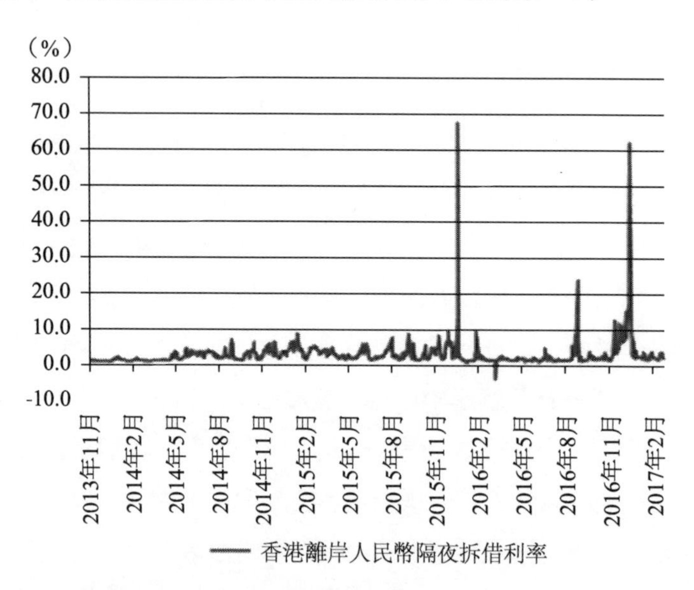

圖5—9　香港離岸人民幣隔夜拆借利率在「8．11」匯改之後波動加大

資料來源：Wind。

目前人民幣匯率改革進入攻堅階段，特別是面臨具有高度不確定性的國際金融環境，仍有必要保持在岸市場與離岸市場在資本項目下的某些間隔。在這樣的條件限制下，我們認為目前應當以在岸債券市場的對外開放為突破口，吸引外國居民來到在岸債券市場進行投資與籌資活動，實現增強人民幣在全球債券市場的金融交易功能。此外，在岸債券市場的對外開放還可以引導長期資本流入，從而在資本跨境流動平衡的基礎之上形成穩定的匯率預期，為最終實現匯率的清潔浮動創造良好條件。

5.3　人民幣在岸債券市場的基本情況與對外開放現狀

5.3.1　中國在岸債券市場的基本情況

中國在岸債券市場目前包括銀行間債券市場、交易所債券市場和銀行櫃檯債券市場三個重要組成部分（見表5—2）。儘管銀行間債券市場起步最晚，但是由於商業銀行的廣泛參與，目前無論從債券存量還是交易量，銀行間債券市場都遠超其他兩個債券市場（見圖5—10）。交易所債券市場發展歷史早於銀行間債券市場，它的參與者涵蓋非銀行金融機構與個人投資者，而商業銀行則被排除在外。交易所債券市場由兩部分組成，其一是實行集中撮合交易的零售市場，其二是由固定收益平臺和大宗交易系統構成的批發市場。前者的主要市場參與者是個人投資者，而後者的主要參與者是機構投資者。銀行櫃檯債券市場是銀行對於零售債券投資者的市場，因此與前面兩個市場相比較，銀行櫃檯債券市場交易規模和交易活躍程度相差很多。

表5—2　中國在岸債券市場的三個重要組成部分

	銀行間債券市場	交易所債券市場	銀行櫃檯債券市場
市場性質	場外交易	場內交易	場外交易
發行和交易券種	國債，金融債，央行票據，短期融資券，中期票據，企業債，資產支持證券	國債，企業債，公司債，資產收益憑證	國債
衍生交易工具	遠期利率協議，利率互換，債券遠期，信用風險緩釋憑證，信用違約互換等	可轉換債券，國債，利率期貨	無
投資者類型	各類機構投資者	所有投資者（非上市商業銀行除外）	個人和企業投資者
交易類型	現券交易，質押式回購，買斷式回購，遠期交易	現券交易，質押式回購	現券交易
交易方式	做市商制度一對一詢價交易	一對一詢價交易和自動撮合	銀行櫃檯報價
結算時間	T+0或T+1	T+1	T+0
債券託管機構	中債登	中證登	商業銀行

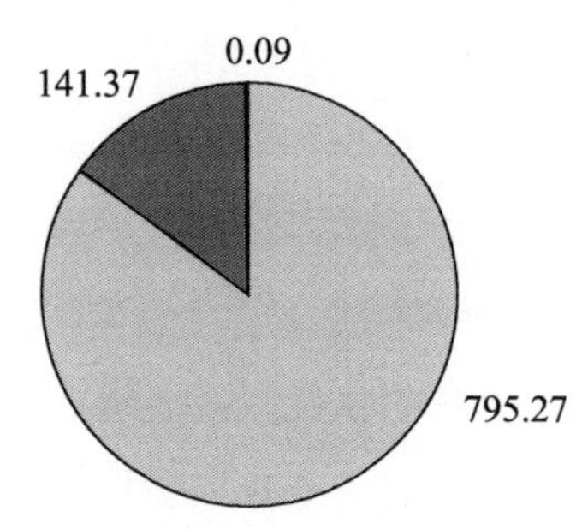

圖5—10　中國債券市場交易規模（萬億元）

資料來源：Wind。

經過20多年的發展，截至2016年年末，中國債券市場存量已達到62.9萬億元，其占GDP的比重也由2006年的40% 提高到90%（見圖5—11）。目前中國債券市場已形成了較為豐富的產品種類，主要包括國債、央行票據、地方政府債、金融債、企業債、公司債、中期票據、短期融資券、超短期融資券、資產支持證券、可轉換債券等品種（見圖5—12）。而從期限上來看，既有期限僅為3個月的短期債券品種，又有30年期、50年期的超長期債券品種。

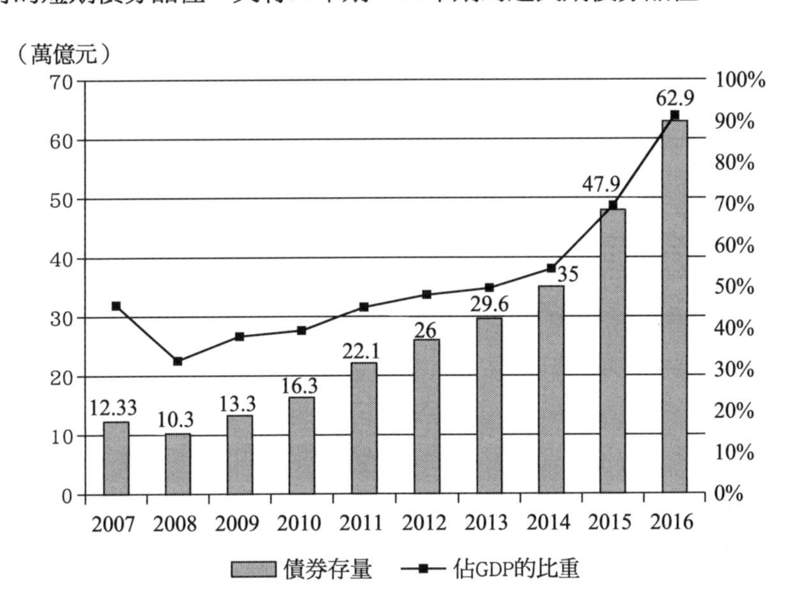

圖5—11　中國債券存量規模及占比

資料來源：Wind。

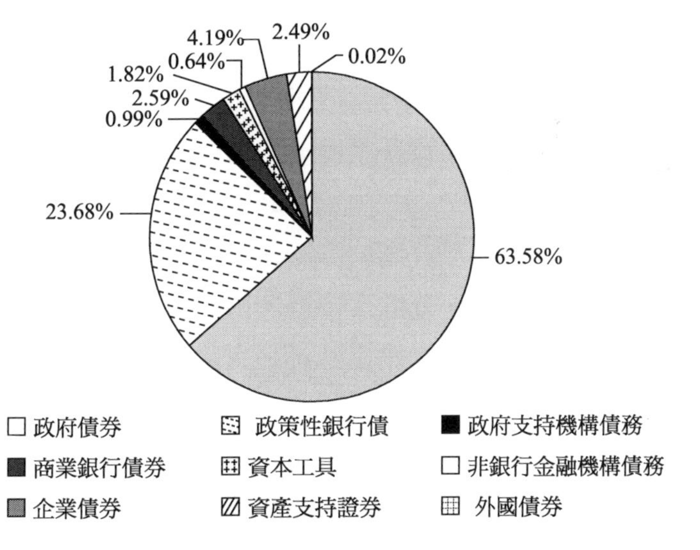

圖5—12　中國債券存量發行人分類

資料來源：Wind。

在市場參與者結構方面，商業銀行仍是最重要的市場參與者，2016年其持有債券占整個在岸債券市場的62.8%，緊隨其後的是基金類金融機構（16.6%），個人投資者占市場份額較小，僅占1.6%左右，低於境外機構持有債券份額（見圖5—13）。

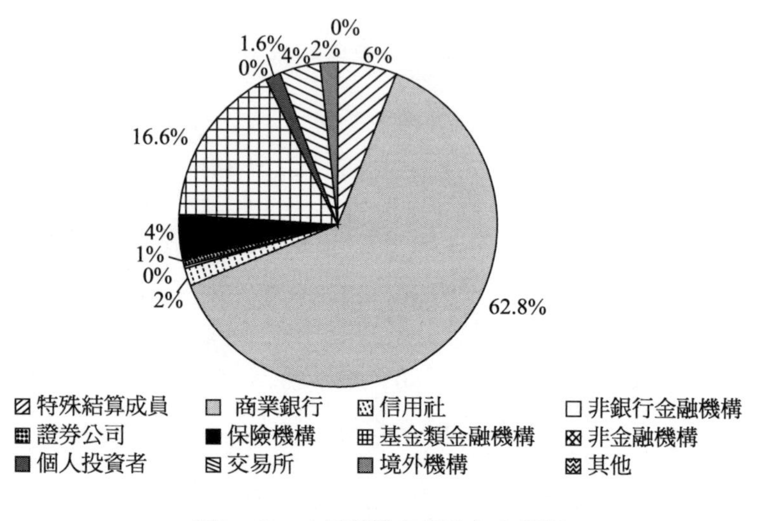

圖5—13　中國債券存量持有人分類

資料來源：Wind。

我國在岸債券市場除了在現券產品上發展迅速之外，在債券相關衍生產品的發展上同樣取得重要進展。在銀行間債券市場上先後引入遠期利率協議、遠期債券以及利率互換等利率衍生交易工具，其中尤以利率互換發展最為迅速。截至2016年年底，利率互換月成交金額超過10 000億元（見圖5—14）。而在2016年年末監管者還引入信用風險緩釋憑證和信用違約互換等信用風險衍生工具，幫助市場參與者實現信用風險對沖。而在交易所債券市場上，自1995年國債利率期貨的過分投機導致風險之後，2013年交易所又重新引入國債利率期貨。但目前國債利率期貨仍未向銀行間債券市場開放，也就是說商業銀行這一債券最主要交易者仍無法通過交易國債利率期貨來對沖自身的持有現券風險。

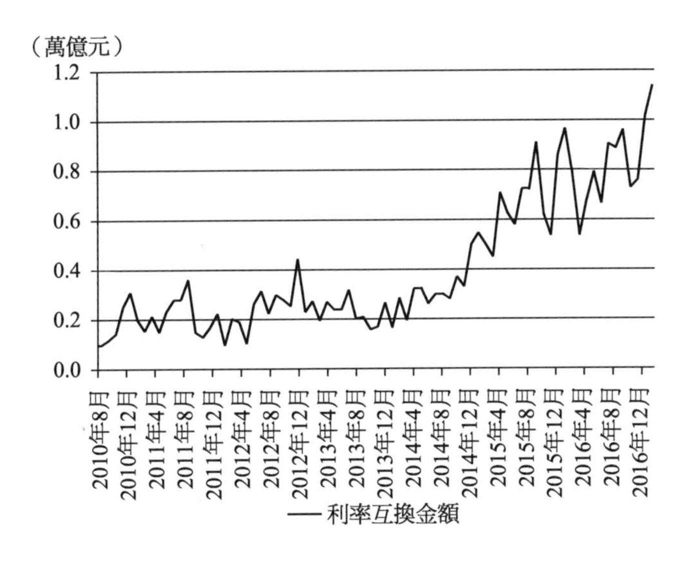

圖5—14　中國利率互換發展

資料來源：Wind。

5.3.2　在岸債券市場開放進程

中國債券市場對外開放隨著中國資本市場的發展不斷深化。2002年開始開放的QFII項目是債券市場對海外投資者最早開放的管道。但是，在QFII發展的早期，對外開放的僅是交易所債券市場，而無論是存量還是交易規模更勝一籌的銀行間債券市場並不在開放之列。更重要的是，由於缺乏有效的對沖工具，QFII下的海外投資人對於國內債券的投資有所保留。

2009年開始的人民幣國際化進程為銀行間債券市場的開放帶來新的動力（見表5—3）。為了提高人民幣在國際上的使用，監管當局先後向國外人民幣清算行、境外央行、貨幣當局、港澳人民幣業務清算行和境外人民幣業務參加行開放銀行間外匯市場。特別是在2011年，推出人民幣合格境外投資者項目（RQFII），允許指定的人民幣境外投資者將手中掌握的人民幣直接投資於境內銀行間債券市場，標誌著銀行間市場對海外投資者的開放。隨後，QFII投資者也獲得投資境內銀行間債券市場的資格。

表5—3　銀行間債券市場投資相關規定變革歷程

時間	內容
2009年7月	允許境外清算行在其存款餘額的8%範圍內投資銀行間債券市場
2010年8月	允許境外央行、貨幣當局、港澳人民幣業務清算行和境外人民幣業務參加行進入銀行間債券市場
2011年12月	推出人民幣合格境外機構投資者（RQFII）制度，與QFII制度相比，投資範圍由交易所市場的人民幣金融工具擴展到銀行間債券市場
2012年7月	QFII投資範圍擴展到債券市場，明確其投資範圍為：在證券交易所交易或轉讓的股票、債券和權證；在銀行間債券市場交易的固定收益產品
2013年3月	擴大RQFII投資範圍，可以投資股票、債券和權證、銀行間債市交易的固定收益產品、基金、股指期貨，可參與新股發行、可轉換債券發行、股票增發和配股的申購
2013年3月	經中國人民銀行同意後，QFII可在獲批的投資額度內投資銀行間債券市場
2015年5月	已獲准進入銀行間債券市場的境外人民幣業務清算行和境外參加行可以開展債券回購交易
2015年7月	大幅放開對境外央行、國際金融組織、主權財富基金三類機構在銀行間債券市場的投資限制，對參與主體實施備案制，並取消投資額度限制，可在銀行間債券市場開展債券現券、債券回購、債券接待、債券遠期、利率互換、遠期利率協議等其他經中國人民銀行許可的交易
2016年2月	境外機構範圍擴至商業銀行、保險公司、證券公司、基金管理公司及其他資產管理機構等各類金融機構，上述金融機構依法合規面向客戶發行投資產品，以及養老基金、慈善基金、捐贈基金等中國人民銀行認可的中長期機構投資者。同時取消境外機構投資額度限制，簡化管理流程

在人民幣加入國際貨幣基金組織特別提款權前後，在岸債券市場開放又獲得新的動力。2015年7月和2016年2月，監管當局先後大幅放開對境外央行、國際金融組織、主權財富基金、商業銀行、保險等國際投資參與銀行間債券市場的限制。各類境外機構投資者現階段均可在銀行間債券市場開展現券交易，並可基於套期保值需求開展債券借貸、債券遠期、遠期利率協定及利率互換等交易。境外央行、國際金融組織、主權財富基金、人民幣業務清算行和參加行還可在銀行間債券市場開展債券回購交易。除投資銀行間債券市場外，境外央行類機構，人民幣購售業務規模較大、有國際影響力和地域代表性的人民幣境外

參加行可進入中國銀行間外匯市場參與全部掛牌交易品種的交易，包括即期、遠期、掉期和期權等。

目前境外投資者投資銀行間債券市場已形成以境外三類機構、QFII、RQFII為主的制度框架。但境外投資人投資規模仍遠低於其他發達市場國家和發展較快的新興市場國家。截至2016年12月末，已有407家境外機構進入銀行間債券市場投資，較上一年末增加105家，占銀行間市場投資者數量的2.88%。投資者類型包括境外央行、國際金融組織、主權財富基金、商業銀行、保險公司、證券公司、基金管理公司及其他資產管理機構等各類機構。截至2016年12月末，境外機構和個人債券持有規模為7 851億元人民幣，較上一年末增加1 950億元，占我國銀行間債券市場總規模的1.4%。

銀行間債券市場的境外機構持有債券組合結構具有自身特點（見圖5—15）。

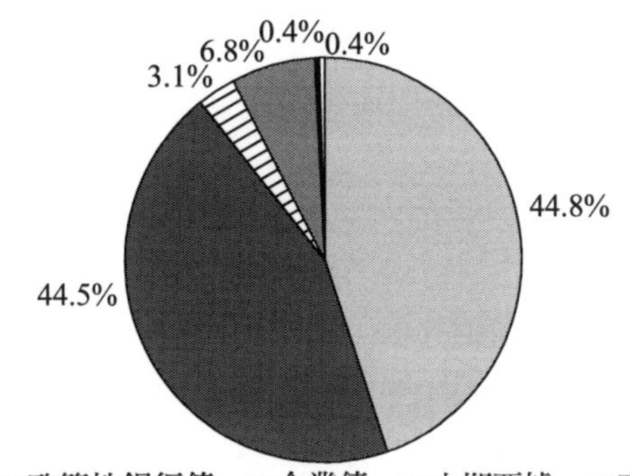

圖5—15　境外機構持有債券組合結構

資料來源：Wind。

市場總體結構相比，境外機構持有債券顯著傾向於更安全和更有流動性的國債和政策性銀行債，這兩者持有總和超過持有債券總量的85%。而對於企業債、商業銀行債以及資本工具（同樣是商業銀行發行），境外機構的興趣相對較小。相對而言，在目前這個階段，境外機構更青睞於流動性較好的、主要存在利率風險的債券產品。這符合我們在前一部分描述的，海外非居民投資者對於國際「安全資產」的需求。

5.4 人民幣債券在岸市場開放的機遇與挑戰

中國債券市場從20世紀80年代起步，與中國經濟改革開放同步飛速發展，到今天取得的成績和進步是驚人的。以國家為標準，中國的債券市場已經是世界第三，亞洲第二，尤其是公司信用債達到世界第二的規模。中國債券市場的發展也促進了整個金融體系的完善，為經濟增長的可持續性提供有力保障。債券市場是最早實現利率市場定價的金融市場，同股票市場一樣，債券市場成為經濟的晴雨錶，為宏觀經濟政策制定和調控提供重要依據。債券市場的發展也有效地降低社會融資成本，為實體經濟提供長期和穩定的資金支援。債券市場還在中國經濟金融體制的深化改革中發揮重要的工具作用，例如在20世紀末中國銀行體系消化巨額不良貸款的改革中，財政部就曾經利用發行特別國債補充銀行資本金，說明中國銀行體系恢復健康狀態。

人民幣債券市場對於海外投資者具有巨大的吸引力。首先，這種吸引力源自人民幣資產本身，中國目前穩居全球第二大經濟體，其經濟仍在以一個相對較快的速度持續發展。對於海外投資者而言，無論是從分散風險還是從追求更高收益角度，未來增加對於人民幣資產的投資都是必然選擇。人民幣債券作為各類人民幣資產中的「安全資產」類別，理應最受海外投資者關注。更何況人民幣在岸市場長期處於不對外開放狀態，海外投資者對其累積已久的需求，必然會在未來在岸債券市場開放的一段時間內帶來爆發式的增長。

其次，在全球經濟進入新常態，發達國家普遍實行超寬鬆的貨幣政策時，很多發達國家的高等級債券都呈現出負利率的狀態，而人民幣債券在收益率方面仍能提供較高回報，通貨膨脹情況也長期保持穩定，這些都是吸引境外投資者的優勢所在。

最後，近幾年人民幣國際化的進程為人民幣債券資產增加新的吸引力。自2009年以來推行的人民幣對外貿易結算令海外市場積累了大量的海外人民幣，這必然會通過各種形式回流至在岸市場，進入在岸人民幣市場是重要的選擇之一。人民幣國際化進程也在不斷提高人民幣作為國際儲備貨幣的可能性，多國貨幣當局已經將人民幣納入自身的外匯儲備，特別是在人民幣加入國際貨幣基金組織的特別提款權之後，人民幣作為國際儲備貨幣的吸引力進一步加強。鑒於外匯儲備對於流動性和安全性具有更高要求，人民幣債券市場的開放必然會帶來更多來自海外央行和主權基金的投資。

需要指出的是，同中國經濟一樣，儘管在規模方面已經舉世矚目，但是中國債券市場本身仍處於發展成長階段，其整體市場環境還有極大的改善空間。中國債券市場上還存在諸多扭曲，它們不僅阻礙債券市場的對外開放及與其相關的人民幣國際化進程，而且嚴重制約債券市場充分發揮風險定價和資源配置功能。

本章在分析我國債券市場不足的基礎上，提出一系列政策建議，希望對推進我國債券市場對外開放有所幫助。事實上，眾多制約債券市場對外開放的現存不利因素同樣制約著本國債券市場長遠健康發展。因此我們的分析與建議兼顧短期和長期需求，並不僅僅著眼於在短期內如何將海外投資人吸引至中國債券市場，更需要關注的是如何通過培育健康、開放的債券市場推進人民幣國際化的有序發展。

需要指出的是，債券市場的發展需要借助完善的金融基礎設施建設，特別是在支付清算體系、相關法律規章制度以及徵信和信用評級體系的建設和完善等方面。就金融基礎設施建設問題，本報告的第9章將會進行全面而細緻的討論，本章不再贅述

5.4.1 優化貨幣政策執行框架，增進債券市場流動性

一個成熟的債券市場也是傳導中央銀行貨幣政策的重要載體，債券交易價格形成的收益率曲線是經濟體內各種金融產品重要的定價標準，說明金融系統

形成完整的資金價格體系。很多國家，特別是發達經濟體的貨幣政策實施是通過在其債券市場中進行公開市場操作實現的。

運作良好的債券市場需要良好的流動性支撐。對於債券市場而言，流動性代表當賣出債券變現時遭受損失的大小，市場的流動性代表變現能力的強弱。在一個流動性好的市場裡，債券的賣出交易應當能夠迅速完成，同時對市場價格的影響較小。這意味著一個債券投資者可以迅速將手中持有的債券變現，而無需承擔太多損失。

對於海外投資者而言，債券市場的流動性非常重要。這是由於海外投資者對於當地市場的了解程度與本地投資者存在差異，因此選擇流動性好的債券標的進行交易是最為穩妥的選擇。至少在本地市場開始開放的階段，海外投資者都會傾向於交易有流動性的債券。這一點也可以從海外投資者在我國銀行間債券市場的投資結構觀察到。如之前所述，海外投資者85%的債券投資集中於國債和政策性銀行債，這些都屬於高流動性債券。

然而我國債券市場的流動性仍與成熟市場存在較大差異。以流動性最好的國債為例，2016年中國國債換手率（二級現貨市場交易量除以債券餘額）僅為1.3倍，遠低於發達國家成熟市場國債換手率（一般在15倍以上，如美國36倍、加拿大19倍、英國17倍、日本16倍）。

需要指出的是，貨幣政策執行框架與債券市場的發展並非只是單向聯繫。一個運行良好的債券市場自然可以幫助貨幣政策的順利傳導，從這個意義上講，債券市場的發展是貨幣政策傳導的先決條件。但是在現實中，貨幣政策執行框架的優化也會為債券市場的發展和進一步對外開放奠定良好基礎。特別是在我國目前的情況下，金融體系的市場化過程仍在持續深化過程中，貨幣政策體系也正在完善。未來貨幣政策體系的設計，對於債券市場的發展和開放具有至關重要的作用。這是因為貨幣政策體系框架的確立，會給債券市場的參與者提供一系列的激勵機制，從而決定參與者未來在債券市場的行為，甚至是鼓勵新的參與者參加市場交易。

我國債券市場（特別是銀行間債券市場）換手率較低和流動性相對較差的

問題與其投資者結構有關：銀行間市場的主要債券交易者是商業銀行，它們傾向於將手中的債券持有到期，而不是頻密地進行交易。如此導致銀行間債券市場的債券交易不旺盛，影響整個市場的流動性，這容易挫傷海外投資者的參與熱情。

我們認為，上述問題與當前中國貨幣政策框架有著密切關係。儘管我國利率市場化在2015年已經名義上完成，但是在貨幣政策方面，其中間目標仍是貨幣供應量M2，而應用的貨幣政策工具仍以準備金等數量工具為主。在目前貨幣政策框架下，短期貨幣市場利率在理論上不是中央銀行的控制目標，中央銀行的公開市場操作也並不頻繁。這就是說，中央銀行並不主要通過公開市場操作滿足商業銀行的短期流動性需求，而是引導商業銀行通過包括貨幣市場在內的債券市場來滿足相互的短期流動性需求。結果造成商業銀行在債券市場的行為具有高度同質性，即當一家銀行需要融入流動性的時候，通常其他銀行也需要流動性，這會放大短期市場利率的波動。

例如，根據央行馬駿等人的資料，在2012年1月至2015年6月間，中國隔夜Shibor的波幅是美元、日圓、韓元和印度盧比隔夜利率波幅的約2～4倍。過分波動的短期市場利率令銀行不願頻繁參與債券交易，而更願意將債券持有到期，因為參與債券交易可能會因短期市場利率的波動對自身利益和資本產生不利影響，而持有到期則無需擔心短期市場利率變化。

我們建議央行應當加快完善貨幣政策框架，使之與日益市場化的利率體系相適應。特別是未來應當多使用價格工具進行貨幣政策的調控，降低短期利率的波動性，進而建立比較穩定和完備的市場收益率期限結構曲線。

我們建議央行加快利率走廊制度的建設，逐步將某種短期利率打造成市場接受的政策利率，最終替代目前央行仍以存貸款利率為基準利率的實踐。目前央行在此方面已經取得顯著進展。央行意圖以常備借貸便利（SLF）利率為上限，超額準備金利率為下限建立利率走廊，同時利用更為頻繁的公開市場操作將銀行間有抵押7天回購利率控制在這個利率走廊之間，將其作為政策利率。未來央行可以通過調整利率走廊的上下限水準，增加政策利率的穩定性。

我們預期，當短期利率更為穩定，市場收益率期限結構曲線更加完備之後，商業銀行在債券市場上的交易活躍性會大大增強。目前債券市場換手率低和流動性不足的問題都可以得到緩解，從而進一步激發市場上其他參與者以及新參與者的交易興趣

5.4.2 發揮財政部門作用，重視國債的金融功能

前面我們已經討論了債券市場流動性的問題與中國整個金融體系乃至貨幣政策框架都有著密切的關係。中國以間接融資為主的金融體系，決定了金融資產分佈主要集中在存款機構，商業銀行持債比重相對較高。這一點與德國和日本這樣的銀行主導金融體系類似。我們據此建議通過完善和優化貨幣政策框架以向債券市場參與者提供激勵機制，提升參與者交易興趣，吸引新的交易者加入市場，最終提高債券市場流動性。

除此之外，財政部門也可以在提高債券市場流動性方面更有所作為。

首先，財政部門可以完善國債發行結構，增加短期期限的國債供給。與美國、英國、日本和澳洲等國家相比，我國兩年以內的短期國債年度發行次數僅為美國的十分之一。過去財政部對國債的發行更注重其財政功能，而對其金融功能重視不足。因此財政部門更傾向於發行長期限國債，以幫助政府取得長期穩定的融資。

由於短期限國債發行量相對較低，導致央行難以充分利用短期國債進行公開市場操作，事實上對市場流動性有負面影響。我們認為，財政部門通過有意識地增長短期限國債發行量，可以活躍短期限國債的市場交易，從而增加市場的流動性。

其次，應當進一步完善國債二級市場的做市商制度。在債券市場中，做市商同時向買方和賣方提供報價，事實上是市場流動性的主要提供者。目前，銀行間債券市場的做市商共計25家，它們包括大中型商業銀行、外資銀行和證券公司。但是，在目前的情況下，做市商只能通過自己持有的債券或是從其他做市商購買的債券來滿足做市要求，向買賣雙方報價。如果做市商自身持貨不

足，則可能導致一筆交易需要更長時間完成（因為做市商需要更多時間在市場上買入該種債券），同時一筆交易可能會在市場上引發多筆交易，也會放大交易量對價格的影響。

針對這樣的情況，我們建議財政部門可以建立專門的機制，對做市商提供流動性支援。即當做市商需要某些國債時，設立的專門機制可以通過國債增發提供流動性。同時，也可以考慮將二級市場做市商和一級市場交易商的資格進行捆綁，提高國債承銷團對於市場做市的積極性。

最後，還應完善國債的稅收政策。在目前的所得稅制度下，國債利息是免稅的，但是一旦賣出，其投資收益需要交稅。在這種情況下，銀行一旦購入國債，就會存在更強的傾向將其持有到期，不利於整個市場流動性。

國債利息收入免稅政策是我國從計劃經濟時期沿襲下來的政策，在很長一段時期內對於提升各類投資者認購國債積極性、促進國債發行發揮了重要作用。事實上，隨著中國經濟的發展壯大，國債利息收入免稅政策似乎已經失去現實意義。我們建議在適當的時候，取消國債利息收入免稅政策，增加國債市場流動性。

5.4.3 建立統一監管框架，增加市場間互聯互通

由於歷史發展原因，我國債券市場的監管體系目前處於多頭監管並行的狀態。按市場分類，銀行間債券市場和商業銀行櫃檯市場由中國人民銀行進行全面監管；而交易所債券市場由證監會進行全面監管。按照債券發行類別，國債發行由國務院批准，由財政部監管；地方政府債券由國務院批准額度；金融債券、短期融資券均由中國人民銀行監管；企業債、公司債、中期票據雖然具有相同屬性，但是分別由國家發改委、證監會、中國人民銀行監管。

多頭監管給債券市場發展帶來一系列問題，例如監管分工邊界模糊，導致監管重疊問題，不同監管者的監管標準不一可能造成監管套利情況。例如，目前我國企業主要發行的債券為公司債券、企業債券、短期融資券和中期票據，而這幾種債券的監管部門分別為證監會、國家發改委和中國人民銀行，三個監

管部門對這些實質相同而名稱不同的債券出臺的發行管理辦法各不相同。因此部分企業在選擇發行債券時必然會比較不同種類債券發行管理的標準，最終選擇發行標準最低的債券形式進行融資。

多頭監管還可能導致不同監管者之間的相互競爭，放大債券市場分割的弊端，不利於債券市場的長遠發展。銀行間債券市場與交易所債券市場的分割是歷史發展的沿革，事實上在過去的十年裡，很多非銀行金融機構都取得在兩個債券市場內交易的資格，從而加強兩個市場的連通性，改善市場分割可能造成的問題。但是，多頭監管的存在可能會導致各個監管部門之間的相互競爭，極力擴張自己監管的市場或子市場，進而導致為吸引新的參與者而降低監管標準。特別是在我國經濟金融新常態階段，債券市場的信用風險相應增大，出現違約應當視為正常情況。這些違約案例其實可以提高市場參與者的警惕，促使他們在新情況下對信用風險進行有效定價。但是，如果市場或子市場的監管者出於自身考慮，不希望在自己的監管範圍內出現過多違約而影響發展，可能會採取相應的措施避免或延緩違約的發生。這其實會加強市場對於剛性兌付的預期，損害債券市場通過優勝劣汰機制配置資源的功能。

我們建議應當逐步改變債券市場多頭監管並行的現狀，建立統一的債券市場監管框架，提高監管效率。加快建立統一互聯的債券託管體系，推動場內、場外兩個市場的共同發展。實現債券在銀行間和交易所債券市場的自由轉託管，消除交易場所分割導致的流動性和投資者偏好的差異，使更多投資者參與到債券的交易當中。

針對目前金融機構通過金融創新逐步從分業經營轉向綜合化經營的情況，應當改善分業監管和多頭監管的體制。在債券的發行和二級市場交易方面，應當更加強調功能性監管和穿透性監管，避免監管主體之間的相互競爭導致增大系統性風險。

5.4.4 豐富風險管理工具，發展債券衍生品市場

除了對債券市場流動性有較高要求之外，海外投資者還對債券投資組合

的風險管理極為重視。他們要求債券市場能夠提供必要的基礎設施以及配套工具，以幫助管理各種投資風險。為增強債券市場對境外投資者的吸引力，發展一個具有豐富產品選擇的債券衍生品市場必不可少。

當海外投資者進入在岸市場進行債券投資時，他們面臨的主要投資風險可以分為三類：利率風險、信用風險和匯率風險。其中利率衍生品市場可以為投資者管理利率風險提供重要工具。前面的部分已經介紹過，中國銀行間債券市場上的利率衍生工具包括遠期利率協議、遠期債券以及利率互換等，其中尤以利率互換發展最為迅速。而在交易所債券市場上，2013年交易所重新引入國債利率期貨。但是目前國債利率期貨仍未向銀行間市場開放。國債作為海外投資者最為青睞的投資工具，其期貨衍生品不能在銀行間市場交易加大了海外投資者管理利率風險的難度，不利於吸引新的海外投資者或是現有海外投資者擴大投資。我們建議應當在加強監管的條件下，將國債利率期貨這一重要衍生品引入銀行間債券市場，從而令海外投資者可以更有效率地管理自身利率風險，最終吸引海外投資者更加活躍地參與債券市場交易。

在信用衍生品市場的發展方面，我國的發展步伐與發達國家相比較為緩慢。幾年前我國引入信用風險緩釋憑證（CRM），但是由於過去信用債市場存在隱性的剛性兌付，嚴重妨礙信用風險溢價的市場發現功能，從而影響參與者交易興趣，導致CRM市場發展緩慢。同時，我國參與CRM交易的只有少數銀行，這也是信用衍生品市場發展緩慢的重要原因。

針對上述情況，我們建議積極打破債券市場存在的不合理剛性兌付，利用市場發現信用風險溢價。積極豐富和發展近期引入的信用違約互換（CDS）市場，為債券市場投資者提供更多的信用風險管理工具。同時，還要在審慎監管的基礎上擴大信用衍生工具交易主體範圍，令商業銀行之外的其他主體（包括企業部門以及非銀行金融機構）也都可以通過涉足信用衍生品市場來管理投資信用風險。

與在岸投資者不同，海外投資者對於匯率風險極其敏感，因此他們對於參與外匯市場交易管理自身匯率風險有著迫切的需求。目前外匯管理當局已經逐步允許各類境外投資者通過其結算代理人進行外匯衍生品業務，滿足他們利用外匯衍生工具管理匯率風險的要求。這種安排對於境外機構而言便利程度仍有所限制，未來應當在條件允許的情況下，適當允許境外機構投資者直接參與國內市場外匯衍生品交易。

5.5 人民幣債券種類的創新

本節集中討論如何通過完善在岸人民幣債券市場，吸引境外投資者更為活躍地參與在岸債券市場的交易。從人民幣國際使用的角度來講，在岸人民幣債券市場的開放可以拓寬境外機構使用人民幣進行投資的管道，增加海外投資人對於持有人民幣的興趣。或者說，在岸人民幣債券市場的對外開放，增強人民幣的國際投資功能，為國際投資者提供新的選擇。

通過市場創新，人民幣債券市場還可以起到強化人民幣在國際範圍內融資功能的作用，從而進一步推進人民幣在國際上的使用。我們認為，在此方面有可能形成突破的是證券化資產、熊貓債和包括木蘭債在內的SDR債券。

5.5.1 發展資產支持債券市場

在前面的分析中我們指出，美國和歐洲的債券發行人結構類似，金融機構債券與政府部門發行債券規模較大。事實上，在歐美金融機構發行的債券中，有相當大的一部分是通過資產證券化形成的資產支持債券。我們估算，在2015年年末的存量債券中，歐元區的資產證券化債券約1.2億美元，占其金融機構債發行的債券存量的12.7%；美國的資產支持債券存量更是高達近10億美元，占其金融機構發行的債券存量的67%（見圖5—16）。

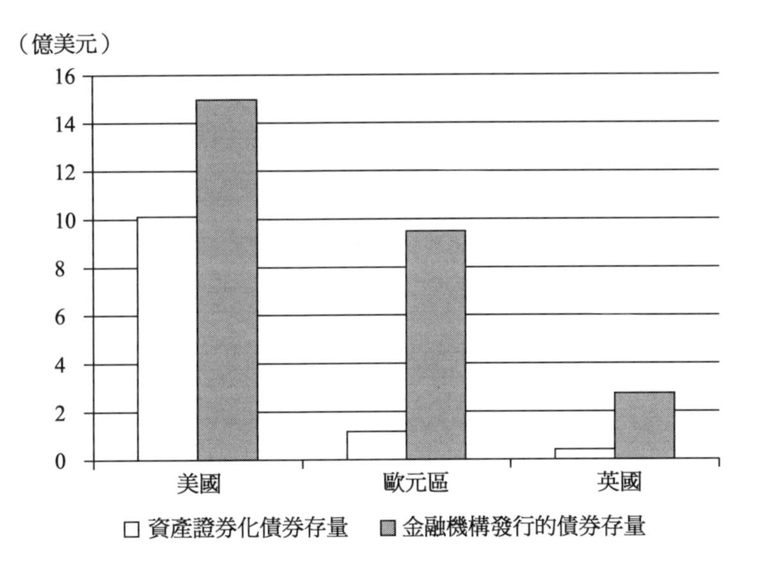

圖5—16　國際資產證券化存量

資料來源：美國證券業與金融市場協會（SIFMA）。

在歐美發達經濟體的實踐中，通過資產證券化可以創生大量的高等級、低風險債券，特別是資產支持債券的收益率相對於其他安全資產通常具有更多優勢，因而資產支持債券資產相對更受到機構投資的青睞。

資產證券化也曾經備受爭議，由於資產證券化過度發展導致的美國次貸危機被認為是引起2008—2009年全球金融危機的罪魁禍首。但是造成全球金融危機的根本原因是當時對於資產證券化的鬆懈監管，而不是資產證券化的概念本身。在經歷金融海嘯之後，最近幾年資產支持債券又重新開始活躍，這充分說明資產支援債券作為一種金融產品，仍有著廣闊的需求。

發展資產支援證券可以豐富我國債券市場的產品種類，特別是能夠增加高等級債券的供給，在某種程度上可以增加在岸債券市場對於外部投資者的吸引力。然而時至今日，資產證券化在我國市場上的發展尚不成熟。雖然中國當局從2005年開始資產支持證券市場試點，但是證券化發行的規模在2009年之前都進展緩慢，主要是由於銀行業在經常帳戶和資本帳戶雙順差的條件下享有充裕的流動性。而在2009—2011年期間，由於美國次貸危機的爆發，中國監管當局擔心資產證券化模式對經濟和金融穩定產生負面影響，資產證券化進程一度被暫停。

2012年資產證券化試點專案重新開機，此後發展進程迅速（見圖5—17）。2016年資產證券化規模達到近7 000億元人民幣，新的資產證券化產品發行的總值一舉超過了韓國和日本。但是總體而言，我國資產支持債券占金融機構債券存量比例直到2016年年底也僅有3.7%，顯著低於歐洲12.7%和美國67%的比例。國際比較說明，無論是絕對數量還是相對水準，中國的資產支援債券都存在巨大的發展空間。

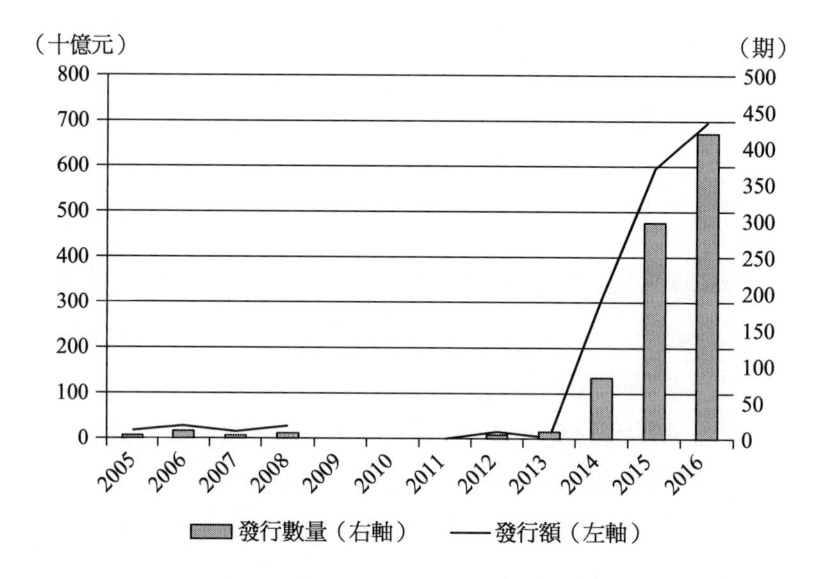

圖5—17　中國資產支援債券近年來發展迅速

資料來源：Wind。

在發展資產支持債券，吸引海外投資者方面我們有以下兩點建議：

首先，需要合理安排資產支援債券標的資產，目前我國的資產支援債券大多是中小企業貸款（74%），而消費貸款（包括住房抵押貸款）僅占約15%。這與發達國際金融市場的比例存在差距。在國際上，以消費信貸（特別是住房抵押貸款）為標的資產的債券認受度更高。未來我國資產支持債券的發展應當多向住房抵押貸款傾斜。

其次，通過資產證券化創生出來的債券對於評級有著較高要求，否則無法向市場反映其投資價值，特別是對於海外投資者。在這個方面，可以適當考慮優先對具有國際聲譽的海外評級機構開放資產支持債券的評級市場，儘快提高海外投資者對於我國資產支持債券的認受度。

5.5.2 發展熊貓債市場

熊貓債是境外主體在中國境內發行的以人民幣計價的債券。2005 年 10 月，國際金融公司和亞洲開發銀行在我國國內銀行間債券市場先後發行熊貓債，但是在隨後十年裡熊貓債市場並沒有得到發展。即使在2009年中國開始其人民幣國際化進程之後，離岸人民幣債券（點心債）蓬勃發展，熊貓債市場卻發展緩慢。

當時熊貓債相對於點心債市場冷清主要有兩方面的原因，首先是熊貓債涉及資本的跨境流動，而我國仍在資本項下實行一系列的管制，因此境外主體在熊貓債發行方面面臨較大障礙；而相對而言，在離岸市場發行點心債則受到更少監管。其次，在人民幣國際化的最初階段，海外人民幣相對缺少投資用途，對點心債的需求很大導致點心債的收益率相對在岸市場較低。這意味著債券發行人在離岸市場發行人民幣債券更有成本優勢。

然而以上情況從2015年開始有所轉變，隨著「8・11」人民幣匯率改革的開展，人民幣單邊升值預期大為減弱。一個直接的後果就是海外人民幣回流國內，離岸人民幣市場資金池收縮，離岸融資成本逐步抬升。根據市場資料，人民幣一年期存款利率平均上升至4%以上，三年期點心債融資成本顯著上漲近200個基點。離岸人民幣流動性緊張也會推高點心債投資者的人民幣拆借成本，進一步打擊投資者對點心債的興趣。

而此時在岸人民幣債券市場則由於貨幣環境的寬鬆而變得更有吸引力。同時，由於人民幣在當年被國際貨幣基金組織（IMF）宣佈加入特別提款權（SDR），一些國際機構也對發行熊貓債產生了濃厚興趣。熊貓債市場在2015

年迎來首個發行高潮，當年有六家境外機構在該市場發行了總額為155億元人民幣的債券。熊貓債市場發展的良好勢頭在接下來的時間裡得以延續，如表5—4所示，共有21家境外機構在銀行間債券市場發債，境外發行人類型涵蓋國際開發機構、政府類機構、金融機構和非金融企業。境外機構在銀行間債券市場共發行人民幣計價債券32單，總規模共計人民幣586億元。

表5—4　熊貓債發行情況

發行人類型		核准/註冊額度（億元）	發行量（億元）	餘額（億元）	發行單數	發行年份
國際開發機構	亞洲開發銀行	20	20	10	2	2009
	國際金融公司	20	20	0	2	2005
	金磚國家新開發銀行	30	30	30	1	2016
政府類機構	韓國	30	30	30	1	2015
	加拿大不列顛哥倫比亞省	60	30	30	1	2016
	波蘭	60	30	30	1	2016
金融機構	加拿大銀行	50	35	35	1	2016
	滙豐香港	10	10	10	1	2015
	中銀香港	100	10	10	1	2015
	渣打香港	20	10	10	1	2015
	創興銀行	30	15	15	1	2016
非金融企業	戴姆勒	250	110	60	6	2016
	招商局	30	15	15	3	2016
	華潤置地	200	50	50	2	2016
	中芯國際	60	21	21	2	2016
	威立雅	150	10	10	1	2016
	華潤水泥	135	35	35	1	2016
	恒安國際	50	20	20	1	2016
	九龍倉	200	40	40	1	2016
	中藥控股	30	25	25	1	2016
	中電國際	50	20	20	1	2016
合計		1 585	586	506	32	

熊貓債市場的發展對於人民幣國際化具有重要意義。成功的國際化貨幣應當在金融交易中擔當交易媒介和價值尺度的功能，它不應僅限於投資活動，也應當包括融資活動。本章我們介紹過全球國內債券和國際債券的發展情況，其中國際債券幾乎也佔據半壁江山。而在國際債券中，六種重要國際貨幣（美元、歐元、英鎊、日圓、瑞士法郎和加拿大元）標價的國際債券占國際債券總體存量95%以上。熊貓債恰是以人民幣計價的國際債券（外國債券），熊貓債的發展壯大對於人民幣提升在國際債券中的市場份額不可或缺。

熊貓債對於發展中國在岸債券市場也同樣大有裨益。熊貓債可以豐富國內債券市場的投資品種，令國內投資者更好地進行多元化投資。由於資本管制的存在，國內投資者在投資海外的過程中受到種種限制，邀請境外發行人直接在國內市場發行熊貓債，則可以令國內投資人無需跨境就滿足其需求。

隨著熊貓債市場的開放，境外潛在的債券發行人可從中國這個全球最大人民幣資金池進行人民幣融資，滿足其資本性支出及其他需求。與此同時，中國監管機構可以通過熊貓債市場與國際接軌，使得熊貓債成為流動性很好的熱銷產品，吸引更多潛在市場參與者。

熊貓債的發展還有助於配合我國「一帶一路」倡議的實施。與國際信貸一樣，熊貓債可以為「一帶一路」倡議的相關專案和機構籌措資金，並通過項目在中國的採購和工程承包最後實現以收入形式回流，是對人民幣跨境環流機制的有益和重要補充。

但同發達市場的外國債券相比，熊貓債市場的發展仍遠遠落後。在目前熊貓債市場中，除了政府和國際組織發行人之外，商業機構投資人以中資海外機構主體為主，真正的國際發債主體仍處於少數。這些中資海外企業發債更多是由於離岸市場籌資成本升高而轉向在岸市場。

如果想真正提高熊貓債市場的國際化程度，需要吸引更多國際機構和企業來在岸市場發行熊貓債。目前，境外機構在銀行間發行熊貓債還面臨一系列問題，包括熊貓債發行的制度規則尚不健全，除了對國際開發機構發行人已明文規定外，尚未對其他類別發行人正式成文規定。對於發行人財務報告的標準要求與中國會計準則等效，實質上增加發行主體的合規成本，減慢批准進程。在熊貓債募集資金使用方面仍有較多限制，特別是在將募集資金境外使用方面。

目前，熊貓債市場還處於初期發展階段，其未來發展潛力是巨大的。特別是在人民幣匯率趨向雙向波動，靈活性不斷擴大的基礎上，人民幣作為國際融資貨幣的功能必然會受到更多重視。而在監管者嚴控資本流動的條件下，優先發展熊貓債市場必然成為人民幣國際化的重點之一。我們有理由相信，影響熊貓債發行提速的各類技術問題將逐步得到解決，熊貓債市場將會迎來快速發展的機會。

5.5.3　發展新興SDR 債市場

2016年8月，世界銀行下屬的國際復興開發銀行獲准在中國發行額度合計20億特別提款權（SDR）計價債券。其中第一期SDR計價債券已經於8月31日在中國的銀行間債券市場發行，本期債券發行規模為5億SDR（批准），發行期限為三年期，以SDR計價，以人民幣認購。債券的推出受到機構投資者踴躍認購，認購倍數達到2.47，最終利率定在0.49%。此次債券被稱為「木蘭債」，是自1981年以來全球市場上發行的第一筆SDR計價金融產品。

木蘭債可以定義為在中國市場發行的SDR計價債券，更有意思的是，木蘭債以人民幣交割，所有相關的現金流都是基於SDR計算的，而後再按照SDR/CNY的匯率轉換為等值的人民幣。

木蘭債的發行與人民幣加入國際貨幣基金組織的SDR貨幣籃子有著重要聯繫。2015年11月，國際貨幣基金組織宣佈將人民幣作為除英鎊、歐元、日圓和美元之外的第五種貨幣納入SDR貨幣籃子。人民幣在SDR貨幣籃子中的權重為10.92%，超出日圓和英鎊。

木蘭債的成功發行有利於國際貨幣基金組織提升SDR在國際貨幣體系中的地位，也有利於中國推進人民幣國際化進程。在中國目前仍處於資本管制的情況下，木蘭債的出現為境內投資者提供了一個配置外匯資產而不涉及跨境資本流動的途徑。對於需要配置外匯資產而對流動性要求不高的國內長期投資者

（如養老基金、保險公司等）具有較大吸引力。

木蘭債在中國具有巨大的發展空間，它為國內投資者提供了一個配置外幣資產、規避單一貨幣利率和匯率風險的新管道。有人更是樂觀預計未來五年該市場規模有望達到70億～80億SDR。但由於自身原因，木蘭債也存在著諸多不足，例如SDR五年一次的重估風險、定價估值問題以及流動性不足等。

五年一次的重估流程使得SDR計價債券的期限受到限制。IMF每五年會根據籃子中貨幣的發展情況進行SDR權重的重估調整。隨著人民幣於2016年10月1日正式入籃，SDR籃子現有幣種為五種，下一次重估調整將在2021年。各幣種權重的變動勢必影響相應利率和匯率的走勢，雖然每次調整的幅度並不大，但為保險起見，SDR計價債券傾向於中短期（比如2016年發行的債券會在2021年前到期）。如果SDR債希望進一步擴容，就要考慮當發行長久期債券時應如何解決SDR籃子權重調整的風險的問題。

SDR本身是一個貨幣組合，因此SDR債的投資者和發行人都承擔潛在的SDR 匯率變動的風險，因此需要進行對沖。由於缺乏有效的收益率曲線，市場需要通過各貨幣的收益率曲線和發行方的信用風險進行定價。對於發行方和投資方來說，參與主體需要在資產負債表的另一邊進行對應操作或對沖單一幣種的風險敞口，資產負債表管理變得複雜。

木蘭債市場的發展也可能面臨流動性不足的問題。由於目前SDR債投資者是以主權投資者為主的特定群體，投資者對SDR債多是持有到期，二級市場流動性的問題暫時還並不突出，但如果未來要進一步擴大投資者基礎，可能需要引入更多的銀行交易商進入這個市場。

我們認為，目前木蘭債的潛在發行群體應當是具有較高風險管理能力的國際開發機構和跨國銀行。我國應當與國際貨幣基金組織合作，積極邀請現有的國際開發機構來在岸市場發行木蘭債；同時也應鼓勵有條件的國內大型銀行，特別是有大量海外資產的銀行適當發行。我國政府也可考慮在海外發行SDR計價的國債，或者由其他具有主權評級的機構來完成。

5.6　協調人民幣債券在岸和離岸市場發展

在本章表5—1中，我們列出了在全球債券市場範圍內加強人民幣金融交易功能的各種途徑，除了在岸市場的開放和發展之外，離岸市場人民幣債券的發行和交易活動也同樣是人民幣走向世界、成為國際貨幣體系新支柱不可或缺的一部分。就長遠而言，離岸市場的發展與在岸市場的發展同樣重要。

值得指出的是，即便是在短期內，離岸市場的發展和完善仍不可偏廢。我們在表5—1中指出，在離岸市場發行和交易的人民幣債券具有歐洲債券的性質。在目前的發展階段，通過發行離岸市場人民幣債券籌集的資金最終的目的地主要仍是我國內地。事實上，之前眾多離岸市場人民幣債券的發行者本身就是我國境內居民身份（我國的金融機構和企業），由於在2015年「8・11」匯改之前的絕大部分時間內，離岸市場人民幣債券的發行成本與在岸市場相比更有優勢，或是一些在岸機構和企業在境內發行債券融資受到相當限制，因此它們選擇在離岸市場發行人民幣債券，再將籌得的資金匯入境內，滿足自身資金需求。當然離岸市場人民幣債券發行者也包括其他非居民主體，它們發行離岸市場人民幣債券的最主要目的也是將籌得的人民幣匯入境內使用。

從上面的分析中可以看出，離岸市場人民幣債券的發行主體與在岸市場存在一定的區別，由於離岸市場的監管環境相對寬鬆，很多無法於在岸市場發行債券的居民與非居民都可以通過離岸市場發行人民幣債券。因此，離岸市場儘管由於目前人民幣匯率與利率波動增大而受到影響，在短期內仍然具有發展潛力和空間。

同時，通過離岸市場人民幣債券的發行和匯入境內使用，與人民幣對外支付以及不斷發展擴大的熊貓債市場一同構成人民幣跨境環流機制，有助於夯實人民幣國際化的基礎，在穩健有序的條件下推進人民幣的國際使用。而一些國內企業發行離岸市場人民幣債券的行為，在客觀上還可以多元化我國整體對外負債的幣種結構，未來可以減小由於外部匯率變化而導致對境內金融體系和經濟增長的衝擊。

在進一步發展和完善離岸市場方面，我們的建議如下：

首先，在中國經濟推進新一輪高水準對外戰略的條件下，把握有利時機，繼續穩步推進資本帳戶項下各項改革，在加強事後監管的條件下，簡化離岸市場人民幣債券通過合法途徑流入境內的審批程序，便利境內外企業通過離岸市場人民幣債券籌集資金匯入國內並投向實體經濟。我們預計此類措施不但會為更多對中國經濟感興趣的海外企業和機構提供資金募集管道，而且會在離岸市場上提高人民幣標價資產的吸引力，幫助穩定人民幣離岸市場匯率。

其次，堅持離岸市場適量發行包括國債在內的高等級人民幣債券產品，最好是與境內發行的同等債券產品同時發行，在客觀上形成「一種產品、兩個市場」的狀態。由於更多的境外機構被允許進入在岸人民幣債券市場，它們可以同時參與在岸和離岸兩個市場內同一產品的交易，並可能進行跨境套利。對於相同的產品，在岸市場的深度和廣度遠遠超過離岸市場，因此通過這些機構的跨境套利活動，在岸市場可以對離岸市場進行引導和影響，令離岸市場的收益率向在岸市場靠攏。

最後，境內機構還可以利用離岸市場發行SDR債，進一步擴大SDR債在全球金融市場的地位。由於人民幣加入SDR貨幣籃子，令我國境內機構在發行SDR債保值對沖方面具有天然的優勢，我國可以利用這一有利條件，鼓勵有條件的國內機構（包括享有主權評級的機構和具有大量海外資產的國內大型銀行）在海外發行SDR計價債券。

除了上述發展離岸市場的建議之外，還可以充分利用離岸市場良好的金融基礎設施和國際金融中心地位，開闢新管道吸引境外投資者參與國內市場。目前正準備起步的香港與內地債券市場互聯互通合作（「債券通」）就是一個最好的應用案例。根據監管部門的最新披露，「債券通」將分階段實施，「北向通」先行開通，即香港和其他境外投資者經由香港與內地基礎設施機構之間在交易、託管、結算等互聯互通的機制安排，投資內地債市。「債券通」的主要物件即以資產配置需求為主的央行類機構和中長期投資者，事實上似乎與現有的國內債券開放計畫有重複之嫌。但是我們認為，「債券通」計畫在實踐中意義重大，可望在未來為中國債券市場開放乃至人民幣國際化進程帶來新的動力。首先，對於很多海外投資者而言，直接進入國內債券市場面臨相對較高的成本和政策合規障礙，而「債券通」向它們提供一個機會，適合它們在初始階段以較低成本參與國內債券交易。其次，香港作為國際性金融中心，很多海外投資者在此設立資產管理平臺，「債券通」的出現方便這些海外投資者在香港統一管理資產組合，說明人民幣資產在全球大類資產中更好地發現相對價值。最後，國內債券市場開放成功不單需要自身政策上的開放，更重要的是取得海外投資者的信任，「滬港通」的順暢運行增強了海外投資者對我國資本項目漸進開放的信心，「債券通」正可以借助「滬港通」建立的品牌效應，推廣人民幣國內債券市場的對外開放，給海外債券投資者以信心。我們相信，「債券通」未來必能成為國內債券市場開放項目的重要有益補充，在推進中國資本帳戶的漸進開放與人民幣國際化的進程中起到重要作用。我們同時也建議，類似「北向通」計畫應當向倫敦、新加坡等其他人民幣離岸中心推行。

5.7 結論與政策建議

人民幣國際化過程可望在一定程度上令美元「安全資產」獨大的狀況有所改觀。在這個過程中，人民幣債券市場的發展與開放具有獨特的地位。長遠來看，建設和發展人民幣債券市場，有利於優化我國貨幣政策執行框架，可為「一帶一路」倡議提供金融支援。一個開放的、國際化的人民幣債券市場可以擔當向全球提供國際「安全資產」的重要功能，通過為其他國家居民提供儲蓄工具幫助他們更好地積累自身財富和分散投資風險，同時為全球金融體系提供重要的流動性，推動國際貨幣體系改革。

另外，人民幣債券市場的開放和發展，是構建順暢的人民幣環流機制，從而進一步深化人民幣國際化進程的重要途徑。誠然，由於債券市場的對外開放涉及資本帳戶監管的重要變化，監管當局在此方面的嘗試不得不倍加謹慎。同時，中國債券市場由於發展時間較短，之前又處於相對封閉的狀態，非常可能在未來開放的過程中伴隨出現已知和未知的風險。從這個意義上講，中國債券市場的開放是人民幣國際化中最具挑戰性的一環。目前考慮到人民幣國際化與匯率改革和資本帳戶有序開放等其他重要金融改革的協調部署，我們建議監管當局不妨以在岸債券市場對外開放為突破口，為人民幣國際化的最終成功打下堅實的基礎。

在具體政策實施方面，我們建議增加國內債券市場開放力度，同時大力建設和發展人民幣國際債券市場。在此方面應當建立一系列綜合評價人民幣國際化程度的重要指標，包括：（1）海外非居民投資者在人民幣國內債券市場的投資份額占比；（2）人民幣標價債券在國際債券市場中的發行量占比；（3）其他國家持有的人民幣債券在其外匯儲備以及國家主權財富基金中的資產占比。

需要繼續完善國內人民幣債券市場機制建設，建立人民幣國債市場做市商制度，增加短期限國債發行量，完善利率結構曲線，增進債券市場流動性，以此吸引非居民更多參與國內債券市場。還需要儘快改變國內債券市場多頭監管現狀，建立統一的債券市場監管框架，逐漸解決國內企業和機構到國際市場發行和交易人民幣債券的政策障礙。產品創新是做大做強人民幣國際債券市場的關鍵，未來應該重點發展資產支持債券、熊貓債以及包括木蘭債在內的SDR債券等產品。

在岸債券市場的開放和發展應當與離岸市場相互配合協調，儘管近期提高人民幣在全球債券市場金融交易功能的重點在於在岸市場，但是離岸市場的發展和完善仍不可偏廢。我們建議把握我國擴大開放的有利時機，繼續穩步推進資本帳戶項下各項改革，便利境內外企業通過離岸人民幣債券市場籌集資金匯入國內並投向實體經濟；堅持在離岸市場適量發行包括國債在內的高等級人民幣債券產品，借助在岸市場的深度和廣度優勢，引導帶動離岸市場價格向在岸市場靠攏；並借助離岸市場鼓勵境內機構發行SDR債，進一步擴大人民幣債券在全球金融市場的地位。

AA101007

人民幣國際化報告 2017〈上冊〉：
強化人民幣金融交易功能

作　　者　中國人民大學國際貨幣研究所
版權策劃　李煥芹

發 行 人　陳滿銘
總 經 理　梁錦興
總 編 輯　陳滿銘
副總編輯　張晏瑞
編 輯 所　萬卷樓圖書(股)公司
特約編輯　吳　旻
內頁編排　林樂娟
封面設計　小　草
印　　刷　維中科技有限公司

出　　版　昌明文化有限公司
　　　　　桃園市龜山區中原街 32 號
電　　話　(02)23216565
發　　行　萬卷樓圖書(股)公司
　　　　　臺北市羅斯福路二段 41 號 6 樓之 3
電　　話　(02)23216565
傳　　真　(02)23218698
電　　郵　SERVICEWANJUAN.COM.TW
大陸經銷
廈門外圖臺灣書店有限公司
電　　郵　JKB188188.COM

ISBN 978-986-496-393-5
2019 年 3 月初版一刷
定價：新臺幣 400 元

如何購買本書：
1. 劃撥購書，請透過以下帳號
帳號：15624015
戶名：萬卷樓圖書股份有限公司
2. 轉帳購書，請透過以下帳戶
合作金庫銀行古亭分行
戶名：萬卷樓圖書股份有限公司
帳號：0877717092596
3. 網路購書，請透過萬卷樓網站
網址 WWW.WANJUAN.COM.TW
大量購書，請直接聯繫，將有專人為您服務。(02)23216565 分機 10
如有缺頁、破損或裝訂錯誤，請寄回更換

國家圖書館出版品預行編目資料

人民幣國際化報告 . 2017 / 中國人民大學國際貨幣研究所著 . -- 初版 . -- 桃園市 : 昌明文化出版 ; 臺北市 : 萬卷樓發行 , 2019.03
冊 ;　公分
ISBN 978-986-496-393-5(上冊 : 平裝). --
ISBN 978-986-496-394-2(下冊 : 平裝)
1. 人民幣 2. 貨幣政策 3. 中國

561.52　　108002591

本著作物經廈門墨客知識產權代理有限公司代理，由中國人民大學出版社授權萬卷樓圖書股份有限公司出版、發行中文繁體字版版權。